本书由中国人力资源和社会保障科学研究院资助出版

科思论丛

潘启云 著

就业与创业
以 云 南 为 例

EMPLOYMENT AND ENTREPRENEURSHIP

IN YUNNAN

社会科学文献出版社
SOCIAL SCIENCES ACADEMIC PRESS (CHINA)

序

习近平总书记在十九大报告中指出："就业是最大的民生"。进入中国特色社会主义新时代，党中央高度重视就业创业工作。2018年7月31日，中央政治局会议首次提出做好"稳就业、稳金融、稳外贸、稳外资、稳投资、稳预期"工作。稳就业位于"六稳"之首，在有效应对外部经济环境变化、确保经济健康平稳运行中居于至关重要的地位。

在新形势下，我国的就业创业工作面临许多新形势、新任务。党的十八大以来，我国已经连续五年实现就业创业人数的"双增长"，但是也面临就业结构性矛盾凸显、就业总量压力大、创业风险不容忽视、创新创业人才不足等问题。以习近平新时代中国特色社会主义思想为指引，深入研究就业创业重点领域和关键环节中出现的新情况、新问题，可以为增加就业和促进创业提供新思路、新方法。

我国的就业创业和经济增长之间存在紧密的联系，经济增长促进就业，就业助推经济增长，创业则对稳增长、保就业起到积极作用。研究就业问题，既涉及就业总量增长、就业结构优化、就业对GDP的贡献等问题，又涉及人力资源服务业发展、技术工人职业教育培训、失业职工再就业等问题；研究创业问题，则涉及创业带动就业、人才引领创新创业等问题。《就业与创业——以云南为例》一书，围绕这些重点难点问题构建研究框架，多视角开展研究，比较全面和系统。从就业总量的视角，分析了经济新常态下云南就业增长的总体形势，就业增长的基本现状、存在的问题和原因以及未来发展趋势；从就业结构的视角，分析了云南就业结构与产业结构的适配性问题；从就业促进经济增长的视角，探讨了扩大就业与经济增长的互动关系；从创新创业的视角，分析了创业带动就业的倍增效应和人才对创新创业的引领作用。研究思路清晰，逻辑性强，资料丰富，数据翔实，调研深入，论证充分，对进一步开展相关研究具有参考价值和借鉴意义。

云南既是一个边疆、民族、山区、欠发达的省份，又是一个人口大省，劳动力资源富集，要实现更高质量、更充分的就业，归根到底，必须提高劳动力能力素质，实现人才引领和创新驱动。云南第一产业沉淀了大量的富余劳动力，需要转移就业，促进脱贫致富；第二产业以资源型、资本密集型产业为主导，吸纳劳动力就业的能力较弱，需要提升产业结构和就业结构的适配性；第三产业发展较快，吸收劳动力就业较多，但是劳动的边际产出率和边际收益率持续下降，需要加强就业引导和创业扶持。《就业与创业——以云南为例》一书，突出问题导向，聚焦这些问题，运用统计分析、实证研究、案例分析、政策解读等方法，从宏观、中观、微观等不同层面开展论述和探讨，提出解决问题的思路和对策建议，对于云南就业与创业工作的改革创新大有裨益，体现了科学研究的应用价值。

作者潘启云博士是云南省人力资源和社会保障厅引进的高层次人才，对云南这片红土地深怀眷念，对云南就业创业发展观察入微。《就业与创业——以云南为例》一书，既包含着作者对云南就业与创业工作改革创新的冷静思考和深切关注，又体现出作者勤勤恳恳、兢兢业业，深入实践、治学严谨的敬业精神。作者近年来致力于人事人才、劳动就业和社会保障方面的研究，特别是较高质量地完成了省人才发展研究促进会委托的"云南省技能人才评价指标体系研究""云南辐射中心建设的人才支撑问题研究"等课题，所提交的咨询报告，对云南人力资源和社会保障事业改革发展具有较高的参考价值，充分发挥了政策咨询研究的参谋助手作用。

当前，云南正在按照习近平总书记的要求，努力建设民族团结进步示范区、生态文明建设排头兵、面向南亚东南亚辐射中心，谱写中华民族伟大复兴中国梦的云南篇章，就业创业发展既面临着千载难逢的机遇，也面临着严峻复杂的挑战。经济新业态发展催生新的就业形态，成为新的就业增长点；互联网、大数据和人工智能的广泛应用产生替代效应和创造效应，对就业和和创业产生深刻影响；逆全球化、贸易摩擦等外部环境变化给经济发展带来不确定性，势必对就业和创业产生一定冲击。希望作者继续站在劳动就业、人事人才领域的科研前沿，积极开展前瞻性、储备性、应用性研究，多出成果、出好成果！

云南省政协　原副主席
云南省人才发展研究促进会　会长
王学智

摘　要

就业是民生之本，创业是促进就业的新动力。进入中国特色社会主义新时代，社会主要矛盾转化，人民群众对美好生活的需要要求实现更高质量、更充分的就业，就业和创业呈现许多新趋势、新特征。加强云南就业与创业问题的研究，对保障和改善民生、推进高质量跨越式发展、与全国同步全面建成小康社会具有重要意义。

本书以云南的就业与创业问题为研究对象，将就业与创业放在经济结构调整、发展动力转换以及更好地保障和改善民生等宏观经济背景下进行探讨，从就业总量、就业结构、就业与经济增长的关系、创业带动就业等多个视角，分析了云南就业与创业的基本现状、存在的问题及其原因，预测了云南就业与创业的未来发展趋势，并提出了对策建议。本书共分为十一章，主要研究内容如下。

第一章为绪论。介绍研究背景和研究价值，简要梳理相关文献的既有成果，明确研究思路。

第二章为经济新常态下云南就业增长的总体形势。从就业总量的视角，分析经济新常态下云南就业增长的总体形势、就业增长的基本现状、存在的问题和原因以及未来发展趋势。

第三章为云南就业结构与产业结构的适配性分析。从就业结构与产业结构的演进趋势、就业结构与产业结构失衡、就业结构优化对产业结构调整的促进作用等方面，分析就业结构与产业结构的协调发展问题。

第四章为云南扩大就业与经济增长的互动关系。从经济增长带动就业增加、扩大就业助推经济增长、就业对 GDP 的贡献率等方面，探讨扩大就业与经济增长的互动关系。

第五章为创业带动就业的倍增效应分析。从发达国家创新创业的发展状况，国内大众创业万众创新发展趋势，大众创业万众创新的云南实践等方面，分析创业带动就业的倍增效应。

第六章为发挥人才创新创业的引领作用。从人才创新创业蓬勃发展、人才创新创业的制约因素、优化人才创新创业的综合环境等方面，分析人才创新创业的引领作用。

第七章为加快发展云南人力资源服务业。分析云南人力资源服务业的基本现状和发展趋势，提出加快发展云南人力资源服务业的政策措施，以市场化就业创业服务减少摩擦性失业。

第八章为加强云南技术工人队伍建设。分析云南技能人才队伍建设的基本现状、存在的问题及其原因，以推进技能人才评价机制改革为着力点和突破口，加强技能人才队伍建设，缓解就业的结构性矛盾。

第九章为化解过剩产能失业职工的就业安置。从云南化解过剩产能任务艰巨、去产能失业职工再就业的困境、安置去产能失业职工的典型案例分析等方面，探讨化解过剩产能失业职工就业安置的办法措施。

第十章为云南边境劳务外国人的就业管理。从云南边境劳务外国人就业管理的实践探索、特点与趋势、存在的问题等方面，探讨改进云南边境劳务外国人就业管理的政策措施。

第十一章为结语。提出云南促进就业创业的思路与对策，展望云南就业的未来发展趋势，指出进一步研究的方向。

通过研究，本书提出促进云南就业和创业的对策措施：一是加快经济结构调整，夯实扩大就业的产业基础；二是大力推进创新创业，培育就业创业的新动力；三是加强职业技能培训，提高劳动者的素质和能力；四是完善公共服务体系，提升就业服务的质量与效益。

关键词： 就业　创业　云南　新时代

Abstract

Employment is the foundation of people's livelihood, and entrepreneurship is a new driving force for employment. After entering a new era of socialism with Chinese characteristics, the main contradictions of society are transformed, and the people's need for a better life requires higher quality and fuller employment. Employment and entrepreneurship present many new trends and new features. Strengthening the study of employment and entrepreneurship in Yunnan is conducive to promoting security and improving people's livelihood, and is conducive to promoting high-quality leap-forward development, and is conducive to building a comprehensive well-off society in parallel with the country.

This book takes the employment and entrepreneurship issues in Yunnan as the research object, and discusses employment and entrepreneurship in the macroeconomic background such as economic restructuring, development power conversion, and better protection and improvement of people's livelihood. From the total employment, employment structure, the relationship between employment and economic growth and entrepreneurship's promoting employment, this book analyzes the basic status, problems and causes of employment and entrepreneurship in Yunnan, predicts the future development trend of employment and entrepreneurship in Yunnan, and proposes countermeasures. The book is divided into eleven chapters, the main research contents include the below.

The first chapter is the introduction. It puts up the research background and research value, briefly combs the existing results of relevant literature, and clarifies the research ideas.

The second chapter is the overall situation of employment growth in Yunnan under the new normal. From the perspective of total employment, it analyzes the overall situation of employment growth in Yunnan under the new economic normal, the basic status quo of employment growth, existing problems and causes, and future development trends.

The third chapter is the adaptation analysis of employment structure and industrial structure in Yunnan. It analyzes the coordinated development of employment structure and industrial structure from the aspects of employment structure and industrial structure evolution trend, employment structure and industrial structure imbalance, and employment structure optimization to promote industrial restructuring.

The fourth chapter is the interactive relationship between employment and economic growth in Yunnan. From the perspective of economic growth to promote employment, expanding employment to promote economic growth, and the contribution rate of employment to GDP, it explores the interactive relationship between employment and economic growth.

The fifth chapter analyzes the multiplier effect of entrepreneurship-driven employment. From the development of innovation and entrepreneurship in developed countries, the development trend of domestic mass entrepreneurs and innovation, and the practice of Yunnan's mass entrepreneurship and innovation, it analyzes the multiplier effect of entrepreneurship-driven employment.

The sixth chapter is to give play to the leading role of talent innovation and entrepreneurship. From the aspects of talent innovation and entrepreneurship, the constraints of innovation and entrepreneurship, and the comprehensive environment for optimizing talents' innovation and entrepreneurship, it analyzes the leading role of talent innovation and entrepreneurship.

The seventh chapter is to accelerate the development of Yunnan's human resources service industry. It analyzes the basic status and development trend of Yunnan's human resources service industry, and proposes policies and measures to accelerate the development of Yunnan's human resources service industry, and reduces frictional unemployment with market-oriented services.

The eighth chapter is to strengthen the construction of the Yunnan technical workers. It analyzes the basic status quo, existing problems and causes of the construction of technical workers in Yunnan, and promotes the reform of the technical talent evaluation mechanism as the focus and breakthrough, and alleviates the structural contradictions of employment.

The ninth chapter is to solve the employment resettlement of unemployed workers with excess capacity. From the arduous task of dissolving excess capacity in Yunnan, the predicament of reemployment of unemployed workers, and the typical case analysis of resettling unemployed workers, it explored measures to make the employment resettlement for unemployed workers with excess capacity come true.

The tenth chapter is the employment management of foreigners in Yunnan border. From the practical exploration, characteristics, trends and existing problems of employment management of foreigners in Yunnan border, it discusses ways and means to improve the employment management of foreigners in Yunnan border.

The eleventh chapter is the conclusion. Put forward the ideas and countermeasures of promoting employment and entrepreneurship in Yunnan, and look forward to the future development trend of employment in Yunnan, and pointing out the direction of further research.

Through research, this book puts forward some countermeasures to promote employment and entrepreneurship in Yunnan: firstly, accelerate the adjustment of economic structure and consolidate the foundation of employment industry; secondly, vigorously promote innovation and entrepreneurship, and increase the new driving force for expanding employment; thirdly, strengthen vocational skills training, improve the quality and ability of workers; fourthly, improve the public service system and improve the quality of employment services.

Keywords: Employment; Entrepreneurship; Yunnan; New Era

目　录

表目录

图目录

第一章 绪论

就业创业是最大的民生问题，与适应经济新常态、应对人口红利消失、产业结构转型升级等具有紧密的联系。研究云南省的就业和创业问题，对保障和改善民生、推进高质量跨越式发展、与全国同步全面建成小康社会具有重要意义。

第一节 研究背景

进入中国特色社会主义新时代，就业创业工作面临新形势、新挑战，研究就业创业问题必须把握新时代提出的新任务、新要求。

一 新时代就业创业呈现新趋势新特征

习近平总书记在十九大报告中指出，"就业是最大的民生"。进入中国特色社会主义新时代，贯彻落实习近平总书记关于以人民为中心的发展思想，必须保障和改善民生，让改革发展成果更多更公平惠及全体人民。站在新的历史起点上，我国经济社会的发展目标、发展动力、发展环境发生了深刻变化，推动经济高质量发展，要求优化人力资源配置，促进人力资本与新兴产业的融合发展。新时代面临新形势，提出新任务，要求新作为，必须抓好高校毕业生和农村劳动力两个重点群体就业，确保零就业家庭动态"清零"，完善就业服务体系，实现更高质量和更充分的就业。

李克强总理指出，"就业是民生之本，怎么强调都不过分"。中国特色社会主义新时代，社会主要矛盾转化为人民群众日益增长的美好生活需要与不平衡不充分的发展之间的矛盾。不断满足人民群众日益增长的对美好生活的需要，增进全体人民的福祉，关键在于就业。人民群众能够就业，收入就有保障，社会发展就可持续，人的全面发展就能实现，就能够在学有所教、病有所医、老有所养、住有所居上不断取得新的进展。如果不能实现充分就业，人民群众就会失去收入来源，生活就会陷入困境。

新时代的就业和创业，不仅要增加就业的数量，还要提升就业的质量。到2020年，实现国内生产总值和城乡居民人均收入比2010年翻一番，是全面建成小康社会的重要指标。达到这两个目标，一方面需要千方百计扩大就业，紧盯高校毕业生和农村劳动力两个重点群体，进一步挖掘人口红利，让劳动年龄人口实现充分就业；另一方面需要竭尽全力优化就业结构，大力发展职业教育，积极开展职业培训，提升劳动技能，缓解经济结构调整带来的就业结构性矛盾，增强就业结构与产业结构的适配性。

新时代的就业和创业，面临新科技革命的重大机遇和严峻挑战。伴随着新一轮科技革命，互联网、大数据、人工智能等科学技术在人们生产生活中的广泛应用，催生出许多经济新业态，而经济新业态创造了大量新的就业机会，培育着新的就业形态，成为新的就业增长点。同时，人工智能等新技术的替代效应日益凸显，给未来劳动力的需求和供给带来深刻影响。新就业形态和新技术的替代效应对职业技能的需求，正在日新月异地改变着劳动者的就业结构和就业方式，广大劳动者学会新技术、掌握新技术、运用新技术迫在眉睫，建设一支知识型、技能型、创新型劳动者大军势在必行。

二　经济新常态对就业创业产生深刻影响

当前，我国正处于经济结构战略性调整的关键期和人口红利向人才红利转变的过渡期，经济发展动力转换，劳动力市场供求关系变化，给就业创业带来广泛而深刻的影响。我国经济经过 30 多年的高速增长，已经进入提质增效升级的新常态：从速度层面看，经济增速换挡回落，从过去 10% 左右的高速增长转为 6%～8% 的中高速增长；从结构层面看，经济结构发生全面深刻的变化，产业不断优化升级，第三产业将成为新的经济增长点；从发展动力看，将从要素驱动、投资驱动转向创新驱动。今后一个时期，中国经济将以高效率、低成本、可持续、中高速增长为发展目标。在经济新常态下，扩大就业面临新形势、新任务，就业数量、就业结构、就业质量等呈现新趋势、新特征。

改革开放以来，我国依靠廉价的劳动力大军创造了令世界瞩目的经济奇迹，这是人口红利带来的巨大成果。有研究表明，30 多年来，我国人均 GDP 增长中有 27% 的贡献来自人口红利。随着刘易斯拐点的来临，中国劳动年龄人口存量开始下降，人口红利窗口提前关闭。自 2012 年起，我国劳动年龄人口逐渐减少，从 2010 年至 2020 年劳动年龄人口将减少 2900 多万人，人口红利正在消失（蔡昉，2013）。劳动力供求关系变化和经济结构战略性调整相互交织、相互影响，使未来的就业形势更加复杂、任务更加艰巨。

经济增长换挡减速，为经济转型升级提供了更广阔的空间和余地。但是，经济下行压力加大，市场约束、资源约束、环境约束、人才约束等经济发展的"四大瓶颈"暴露，过去那种高耗能、高污染、高成本、低产出、低效益的增长方式已经难以为继。化解过剩产能成为我国产业结构调整升级的必由之路，必须通过推动东西部产业转移，调整优化一批过剩产能；加强国际经济合作，向境外转移一批过剩产能；严格环保、安全、耗能标准，淘汰一批落后产能。推动过剩产能企业转型升级，会导致大批企业"关停并转"，造成大量就业岗位流失，稳定就业的形势严峻，妥善安置去产能失业职工成为重中之重。经济结构调整关键在于发展动力转换，需要加快实现从人口红利向人才红利转变，加强自主创新，培育新兴业态，形成新的经济增长点和就业增长点。

三 大众创业万众创新成为发展新引擎

就业是民生之本，创业是促进就业的新动力。我国经济发展动力从传统的"三驾马车"向新的动能转换，推动大众创业、万众创新和增加公共产品、公共服务成为经济发展的"双引擎"，对劳动力的能力素质提出了更高的要求，导致就业的结构性矛盾进一步凸显。

我国的创新创业战略具有起步晚、发展快的特点，经历了起步、稳步发展、快速发展三个阶段。从 2002 年 4 月至 2007 年 9 月为起步阶段，其间教育部选定清华、北航等九所高校启动创业教育试点，创业教育在高等院校广泛开展。

从 2007 年 10 月至 2014 年 8 月为稳定发展阶段。其间，党的十七大报告提出"实施扩大就业的发展战略，促进以创业带动就业"；国务院办公厅印发《关于促进以创业带动就业工作的指导意见》，各地相继出台了一系列支持创新创业的优惠政策；开展创建创业型城市活动，一批创新创业平台先后建立。在此阶段，我国的创新创业稳步发展，就业主要指标趋好，创业者数量增长幅度和创业实体数量增长率分别达到 34% 和 31%；创业实体生存率达到 42%，大大高于 20% 的平均水平；创业实体就业增长率、创业实体就业比率和创业实体就业贡献率分别达到 68%、29% 和 35%。[①]

从 2014 年 9 月至今为快速发展阶段。在 2014 年 9 月的夏季达沃

---

① 我国创业带动就业能力快速提升 [N]. 经济日报，2011 - 11 - 11.

斯论坛上，李克强总理首次在公开场合发出"大众创业、万众创新"的号召，提出要在960万平方公里的土地上掀起"大众创业""草根创业"的新浪潮，形成"万众创新""人人创新"的新势态。此后，在首届世界互联网大会、国务院常务会议和其他各种场合中，李克强总理频频阐释这一关键词，希望激发中华民族的创业精神和创新基因。2015年6月10日，国务院常务会议确定支持农民工、大学生和退役士兵等返乡创业，通过大众创业、万众创新使广袤乡镇百业兴旺，实现促就业、增收入，打开工业化和农业现代化、城镇化和新农村建设协同发展的新局面。各级政府深化商事制度改革，简政放权、放管结合、优化服务，降低创业门槛，对创新创业发展战略重视程度之高、推动力度之大前所未有，一大批众创空间、众创基金、创业小镇、孵化基地、创业园区如雨后春笋般地发展起来，标志着我国已经进入"大众创业、万众创新"的时代。

大众创业、万众创新是解决就业问题的必然选择。我国高校从1999年开始扩招，招生规模从1998年的108万人，扩张到现在的700多万人。2017年，全国高校毕业生人数达到创纪录的795万人，就业压力巨大。推动大众创业、万众创新，鼓励大学生创新创业成为扩大就业的重要途径。2014年6月启动的"大学生创业引领计划"提出，我国将通过一系列帮扶措施，使大学生创业的规模、比例继续得到扩大和提高，实现了2014~2017年引领80万名大学生创业的预期目标。地方各级政府也纷纷出台扶持政策，大力推动创新创业，促进创业带动就业。我国农民工总人数增长虽然呈现下降趋势，但农村劳动力转移就业人数依然庞大。2017年，全国农民工总量28652万人，比上年增加481万人。创新创业发挥了带动就业的"倍增器"效应，为保持就业形势的总体稳定立下了汗马功劳。

大众创业、万众创新是适应经济新常态的客观要求。大众创业、万众创新是我国经济提质增效升级的有力引擎，有助于推动经济转型、释放社会活力，实现发展调速不减势、量增质更优的目标。中国（海南）改革发展研究院院长迟福林认为："在新常态下，经济将向形态更高级、分工更复杂、结构更合理的阶段迈进，现代金融、电子商务、现代物流、文化娱乐等行业必然更加繁荣并有大量新职业诞生，那些准确判断潮流、拥有相应技能的人无疑将拥有这些职业，从中受益。"第三产业比重的提升、新兴产业和新兴业态的出现，在形成新的经济增长点的同时，将为众多中小企业开拓更为广阔的生存发展空间，也会为众多有创业意愿者尤其是思想活跃的年轻人提供更多的创业机会，而创业者创办的中小企业组成了中国就业市场的"微细胞群"，极大地激活了劳动力就业市场。

互联网、大数据带来大众创业、万众创新的新机遇。随着互联网、开源技术平台、3D 打印等对大众创业者的开放普及，互联网与制造业融合发展，个体能够成为产业资源的组织配置者，新技术革命引领着大众创业、万众创新时代的到来。互联网和大数据使创新创业要素在全球范围内加速流动，跨境跨界创业日益增多，市场化、专业化、集成化、网络化的"众创空间"得到大力发展，这一切有助于培育新的增长点，形成新业态，给创新创业带来了新机遇。

四　云南跨越式发展对就业创业提出新要求

云南是一个集边疆、民族、山区、欠发达于一体的省份，发展不充分、不够快、不协调、不平衡等问题十分突出。加快转变经济发展方式，推动产业结构调整升级，成为实现跨越式发展的必由之路，对新形势下的就业和创业工作提出了新的更高要求。

云南是在经济体量小、发展不充分的情况下被动进入经济新常态的，面临发展速度"加快赶"和发展质量"加速转"的双重任务。"加快赶"就是要闯出一条跨越式发展的道路，"十三五"规划确定，全省经济保持 8.5% 的年均增速，预计比全国的经济增速高出 2 个百分点。2017 年，云南 GDP 在全国排在第 23 位，人均 GDP 才约合 4672 美元，远低于 8000 美元的全国平均水平，较低的人均收入要求必须保持高于全国平均水平的增长速度，才能与全国同步全面建成小康社会。"加速转"就是要加快转变经济发展方式、推动产业结构调整升级。云南供给侧结构性改革任重道远，钢铁、煤炭、水泥等行业产能严重过剩，产能利用率仅为 50%，化解过剩产能、下岗职工安置分流任务艰巨。推进供给侧结构性改革，要求"腾笼换鸟"，着力升级烟草、有色金属、文化旅游等传统优势产业，重点培育生物制药与大健康、新材料、现代物流等新兴产业。

云南又是一个人口大省，2017 年，全省总人口 4800.5 万人，城乡总就业人数 2992.65 万人，劳动力资源富集。在资源约束、环境约束和投资拉动力减弱的背景下，经济发展诸要素中最大的变量在于人的因素，在于劳动力资源的开发与利用。在经济新常态下，云南就业和创业形势总体稳定。2013～2017 年，云南城镇新增就业总人数达到 202.8 万人，年均增长 11.24%，城镇登记失业率控制在 4% 以内，大规模群体性失业得到有效控制。就业结构不断优化，第一、第二、第三产业就业人口结构从 2013 年的 55.46∶13.21∶31.33，调整变化为 2017 年的 50.75∶13.44∶35.81，第一产业劳动力保持向第二、第三产业转移的良好势头，第三产业成为吸纳就业的主力军。但是，云南就业和创业的发展也还存在明显的短板，农村剩余劳动力数量庞大，第二产业吸纳就业人数徘徊不前，就业的结构性矛盾十分突出，劳动力市场出现"招工难"与"就业难"并存的现象，就业和创业形势仍然不容乐观。

"十三五"时期是云南全面建成小康社会的决胜阶段。云南贫困面大、贫困程度深、贫困人口多，打赢全面脱贫攻坚战，与全国同步全面建成小康社会任重道远。截至 2017 年底，云南仍有滇西边境山区、乌蒙山区、迪庆藏区、石漠化地区 4 个集中连片特困地区，共

涉及全省15个州市91个片区县，数量居全国第一位；云南还有
331.9万个建档立卡贫困人口，数量居全国第二位。扶贫先扶智，就
业扶贫和技能扶贫与产业扶贫、金融扶贫和基础设施建设扶贫等相
比，具有效益规模大、脱贫见效快的特点。为实现全面脱贫、全面
小康的目标，云南正在大力推进技能扶贫和农村劳动力转移就业两
项行动计划，至2018年底，农村劳动力转移就业总人数将达到1500
万人次。通过农村劳动力转移就业，农民可以快速增收、快速脱贫。
就业扶贫和技能扶贫在脱贫攻坚中具有举足轻重的地位，成为云南
打赢全面脱贫攻坚战、与全国同步建成小康社会的重大举措。

建设面向南亚、东南亚的辐射中心迫切需要增强经济辐射能力。
辐射本来是一个物理学的概念，是指高能量的物体通过一定媒体向
低能量的物体传送能量的过程。把辐射概念运用到区域经济学中，
就形成经济辐射理论。辐射中心既有集聚功能，也有扩散功能，其
内涵是指资源、资本、技术、人才、信息等生产要素在经济发展水
平和现代化程度相对较高地区与经济发展水平和现代化程度相对较
低地区之间的集聚与扩散，以及生活方式、思想观念、思维方式等
人文要素在二者之间的交流与传播。云南具有得天独厚的区位优势，
"肩挑两洋"（太平洋、印度洋），面向"三亚"（南亚、东南亚、西
亚），是中国连接南亚、东南亚的国际大通道。推进辐射中心建设，
主动服务和融入国家战略，云南将成为"一带一路"的重要节点、
我国面向西南开放的新高地、区域一体化合作的桥头堡。辐射中心
建设必须推动云南与周边地区之间资本、技术、市场、人才等要素
的流动，要求实现"五网五通"。"五网"即路网、航空网、能源网、
水网、互联网，"五通"即政策沟通、道路联通、贸易畅通、资金流
通、民心相通。"五网"是基础，"五通"是目的。归根到底，辐射
中心建设需要云南具有较大的经济体量、更高端的产业结构、更新
的经济形态，成为区域内的经济增长极。

客观地讲，云南现有的经济实力，还难以成为区域的辐射中心。要改变这种状况，一方面要顺势而为，主动融入和服务国家战略，依托长江经济带、泛珠三角经济合作区等经济腹地，扮演好我国面向西南陆地开放门户的角色；另一方面要乘势而上，着力推进生物医药、新材料、旅游、现代物流和高原特色农业等重点产业发展，打好绿色能源、绿色食品、健康休闲目的地三张牌，形成经济竞争优势。打造区域经济增长极，要求大力实施创新驱动战略，加快转变经济发展方式，推动产业结构调整升级，促进就业结构与产业结构的良性互动，盘活用好人力资源存量，充分发挥劳动力资源富集的优势，以创新创业培育经济增长和就业增长的新动能。

第二节　研究价值

一　问题的提出

云南跨越式发展其时已至，其势已成。站在新的历史起点上，云南的就业和创业出现了许多新趋势、新特征：就业形势严峻复杂，高校毕业生逐年增加，农村劳动力转移就业力度加大，化解过剩产能职工安置任务艰巨；就业结构性矛盾凸显，技术技能人才严重短缺；第三产业就业人数持续增加，成为吸纳就业的主力军；创新创业催生新的业态，蕴含新的就业增长点。面对云南就业和创业的新形势、新任务、新要求，本书主要聚焦以下问题开展研讨。

（1）云南就业创业的基本现状是怎样的？

（2）云南就业结构与产业结构的适配性如何？

（3）云南扩大就业与经济增长的互动关系是怎样的？

（4）云南创业对就业的带动效应如何？

（5）人力资源服务业怎样促进就业创业的市场化服务？

（6）技术工人队伍建设如何缓解就业的结构性矛盾？

（7）化解过剩产能失业职工怎样分流安置？

（8）推动云南就业创业发展的对策措施有哪些？

二　研究目的

（1）摸清云南就业和创业的基本现状。通过分析云南就业规模、就业增长、就业结构、技能培训、创业扶持和就业公共服务体系建设等方面的情况，考察云南就业和创业的基本现状，总结取得的成效和经验。

（2）分析云南就业和创业存在的问题及其原因。通过分析云南产业支撑不力、就业结构失衡、政策体系不完善、技能培训不够、创业扶持力度不够、就业公共服务滞后等短板，剖析云南就业和创业存在的问题及其原因。

（3）预测云南就业和创业的未来发展趋势。从全面脱贫全面小康、劳动力市场供求关系变化、高技能人才需求增加、创业带动就业、新就业形态发展、人工智能等新技术应用等视角，预测云南就业和创业的未来发展趋势。

（4）提出推动云南就业和创业健康发展的对策建议。从大力发展新兴产业、推进新型城镇化、优化就业结构、加强职业技能培训、培育新的就业增长点、完善就业政策体系、优化就业公共服务等视角，提出推动云南就业和创业健康发展的对策建议。

此外，还对云南化解过剩产能下岗职工和边境劳务外国人这两个特定群体的就业问题进行实证分析，突出云南就业和创业问题的复杂性和特殊性。

三　研究意义

就业和创业既是重要的民生指标，也是重要的经济指标，稳增长就是为了保就业，保就业有利于稳增长。研究新时代下的就业和创业问题，对推动云南跨越式发展具有重要的实践应用价值和理论参考价值。

（一）应用价值

（1）本书将对就业和创业主动适应经济新常态进行深入讨论。一方面经济快速增长，劳动就业人口持续增加；另一方面劳动力要素的增量投入，也必然促进经济的增长。与其他省份相比，云南劳动力相对充足，在资源要素、资本投入不可持续的情况下，坚持实施积极的就业政策，扩大劳动力增量投入，适应产业结构调整需要，加强职业能力建设，提升劳动者的就业技能，将为云南高质量跨越式发展提供有力的人力资源和智力支持。

（2）本书将对就业和创业如何积极应对人口红利消失的有效途径进行积极探索。与全国一样，云南人口老龄化趋势日益明显，劳动年龄人口逐步减少，劳动力成本不断增加，助推经济快速增长的人口红利正在逐步枯竭。要想以质量型的人才红利取代数量型的人口红利，必须加快发展职业教育，加强职业培训，增强劳动力职业技能，优化就业结构，把农村初级劳动力变成技能型中级劳动者，加大人才培养和人才引进力度，实现由人口大省向人才强省的转变。

（3）本书将提供促进就业结构与产业结构协调发展、推动产业结构优化升级的新视角。产业结构和就业结构是经济结构的重要内涵，由于资源禀赋、区位条件和发展基础等原因，云南产业发展滞后，在三次产业结构中，第一产业比重偏高，第二产业集中在有色矿产、煤化工等传统工业，产能过剩问题突出，第三产业亟须从低端向中高端优化升级。通过开展研究，可以摸清云南就业结构与产业结构适配性的现状、存在的问题及原因，理清促进就业结构与产业结构相适配的基本思路、着力点和突破口，助推产业结构调整升级。

（4）本书将探讨就业结构与产业结构的适配性问题，对优化就业结构具有参考价值。产业结构决定就业结构，就业结构优化又推动产业结构升级。云南就业人口在三次产业中的结构呈现畸形发展态势，就业的结构性矛盾凸显。通过开展研究，可以预测经济新常态下就业与创业的发展趋势，适应产业调整需要，提高劳动力技能，促进就业结构优化。

（5）本书将为通过促进就业和创业助推云南实现高质量跨越式发展提供思路。积极探索跨越式发展的新道路，把握云南就业和创业的特点和规律，实施就业优先战略，理清扩大就业的基本思路，完善扩大就业的对策措施，有效破解"就业难"和"招工难"并存的困局，缓解就业的结构性矛盾，将为加快云南经济社会发展提供新的动力。

（6）本书将提出促进就业和创业、助推云南全面建成小康社会相关政策建议。相关研究表明，云南人口红利消失时间窗口比全国大约晚5年，目前云南仍有超过一半的劳动年龄人口集中在第一产业，还处在人口红利期。据统计，2017年云南农民工出省务工人均收入为39000多元，在本省务工人均收入为33000多元。假设农民工人均务工纯收入为20000元/年，如果到2018年底实现新增转移1500万人次农民工的目标，则将增收2000亿元。在云南除了烟草产业以外，还没有哪个产业的利税能比得上劳务输出的收入。因此，就业扶贫和技能扶贫至关重要，不可或缺，必须加快农村劳动力转移以减少结构性失业，完善公共就业服务以减少摩擦性失业，加大对就业困难人群的援助力度，以就业和创业增加城乡居民收入，充分发挥就业和创业在全面脱贫和全面小康中的作用。

（二）理论价值

（1）研究新时代下云南的就业创业问题，把就业和创业放在经济结构调整、产业转型升级和发展动力转换以及更好地保障和改善民生等宏观经济背景下进行探讨，有利于构建经济增长与就业增长的良性互动机制，可以为实现更高质量和更充分的就业提供理论参考。

（2）通过分析新时代云南就业和创业面临的形势、任务和挑战，探讨其变化趋势和特点规律，可以为整合就业资源、完善就业政策、健全促进就业和创业的体制机制提供理论参考。

（3）通过研究云南就业和创业发展面临的共性问题和个性问题，分析制约就业和创业发展的主要因素，聚焦产业支撑薄弱、发展不充分不平衡、农村劳动力过剩等短板，提出解决问题的思路、途径和办法，可以为西部欠发达地区促进就业和创业发展提供有益借鉴。

第三节　文献述评

一　国外文献述评

（一）关于就业增长

促进就业增长是一个古老的经济学命题，古典经济学的代表人物亚当·斯密、大卫·李嘉图认为劳动是财富的源泉，社会财富的增长取决于劳动数量的增加和劳动生产率的提高。20 世纪 30 年代经济危机的基本特征是生产过剩、需求不足、就业不足，新古典经济学家凯恩斯认为有效需求决定工人的就业量。科布和道格拉斯则提出了企业投入和产出关系的科布－道格拉斯函数，认为在技术水平已知的条件下，产出的增加既可能来自对资本投资的增加，也可能来自对人力资源投资的增加。约瑟·奥肯于 1962 年通过对美国经济的实证分析，提出了著名的"奥肯定律"，认为失业率和国内生产总值增长率之间呈反方向变动关系，即经济的高增长率伴随着低失业率，低增长率伴随着高失业率。

（二）关于就业结构

配第－克拉克定理阐述了产业结构与就业结构的相互关系，认为在产业结构演进过程中，劳动力会按照第一、第二、第三产业的顺序依次转移，就业结构的变化始终与产业结构的调整保持着相关性。西蒙·库兹涅茨在继承克拉克研究成果的基础上，将各产业部门在国民收入中所占比重的变化与劳动力所占比重的变化结合起来研究，得出各产业产值变化与劳动力变化的趋势。钱纳里等人研究发现，发达国家在实现工业化过程中，农业产值所占比重下降和劳动力就业向工业的转换基本上是一致和同步的，但在发展中国家，产值结构转换普遍领先于就业结构转换。刘易斯提出"二元经济"发展模式，认为现代工业部门相对传统农业部门的扩张过程将一直持续到把沉积在传统农业部门中的剩余劳动力全部转移干净，直至出现一个城乡一体化的劳动力市场。近年来，国外的研究则更多地聚焦于技术进步对就业的影响。

二 国内文献述评

国内研究的既有成果，主要聚焦于以下几个方面。

（一）中国经济增长与就业增长的关系研究

20世纪90年代，中国经济高速增长伴随着就业弹性下降，学术界对这种现象进行研究，形成了两种截然不同的观点。一种观点认为，经济增长与就业增长之间存在一致性。龚玉泉、袁志刚（2002）认为，经济增长带来了有效就业的增加；陈安平、李勋来（2004）运用就业弹性相关数学模型研究中国经济增长与就业增长的关系，得出二者存在互动机制的结论；冯煜（2001）则从隐形失业的角度解释就业弹性系数下降，认为经济增长促进实际就业的增长。相反，另一种观点认为，中国经济增长和就业增长之间存在非一致性。李红松（2003）认为，技术进步导致资本有机构成提高，资本对劳动的替代作用明显。黄婧等（2011）从产业结构和就业结构双重二元分割的视角分析中国的失业问题，认为劳动力市场分割是导致失业的根本原因。蔡昉（2004）认为人口红利的消失形成了"未富先老"特征，把中国经济增长的稳态向较低的水平上回拉，降低了经济增长速度，从而增加了就业压力。

（二）地区经济增长与就业增长的关系研究

近年来，以省份为区域范围，探讨经济增长与就业增长相互关系的研究成果增多。杨维等（2012）考察了天津市经济发展与就业增长在不同阶段的变化特点，阐述了产业结构变化对就业增长的影响，分析了影响经济发展与就业增长关系变化的因素，提出了实现经济发展与就业增长良性互动的建议。陈晓珊、袁申国（2013）采用相关计量经济模型对广东省的经济发展现状以及就业情况进行实证分析，深入探讨了广东经济增长对其就业水平的影响效应。

云南就业增长与经济发展的关系研究方面，吴振方、杨青（2012）运用格兰杰因果关系检验和协整检验等方法，分析了云南1980～2009年统计数据，得出就业与经济增长存在双向因果关系，即经济增长有利于促进就业、就业人数增加有利于促进经济增长的结论。李丽莎（2011）则利用结构偏差系数、对数线性回归等方法分析了1965～2008年云南产业结构、就业结构以及三次产业就业弹性的变动趋势，认为产业结构调整是提高经济增长对就业拉动作用的关键。

（三）产业结构与就业结构的关系研究

关于产业结构与就业结构的演进规律。刘江（2009）基于1952～2006年我国三次产业就业的人数，利用向量自回归（VAR）模型对产业之间的动态相关性进行分析。研究得出，我国产业结构与就业结构演进基本符合配第 - 克拉克定理。李玉凤、高长元（2008）运用 1978～2005 年我国三次产业 GDP 与就业人数的数据，通过定量与定性的方法对我国的产业结构与就业结构变动的状况进行分析，结果显示我国产业结构演变的格局是"二一三"到"二三一"的模式，并且预测将来会达到"三二一"模式。

关于产业结构与就业结构失衡的原因。莫荣、陈云（2015）研究产业转型升级背景下高校毕业生就业的结构性问题，认为产业转型升级既为高校毕业生提供了多元的就业选择和更多的就业机会，也对高校毕业生就业创业提出挑战。袁霓（2012）则从经济水平、投资结构、技术水平、对外贸易等四个角度分析了中国就业结构的影响因素，结果表明产业结构失衡与城乡就业结构失衡是中国就业结构存在的两个重要问题，并从产业结构调整和城乡结构调整两个方面分析了中国就业结构调整的路径。

关于就业结构对产业结构的促进作用。杨爽、范秀荣（2010）通过构建产业结构升级转换中的人力资本适配度指数，度量了各地区人力资本与产业结构转换需求相适应的程度，认为高水平人力资本是推动产业结构高级化的重要力量，只有与产业结构升级需求"适配"的人力资本才是高水平的人力资本。刘社建（2005）认为劳动力质量、数量与结构对于产业结构转换与能级提升具有重要作用，产业结构顺利转换与能级提升也将持续扩大就业与促进就业结构优化。

关于省域产业结构与就业结构的关系。马建会、李萍（2008）总结分析了广东产业结构和就业结构的变动规律和特点，发现广东的就业弹性在不断上升，三次产业间的就业人员的比重仍有调整的空间，三次产业对劳动力的吸纳也在不断趋于合理。刘耀森（2012）运用协整检验和广义最小二乘法测算了重庆市产业结构对就业结构的影响程度，计算了产业结构与就业结构的偏离度。李波、汪戎

（2011）认为云南省的产业结构与就业结构不协调，应重点发展第二产业和第三产业以扩大就业；同时，从行业就业关联的角度进行就业效应分析，进一步验证第二产业和第三产业的发展对扩大云南就业的重要性。

（四）中国经济新常态下扩大就业的研究

2012 年以来，学术界就开始关注经济增长速度放缓给就业带来的压力。宋晓梧（2012）认为，在经济下行压力加大的情况下，要在稳增长中坚持就业优先战略，扶持中小企业发展、促进就业。莫荣（2012）认为，要降低经济增长趋缓对就业的影响，需从公共就业服务、职业能力建设、援助就业困难群体、鼓励创业就业等方面采取措施扩大就业。张启良（2014）认为，在经济新常态下，经济增长速度明显放缓，就业却保持了稳定增长，可以从劳动力供给出现的新情况、就业人群就业的新特点、产业结构发展的新趋势、政府对就业采取的新措施等方面进行解析。

三　国内外相关研究的评价

国内外既有研究成果为开展本书研究提供了理论支撑和方法借鉴，但也存在三个方面的不足。

一是研究经济增长对就业增长影响的成果较多，而研究就业增长对经济增长促进作用的成果较少。

二是对经济新常态下扩大就业与经济发展关系的研究还很少。

三是研究产业结构调整升级、就业结构变化的文献较少。

因此，本书侧重于就业增长对经济增长的促进作用、扩大就业与经济发展的关系、产业结构调整升级与就业结构变化的适配性等问题研究，可以弥补既有研究的不足，对云南省就业创业起到积极的促进作用。

第四节　研究思路

一　研究范围

本书以云南省为地域范围，以就业创业为研究对象，突出前瞻性、针对性和实用性。一是从量的视角分析就业增长情况，对就业和创业面临的新形势做出总体研判；二是从质的视角分析就业的结构性矛盾，研究就业结构与产业结构的适配性问题；三是从稳增长、保就业的视角分析扩大就业与经济增长的互动关系；四是从新就业增长点的视角分析创业带动就业的"倍增器"效应；五是从减少结构性失业和摩擦性失业的视角，分析技术工人队伍建设、人力资源服务业发展以及去产能失业职工分流安置和边境劳务外国人的就业管理等问题；六是对云南就业创业的未来发展趋势进行展望，提出推动云南就业创业发展的思路和对策建议。

二　内容结构

本书共分十一章，除了第一章绪论和第十一章结语之外，主要内容从宏观、中观、微观三个层面构建研究的框架结构，具体包括三个部分。

第一部分，包括第二章、第三章、第四章、第五章、第六章，在宏观层面上研究云南的就业创业问题。从就业总量的视角，分析云南就业增长的总体形势、基本现状、存在的问题和原因以及未来发展趋势；从就业结构的视角，分析云南就业结构与产业结构的适配性、演进趋势、结构失衡以及协调发展问题；从扩大就业与经济增长互动关系的视角，探讨经济增长带动就业增加、扩大就业助推经济增长、就业对 GDP 的贡献率等问题；从创新创业的视角，分析创业带动就业的倍增效应和人才对创新创业的引领作用。

第二部分，包括第七章和第八章，在中观层面上，研讨减少摩擦性失业和结构性失业。从发展人力资源服务业的视角，分析云南人力资源服务业的基本现状和发展趋势，提出相应的政策措施，以市场化服务减少摩擦性失业；从技术工人队伍建设的视角，分析云南技能人才队伍建设的基本现状、存在的问题及其原因，以推进技能人才评价机制改革为着力点和突破口，加强技能人才队伍建设，缓解就业的结构性矛盾。

第三部分，包括第九章和第十章，在微观层面上关注去产能失业职工和边境劳务外国人两个特殊群体，突出云南就业创业工作的复杂性和特殊性。从云南化解过剩产能任务艰巨、去产能失业职工再就业的困境、安置去产能失业职工的典型案例分析等方面，探讨化解过剩产能失业职工的就业安置办法；从云南边境劳务外国人就业管理的实践探索、特点与趋势、存在的问题和短板等方面，探讨改进云南边境劳务外国人就业管理的政策措施。

此外，第一章为绪论，分析研究背景和研究价值，简要梳理相关文献的既有成果，明确研究思路；第十一章为结语，提出云南促进就业创业的思路与对策，展望云南就业的未来发展趋势，指出进一步研究的方向。

三 研究方法

（1）调查研究法。对近年来云南就业工作的基本现状、成效经验、存在的问题及原因进行调查分析。具体包括座谈调研、个别访谈、问卷调查等。

（2）实证研究法。对调研收集的数据、材料、典型案例等进行实证分析，厘清云南就业创业的现状、问题及原因。

（3）模型分析法。研究经济增长与扩大就业的互动关系，运用科布－道格拉斯生产函数、格兰杰因果关系检验和协整检验等经济数学理论模型。

（4）比较分析法。在就业增长、就业结构、创新创业、失业职工安置、技术工人培养、人力资源服务业发展等方面将云南与其他省份（以及全国平均水平）进行比较分析。

（5）文献研究法。收集和分析与本书研究相关的法律法规、政策措施等方面的专著、文件、论文等文献资料，进而提出云南省就业与创业的政策建议。

四　创新之处

近年来，研究新形势下就业与创业问题的学术成果很多，有的侧重于研究就业数量，有的注重于研究就业结构，有的聚焦于分析创业带动就业的"倍增器"效应。但是，以省域为研究范围，既研究就业与创业的数量和质量，又分析结构性失业和摩擦性失业的成果很少。

首先，本书以云南省为研究地域，涉及就业创业问题的多个方面，弥补了云南省就业创业问题研究成果极少的不足，在研究对象上有一定创新。

其次，新时代面临新形势、新任务，更要有新气象、新作为。将云南就业与创业放在中国特色社会主义新时代、经济发展新常态和云南全面脱贫全面小康、实现跨越式发展的背景下进行研究，在研究视野上有一定创新。

最后，以云南就业与创业为研究对象，从就业总量、就业结构、扩大就业与经济增长的关系、创业带动就业、技术工人培养、人力资源服务业发展、去产能职工安置、边境劳务外国人管理等多个维度，分析研究云南就业与创业的基本现状、存在的问题及其原因，预测其未来发展趋势，并提出促进云南就业创业的思路与对策，在研究内容上有一定创新。

第二章 经济新常态下云南就业增长的总体形势

进入经济新常态之后，我国经济增速放缓，发展方式转变，发展动力转换，供给侧结构性改革力度加大，经济发展的外部不确定性因素增多，给就业创业带来广泛而深刻的影响。

第一节 云南就业形势总体稳定

面对复杂多变的国内外经济形势，我国实施积极的就业政策，保持就业形势总体稳定。云南省委、省政府坚决贯彻落实中央关于促进就业创业的各项方针政策，采取有力措施，千方百计扩大就业，就业数量稳定增长，就业结构不断优化，就业质量逐步提高，为稳增长、保就业奠定了坚实基础。

一 我国深入实施积极的就业政策

在经济新常态下，我国深入实施"民生为本、就业优先"战略，出台了一系列促进就业创业的政策措施。2014 年 5 月，国务院办公厅印发《关于做好 2014 年全国普通高等学校毕业生就业创业工作的通知》，鼓励高校毕业生到城乡基层就业，鼓励小型微型企业吸纳高校毕业生就业，鼓励大学生自主创业。2015 年 4 月，国务院印发

《关于进一步做好新形势下就业创业工作的意见》，要求深入实施就业优先战略，积极推进创业带动就业，统筹推进高校毕业生等重点群体就业，加强就业创业服务和职业培训，为进一步做好新形势下就业创业工作指明了方向。2016 年 4 月，人社部、国家发改委等 7 部门联合印发《关于在化解钢铁煤炭行业过剩产能实现脱困发展过程中做好职工安置工作的意见》，要求各地做好化解过剩产能、实现脱困发展中的职工安置工作，维护好职工和企业双方的合法权益，促进失业人员平稳转岗就业。2017 年 1 月，中共中央办公厅和国务院办公厅联合印发《关于进一步引导和鼓励高校毕业生到基层工作的意见》，要求多渠道开发基层岗位，为高校毕业生到基层工作搭建平台；健全保障措施，为高校毕业生在基层成长成才创造良好条件；实施高校毕业生基层项目，发挥项目示范引领作用；畅通流动渠道，为在基层工作的高校毕业生职业发展提供支持。2018 年 12 月，国务院印发《关于做好当前和今后一个时期促进就业工作的若干意见》，要求落实各方责任，支持企业稳定发展，鼓励支持就业创业，积极实施培训，及时开展下岗失业人员帮扶。近年来，我国出台促进就业创业政策的密度之高、力度之大，前所未有，确保了就业总体形势的稳定。

2014～2017 年，我国城镇新增就业平稳增长，城镇新增就业人数分别为 1322 万人、1312 万人、1314 万人和 1351 万人，稳定在 1300 万人以上。2018 年前三季度，城镇新增就业 1107 万人，比上年同期增加 10 万人，同比增长 0.91%，提前一个季度完成全年目标任务。全国城镇登记失业率逐步下降，从 2014 年的 4.09% 下降到 2017 年的 3.90%。在经济增速放缓的情况下，就业增长向好，有效地增强了人民群众的获得感，有力地保障和改善了民生。

二 云南就业形势稳中向好

我国就业形势总体稳定，为云南稳增长、保就业创造了有利条件。云南作为一个人口大省，劳动力资源丰富，保持就业数量的稳定增长，对保就业、惠民生至关重要。

（一）就业数量稳步增加

从总量看，就业人口数量呈逐年增长态势。2011～2017 年，全省总人口从 4631 万人增长到 4800.5 万人，城乡总就业人数从 2857.23 万人增长到 2992.65 万人，年均增长 22.57 万人，年均增长率为 0.77%。[①]

从城镇新增就业人数看，2011～2017 年，全省城镇新增就业人数分别为 27.60 万人、29.30 万人、31.56 万人、36.53 万人、40.92 万人、44.79 万人和 49.02 万人，年均增长率为 10.05%。[②] 特别是 2014 年，在经济下行压力加大的情况下，城镇新增就业比上年度增长 15.75%，为保持就业形势总体稳定发挥了重要作用。

从失业人员再就业情况看，2011～2017 年，扶持失业人员实现再就业分别达到 9.35 万人、8.30 万人、9.31 万人、9.52 万人、11.28 万人、13.41 万人和 16.05 万人。[③] 其中，大多数是就业困难群体，较好地解决了就业困难群体的就业问题，保证了零就业家庭至少一名成员实现就业，实现了零就业家庭动态"清零"的工作目标。同时，城镇登记失业率呈现逐年下降的趋势，从 2011 年的 4.50% 下降到 2017 年的 3.20%，城镇登记失业率持续下降，表明云南扩大就业取得显著成效。

（二）云南就业结构不断优化

经济结构的调整促进就业结构的优化，就业结构的变化反映经济结构的转型升级。从三次产业就业结构、城乡就业结构和就业人

---

① 数据来源：《云南省人力资源和社会保障事业发展统计公报》。
② 数据来源：《云南省人力资源和社会保障事业发展统计公报》。
③ 数据来源：《云南省人力资源和社会保障事业发展统计公报》。

员行业分布等方面，可以观察到近5年来云南就业结构的变化情况。

2013~2017年，云南省三次产业就业人口情况如表2-1所示。

表2-1 2013~2017年云南省三次产业就业人口变化

单位：万人

产业	2013年	2014年	2015年	2016年	2017年
第一	1615.29	1591.07	1576.53	1587.91	1518.72
第二	384.58	390.43	382.09	397.27	402.33
第三	912.49	980.75	983.88	1013.71	1071.60

数据来源：《云南省人力资源和社会保障事业发展统计公报》。

基于表2-1中数据计算得出，2013~2017年，云南第三产业从业人员所占比重稳步增长，从31.33%提高到35.81%，从业人员从912.49万人增加到1071.60万人；第二产业从业人员所占比重缓慢增加，从13.21%提高到13.44%，从业人员从384.58万人增加到402.33万人；第一产业从业人员所占比重有所下降，从55.46%下降到50.75%，从业人员从1615.29万人下降到1518.72万人。

从静态分析来看，2017年全省的就业人口仍有一半以上集中在第一产业，第二产业就业人口较少，仅占13.50%左右，第三产业吸纳就业人口较多，占比超过1/3。从动态趋势来看，农业转移就业人口明显增加，第一产业就业比重持续下降，但农村劳动力转移就业的压力仍然较大；第二产业就业人口稳中有升、增幅不大，需要推动产业结构调整，发展新兴业态，加快产业转型升级，提升就业吸纳能力；第三产业就业人口增长最快，年均增长率为4.10%。总体上，就业人口正在从第一产业向第二、第三产业转移，就业结构逐步优化。

从城乡就业结构来看，就业人员可分为乡村就业人员、城镇就业人员和其他就业人员，三者具体分布情况如表2-2所示。

表 2 - 2　2013 ~ 2017 年云南省城乡就业人口分布

单位：万人

就业人员类型	2013 年	2014 年	2015 年	2016 年	2017 年
乡村	2180.76	2104.90	1925.00	1986.98	1922.04
城镇	678.54	789.90	761.72	795.79	824.08
其他	53.06	67.45	255.78	216.12	246.53

数据来源：《云南省人力资源和社会保障事业发展统计公报》。

通过表 2 - 2 可以计算出，2013 ~ 2017 年，乡村从业人员所占比例由 74.88% 下降到 64.23%，但仍然很大；城镇就业人员增加明显，年均增长率为 4.98%；其他就业人员数量年均增长率为 46.82%，就业人员正在逐步从乡村向城镇转移。

按城镇单位划分，相关就业人员又分为国有单位就业人员、集体单位就业人员和其他单位就业人员，具体就业人数见表 2 - 3。

表 2 - 3　2013 ~ 2016 年云南省城镇单位就业人员的具体划分

单位：万人

单位类型	2013 年	2014 年	2015 年	2016 年
国有	181.30	175.83	174.95	163.24
集体	9.79	9.65	11.16	11.65
其他	112.58	131.70	158.54	177.38

数据来源：《云南统计年鉴》。

通过表 2 - 3 可计算出，2013 ~ 2016 年，国有单位就业人员减少 18.06 万人；集体单位就业人员增加了 1.86 万人，年均增长率为 5.97%；其他单位就业人员增加了 64.80 万人，年均增长率为 16.36%。表明越来越多的人选择在民营企业等其他单位就业，就业渠道更加多样，就业形式更加灵活，就业结构更趋合理。

（三）就业质量逐步提升

收入水平是衡量就业质量的重要指标，城乡居民收入可以反映就业质量情况。2010～2017 年城镇居民人均可支配收入如图 2 - 1 所示。

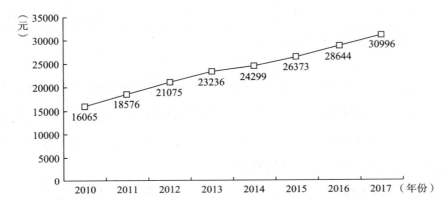

图 2 - 1　2010～2017 年云南省城镇居民人均可支配收入增长情况

数据来源：《云南省人力资源和社会保障事业发展统计公报》。

从图 2 - 1 可以看出，2010 年云南省城镇居民人均可支配收入为 16065 元（扣除价格上涨因素，同比增长了 11.4%）；2011 年为 18576 元，同比增长 15.6%；2012 年为 21075 元，同比增长 13.5%；2013 年为 23236 元，同比增长 10.3%；2014 年为 24299 元，同比增长 4.6%；2015 年为 26373 元，同比增长 8.5%；2016 年为 28644 元，同比增长 8.6%；2017 年为 30996 元，同比增长 8.2%，年均增长率为 9.84%。云南省的城镇居民人均可支配收入逐年增长，说明城镇就业质量逐步提升。

近年来，云南高度重视三农问题，千方百计促进农民增收创收，农民人均纯收入逐年增长。2010～2017 年云南农民人均纯收入情况如图 2 - 2 所示。

从图 2 - 2 可以算出，2010 年云南省农民人均纯收入为 3952 元

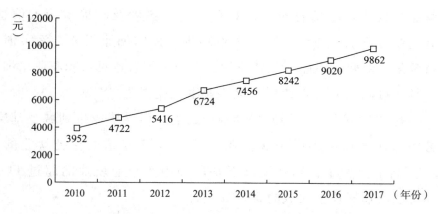

图 2 - 2　2010 ~ 2017 年云南省农民人均纯收入增长情况

数据来源：《云南省国民经济与社会发展统计公报》。

（扣除价格上涨因素，同比实际增长 13.2%）；2011 年为 4722 元，同比增长 19.5%；2012 年为 5416 元，同比增长 14.7%；2013 年为 6724 元，同比增长 24.2%；2014 年为 7456 元，同比增长 10.9%；2015 年为 8242 元，同比增长 10.5%；2016 年为 9020 元，同比增长 9.4%；2017 年为 9862 元，同比增长 9.3%，年均增长率为 13.96%。数据表明，云南省农民人均纯收入逐年增长，农村劳动力的就业质量逐步改善。

三　云南就业公共服务体系基本建立

（一）积极的就业政策逐步完善

云南紧紧围绕高校毕业生、农民工两个就业重点群体，实施积极的就业政策，扶持创业带动就业，加大对就业困难人群的帮扶力度，取得显著成效。

1. 完善高校毕业生就业政策

云南深入实施"云岭大学生创业引领计划"和"十百千万计划"，鼓励高校毕业生到城乡基层、中小微型企业就业，支持自主创业，加强就业援助，促进就业公平，创新人才培养机制。加强离校未就业高校毕业生信息对接，对有就业意愿者及时提供用人信息；对有创业意愿的，组织其参加创业培训，提供创业服务，落实创业扶持政策；对暂时不能实现就业的，组织参加就业见习和职业培训。

具体可归结为"六计划"促毕业生就业创业。[①]

一是"走下去"基层服务计划。鼓励和引导毕业生到城乡基层、艰苦边远地区和中小微企业就业。截至 2017 年末，在已就业的近 18.4 万名毕业生中，到县及以下基层和中小企业就业的超过 11 万名，占已就业毕业生人数的 59.8%。

二是"走出去"就业计划。全面开展"云南青年志在四方"宣传教育活动，引导和鼓励云南省高校毕业生走出云南到省外就业。2017 年，云南省高校毕业生共有 3.13 万名到省外、国外就业，占 16.6%。7 所高校获得奖励，1200 名学生获得了每人 2000 元的"走出去"就业补助。

三是"走进去"支持校园招聘计划。从 2013 年起，省财政每年设立 500 万元专项资金，对高校开展的校园招聘活动给予补助，专项资金已按全覆盖、重激励、重效益的原则下达到各高校。2017 年，省教育厅和各高校已举办各类校园招聘活动超过 3400 场，提供就业岗位信息超过 33 万条，毕业生入场人数超过 55 万人次。

四是推行创业促就业计划。建立健全大学生就业创业体制机制，把就业创业教育列入教学计划，强化就业创业实践环节。目前，全省高校就业指导课全部列入必修课程，职业生涯规划课列入选修课程，创业课不少于 36 学时，不低于 2 个学分。2017 年，云南省教育部门和高校共举办创业大赛超过 100 场，举办创业讲座和论坛近 1000 场，参加学生超过 20 万人次，2300 名毕业生通过政策扶持成功实现创业。9 所高校创业园被认定为云南省大学生（青年）创业示范园，1 所高校创业园被认定为众创空间，40 所高校大学生创业平台

---

① 数据来源：《云南省高校毕业生就业质量年度报告》。

获得奖励。

五是推行质量提升计划。近年来，云南大学、云南师范大学、云南工商学院等 10 多所高校，进入教育部 50 所全国高校毕业生就业工作宣传典型高校行列。昆明理工大学教师编写的《大学生职业生涯规划与就业指导》入选全国就业指导示范课程教材。

六是推行就业帮扶计划。积极建立就业困难高校毕业生信息库，实行"一对一"实名动态的个性化就业指导和服务。从 2014 年开始，云南省将享受城乡低保家庭、全省 3 个藏区县、8 个人口较少民族和残疾毕业生纳入补助范围，给予一次性求职补贴，补贴标准也从每人 500 元提高到每人 1000 元。2017 年毕业生离校前，全省符合条件的近万名毕业生全部及时、足额享受到了省级一次性求职补贴。

由于政策到位、措施有力，高校毕业生就业率稳定在 96% 以上，较好地促进了大学毕业生就业创业。2012～2017 年云南省高校毕业生就业率情况如图 2 - 3 所示。

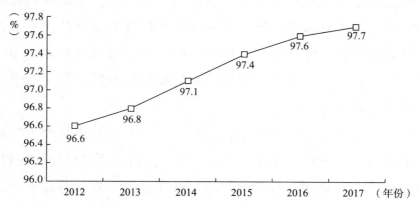

图 2 - 3　2012～2017 年云南省高校毕业生就业率变化

数据来源：《云南省国民经济与社会发展统计公报》。

图 2 - 3 中数据显示，云南省高校毕业生就业率从 2012 年的 96.6% 高位增长到 2017 年的 97.7%，年均增长 0.22 个百分点。

2. 促进农业转移人口就业

当前，农民工就业稳定性不强，合法权益受到侵害的现象仍时有发生，参加城镇社会保险的比率不高，享受城镇基本公共服务范围较窄，在城镇落户仍然面临诸多困难，针对这些突出问题，云南省出台了一系列政策措施，促进农民工就业。

一是加大培训资金投入，落实培训补贴政策，提高培训质量。根据就业市场需求和产业结构调整需要，重点开展订单式培训、定向培训、企业定岗培训，面向市场确定培训职业（工种），形成培训机构平等竞争、农民工自主参加培训、政府购买服务的机制。探索开展以云南民族民间工艺、民族传统技艺为主的特色职业培训，打造云南农民工职业培训品牌。鼓励企业组织开展农民工培训，符合相关规定的，对企业给予培训补贴。鼓励大中型企业联合技工院校、职业院校，建设一批农民工实训基地，省财政给予一定补贴。将国家通用语言纳入对少数民族农民工培训的内容。

二是建立扶持云南特色农民工劳务品牌。突出区域特点，充分挖掘省内各地优势特色产业、民族民间传统工艺、旅游特色资源等吸纳农民工就业的潜力，鼓励有条件的地区建立专项扶持资金，引导、扶持、培育一批具有云南民族文化特色、有较高知名度和综合竞争力的农民工劳务品牌，发挥劳务品牌促进农民工稳定就业、高质量就业的积极作用。

三是规范农民工用工制度。督促和指导用人单位与农民工依法签订和履行劳动合同。在流动性大、季节性强、用工时间短的行业，依法规范劳动派遣用工行为，清理建设领域违法发包分包行为，加强非公有制企业经营者重点是小微企业经营者劳动合同法培训。

四是保障农民工劳动报酬权益。进一步落实农民工工资保证金、工资准备金、政府应急周转金制度。实施"全民参保登记计划"，依法推进农民工持续参加各项社会保险，努力扩大农民工参加城镇职工社会保险的覆盖面。

五是依法保障农民工农村"三权"等合法权益。建立完善政策措施，依法保障农民工农村地承包经营权、宅基地使用权和集体经济收益分配权。

促进农业转移人口就业的配套政策措施，收到了明显的效果。2014～2017年，云南新增转移就业的农村劳动力累计达90.4万人，2017年农民工总量达到791.4万人。2014～2017年，云南新增转移就业的农村劳动力数量如图2-4所示。

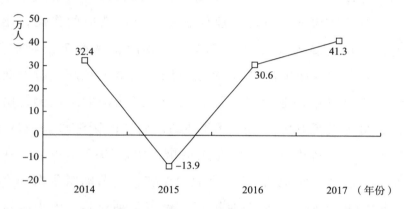

图2-4　2014～2017年云南省新增农村转移就业人口数量变化

数据来源：《云南省国民经济与社会发展统计公报》。

图2-4显示，2014年新增农村转移就业人口为32.4万人，2015年为-13.9万人，2016年为30.6万人，2017年41.3万人。由于进入经济新常态，经济增速大幅度下降，就业岗位减少，2015年新增农村转移就业人口出现了负增长，随着经济形势稳中有升，2016年和2017年新增农村转移就业人口又保持了增长势头。

3. 推进创业促进就业政策

创业是最积极、最主动的就业，它不仅能解决劳动者的自身就业，还能通过带动就业产生倍增效应。把创业和就业结合起来，以创业带动就业，成为促进就业增长的新动力。

2009年4月，云南创建了门槛低、政策优、服务完善的鼓励创业"贷免扶补"模式。2010年，进一步完善小额担保贷款政策体系，实施了"援企稳岗"的政策和措施。2011年，积极推进创业培训，加强创业培训师资队伍和培训机构建设，鼓励有创业要求和培训愿望、具备一定创业条件的城乡各类劳动者以及处于创业初期的创业者参加创业培训。2012 年，强化创业培训与"贷免扶补"、小额担保贷款等扶持政策的衔接，完善政策扶持、创业培训、创业服务一条龙的工作体系，提高创业成功率。2013 年，加大"贷免扶补"力度，实施创业孵化、"贷免扶补"、小额担保和劳动密集型企业贷款四位一体的创业帮扶模式，发挥创业促进就业倍增效应的作用，通过扶持创业，带动更多的人就业。2014 年，建设省级青年创业示范园。每年在全省范围内评选认定 10 个示范园，由省人社厅与省财政厅联合授予"省级青年创业示范园"牌匾。对经认定的示范园，由省财政厅给予每个园区 100 万元的资金补助，用于园区建设、项目服务、技术研发、公共费用支出、创业人员培训等。2015 年以后，在经济新常态下，通过"贷免扶补"、小额担保贷款、劳动密集型小企业贷款、"两个 10 万元"微型企业培育工程等 4 种模式，大力推进创业带动就业工作。

受益于"贷免扶补"模式这一创新，云南创业带动就业的能力不断增强，为保持就业的稳定增长做出了积极贡献。2014～2017 年，"贷免扶补"扶持创业累计 231544 户，发放贷款 184.41 亿元，带动就业 66.22 万人。创新创业在扩大就业中占有举足轻重的地位，创业带动就业的倍增效应凸显。

4. 就业困难群体帮扶政策

近年来，在经济新常态下，产业结构调整升级，企业改制深入开展，一些文化水平和工作技能较低、身体残疾、年龄偏大、零就业家庭、单亲家庭等成为就业弱势群体，开展就业援助，帮助困难群体架起生活的支点，成为保障和改善民生的重要任务。云南始终坚持"民生为本、就业优先"的理念，全面落实就业援助扶持政策，狠抓职业技能培训和职业介绍，健全就业援助长效机制，积极开展帮扶活动，多渠道促进困难群体就业。云南开展就业援助专项行动，将公益性岗位开发作为政府建立健全就业援助制度的一项基本措施，各级财政、人社部门下拨公益性岗位补贴资金，动员事业单位和企业设置公益性岗位，以帮助就业困难人员和生活困难大学生实现就业。2017 年，扶持失业人员实现再就业 16.05 万人，其中就业困难群体人员 12.30 万人。零就业家庭就业援助专项行动全年共扶持 1800 户，零就业家庭至少一名成员实现就业，实现了零就业家庭动态"清零"的工作目标。同时，组织高校毕业生就业见习 11518 人次。

据调查，2017 年红河州城镇劳动力资源 83.76 万人，其中就业困难群体 7203 人，占劳动力资源总数的 0.86%。全州共开发公益性岗位 4714 个，提供给就业困难群体。共向公益岗位上的 1854 人补贴社会保险费 407.53 万元，共为 3515 人支出公益性岗位补贴 2489.74 万元。开展就业援助月活动，共走访就业困难人员和零就业家庭 1102 户（人）；登记认定未就业困难人员 1075 人，其中残疾就业困难人员 199 人，低保家庭成员数 478 人；帮助就业困难人员实现就业 593 人，其中残疾就业困难人员就业 135 人，低保家庭成员数 222 人；帮助就业困难人员享受政策人数 793 人，认定零就业家庭 82 户，帮助零就业家庭至少一人就业 54 户，帮助零就业家庭实现就业 55 人；辖区内招用就业困难人员并享受扶持政策的企业 38 家，企业招用的登记认定的困难人员 147 人。红河州援助困难群体就业的经验和做法，值得学习和借鉴。

（二）职业技能培训体系初步形成

云南积极探索加强职业培训的新途径，通过统筹利用各类职业培训资源，建立以职业院校、企业和各类职业培训机构为载体的职业培训体系，加强规范管理，完善措施，突出重点，提升水平，为社会培养了大批技能人才，取得了良好经济效益和社会效益。

　　围绕服务就业，大力开展职业技能培训工作。按照城乡统筹、就业导向、技能为本、终身培训的原则，切实加强制度建设，加快完善工作机制，努力提升培训质量，不断扩大培训规模，增强职业培训的针对性和有效性，充分发挥职业培训在促进就业、稳定就业中的作用。通过在岗培训、脱产培训、业务研修、岗位练兵、技能竞赛等多种形式，广泛开展企业在岗职工的技能提升培训。力争"十三五"期间所有企业一线职工都能接受一次岗位培训，60%以上职工技能提升一个等级。

　　实施高技能人才培养工程，各类骨干企业通过建立首席技师和技师聘任、研修制度，自办培训机构或与职业院校联合办学等方式，大力培养高技能人才，重点培养企业和地区经济发展急需和紧缺工种的技师、高级技师。各级政府和行业企业设立高技能人才培养专项基金，按照"谁出资培养，谁享受补贴"的原则，给予相应补贴。"十三五"期间，每年新培养各类高技能人才5万人，其中技师、高级技师5000人。

　　实施技能大师工作室创建工程，选拔一批社会公认、技艺精湛、有突出业绩的技师、高级技师，依托重点行业企业创建技能大师工作室，充分发挥有绝活绝技的高技能人才带徒传技、技术攻关的作用。省级每年评选命名20个技能大师工作室，"十三五"期间创建100个技能大师工作室。全省每年各类职业培训规模达到50万人，其中年均劳动预备制培训2万人、创业培训4万人以上、技能鉴定35万人以上。

　　围绕人才振兴计划，加快推进职业培训鉴定示范基地建设。按照统筹规划、合理布局、功能互补、资源共享的原则，依托技工院校、职业院校、职教中心等培训资源，建立一批以初级、中级、高级技能培训为主的培训鉴定示范基地，面向社会提供职业培训和技能鉴定服务。

"十三五"期间，全省计划建成 50 个功能完备、设备先进、培训质量高、辐射带动能力强的职业培训鉴定示范基地。

（三）就业服务信息平台基本建立

建立就业信息平台，提供就业信息服务，是完善就业市场功能、减少摩擦性失业的重要途径。在经济新常态下，云南积极探索，不断创新，充分发挥"传统媒体＋新媒体"的优势，创建"'网站＋微博＋微信＋报纸＋电视'五位一体"的就业宣传新平台，为高校毕业生、农村富余劳动力等重点群体提供适用、有效的就业创业信息宣传服务。

（1）提升公共就业服务网络功能。借助网络新媒体，丰富宣传内容，更加集中、权威发布就业创业新政策、新动向等信息。开辟新浪官方微博"就业彩云南"，发布及时有效的就业信息、政策动态，回应与就业服务有关的热点问题。增设省就业局微信"就业彩云南"，为有就业创业需要的劳动者主动推送方便快捷的公共就业人才服务信息。与《春城晚报》合办《春城晚报·职来职网》周刊，定期刊登就业政策宣传及岗位信息，现已出刊 165 个整版。与云南广播电视台"都市频道"合作，已以"飞播字幕"的形式在《条形码望远近》栏目中播出"公共就业服务信息"4900 多分钟。

（2）开设"云南人社众创网"。将人力资源公共服务产品与云南高原特色农业、民族文化产业相结合，形成以实体产品的扩大来助推创业新模式，促进人力资源与特色产品的充分配置和流通以及创新创意与市场需求和社会资本的有效对接，实现"人社淘宝"众创平台扶持创业带动就业。具体来说，就是以"零成本、便利化、全要素、全开放"为创新创业提供梦想舞台，特别是为就业困难人员、城乡登记失业人员、大学生等期待通过创业改变人生的人群提供机遇和政策扶持，打造云南人自己的"淘宝"。据统计，2017年已有500家商户和200家企业入驻，上线商品近800个。

（3）开展就业服务"四进五化"活动。扎实推进公共就业服务政策"进校园、进园区、进社区、就业转移进乡村"和"就业宣传多样化、就业培训精品化、就业服务均等化、创业帮扶精细化、操作流程规范化"的"四进五化"等活动，促进全省公共就业服务质量有新变化、上新台阶，为广大劳动者提供优质高效的公共就业服务。

四 云南就业形势依然严峻

（一）高等学校招生人数稳定增加

近年来，云南普通高校招生人数稳定增长，高校学生毕业后进入劳动就业市场，将给就业带来较大压力。2014～2017年云南省普通高校招生人数如图2－5所示。

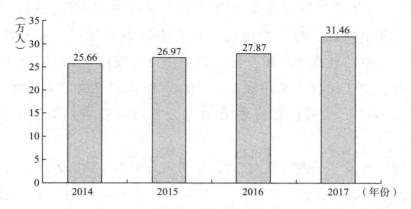

图2－5 2014～2017年云南省普通高校招生人数变化

图2－5中数据表明，2014年全省普通高校招生人数为25.66万人，2015年为26.97万人，2016年为27.87万人，2017年达到31.46万人，增长幅度较大。2014～2017年，云南普通高校招生人数

累计增长了 22.6%，年均增长 7.03%。

总体上看，云南普通高校招生人数的增长既将为经济社会发展提供大量的中高级劳动力，也将给扩大就业带来严峻挑战。

（二）农业转移就业人口数量庞大

从农业从业人口看，2017 年云南城乡总就业人数为 2992.65 万人，其中第一产业就业人数为 1518.72 万人，占总就业人数的 50.75%，与全国第一产业就业人数占 27% 相比，高出 23.75 个百分点。若要达到全国平均水平，需要转移农村就业人口 710 万人左右，任务十分艰巨。

从城镇化率来看，2014～2017 年，云南城镇化率分别为 41.73%、43.33%、45.03%、46.69%，年均增长 1.65 个百分点，表明每年有将近 75 万名农村人变成城里人。云南城镇化正处于加速期，要实现省委、省政府确定的 2020 年城镇化率达到 50% 的目标，未来 3 年，年均城镇化率增长需达到 1.1 个百分点，也就是每年将 53 万个农村人口转变为城镇人口。① 这组数据从侧面表明，转移农村人口给就业带来的压力不容忽视。

（三）困难群体就业帮扶任务艰巨

困难群体主要为残疾人和享受最低生活保障的人员。2017 年，云南国家重点优抚伤残人员为 1.9 万人左右，享受低保家庭人数达到 559.8 万人，占总人口的 11.88%。其中城镇享受低保家庭人数为 100.9 万人，农村享受低保家庭人数为 459.8 万人。②

云南省城乡享受低保家庭人数巨大，需要就业帮扶的困难群体人数较多，加强困难群体就业援助任务繁重。

---

① 数据来源：《云南省国民经济和社会发展统计公报》。
② 数据来源：《云南统计年鉴（2017）》。

第二节 云南就业增长存在的问题及原因

一 就业增长存在的主要问题

受经济增速换挡、结构调整、动力转换的影响，云南的就业形势愈加复杂，就业总量压力加大，就业结构性矛盾凸显，摩擦性失业增加，职业技能培训滞后，人才红利难以有效释放，创业带动就业不够充分，扩大就业面临诸多困难。

（一）就业结构性矛盾突出

近年来，就业结构有所优化，但就业结构与产业结构的协调发展仍显不足，就业结构的变化与产业结构调整的需求之间存在较大差距。

其一，"就业难"与"用工荒"并存。2018 年，全省高校毕业生突破 26.35 万人，高校毕业生"就业难"与农民工"用工荒"并存，新生代农民工与高校毕业生还存在缺乏归属感、过客心态严重、流失率较高的问题，致使离职率日益增高，"短工化"趋向日渐明显。

其二，技能型人才短缺。随着传统产业转型升级和承接中东部产业转移加快，技能型人才严重短缺和结构性隐形失业问题凸显。全省持有职业资格证的技能劳动者占比远低于全国平均水平，高技能人才占技能劳动者的比重为 22.7%，低于全国的 25.6%。部分劳动者在求职过程中存在避"重"就"轻"心理，喜欢追求轻松、"体面"的白领工作而回避苦、脏、累、"低人一等"的技能型工作，导致"有人无事做"和"有事无人做"并存，具有职业习惯、职业纪律和职业技能、"会动手"的实用性技能人才和熟练劳动者严重短缺。

其三，劳动者收入出现"倒挂"现象。劳动力供求结构失衡在一定程度上导致学历与薪资水平的"倒挂"现象。据初步调查，云南省高校毕业生半年后的就业专业对口率较低，甚至有的学校、有的专业已低于50%，且低就业状态占比较高，出现了高校毕业生劳动报酬低于同行业技能型工人甚至普通工人的现象，导致类似"谷贱伤农"的"才贱伤教"局面，引发了新一轮的"读书无用论"思潮。出现这种情况，固然由于高等教育与职业教育协调发展不充分，但就业的结构性矛盾也是重要原因。

（二）职业技能培训发展滞后

近年来，云南省职业技能培训体系逐步建立，培训人数逐年增多，培训质量逐步提高。但是，应当看到，职业教育培训仍然存在一些亟待解决的问题。

一是对职业培训的认识不到位。"重普教轻职教""重学历轻技能"思想普遍存在，导致部分劳动者不愿接受职业技能培训、不愿当技术工人、不愿走技能成才的道路。

二是培训机制不健全。市场导向在培训资源配置中的决定性作用尚未得到充分发挥。目前，全省职业培训仍以政府投入为主，培训的引导性不足、类型较少、层次较低、主体较为单一，企业参与度不够，覆盖面窄，以市场需求为核心的订单培训、按需培训机制不够健全，劳动者终身职业培训体系尚未建立。

三是培训效果评估机制不健全。目前，全省劳动者职业培训主要由人社、农业、教育、扶贫、移民、工会、妇联、共青团等部门组织实施，培训的行政化倾向较为明显，培训的补贴标准和验收标准不统一、验收评估机制相对滞后，培训就业的功能较弱，兑现培训机构的补贴未能与培训就业率和市场效益充分挂钩，政策措施的配套性不强，培训资源的整合不够。

四是职业培训机构发展滞后。目前,全省职业培训机构发展不平衡,培训机构数量较少,培训精品和强品较为缺乏,知名培训品牌较少,以市场为导向、以企业为主体的培训运作模式还未真正形成。

五是技工院校培养技能人才规模不大。2017年全省技工学校毕业生仅为26698人,人数较少,难以满足产业调整升级对技能人才的需求。此外,部分企业尤其是小微企业为规避工资提升、人才流失等因素造成的成本上升,对职工职业技能提升培训重视不够,存在"重使用、轻培养"的现象,加剧了高技能人才匮乏的问题。

(三) 人才红利难以充分释放

云南正处于人口红利向人才红利过渡的转型期。2016年,全省人才贡献率仅为17.51%,远低于全国25.8%的平均水平,人才红利尚未充分释放。

首先,人才资本存量不足。2016年,云南人才资源总量为465.05万人,比上年增加33.56万人,增长幅度为7.8%;人才总量占全省总人口4770.50万人的9.7%,比全国12.7%的平均水平低3个百分点;人才总量占全省就业人口总量2998.89万人的15.5%,比全国22.6%的平均水平低7.1个百分点,存在较大差距。[①]

其次,人才结构不优。人才的能力素质与经济转型升级和跨越式发展的需求之间还存在较大差距。人才结构层次不合理,科技领军人才、产业领军人才急需紧缺,高层次人才、高技能人才和农村实用人才、社会工作人才数量较少。人才区域分布不合理,绝大多数人才集中在昆明、曲靖、大理等大中城市,边境地区、民族地区、边远山区和基层一线人才匮乏。人才就业结构不合理,70%以上人才在体制内就业,主要靠财政供养,市场化程度不高。

---

① 数据来源:《2016年度云南人才发展统计公报》。

最后，人才服务体系不健全。存在人才管理权限下放不到位、服务资源分散、管理各自为政、服务机构职责不明确、信息化服务水平较低、政策法规体系不配套、经费投入不到位等突出问题。

（四）摩擦性失业问题凸显

经济结构加快调整，淘汰过剩产能力度加大，劳动人口在产业间、行业间的流动增多，但受公共就业信息不对称的影响，部分下岗失业人员在短期内难以实现有效就业，摩擦性失业不同程度地存在。云南钢铁、水泥、电解铝、平板玻璃、煤化工等行业产能严重过剩，企业岗位流失严重，失业职工再就业面临严重困难。下岗失业人员就业技能低、年龄偏大，再就业难，需大力开展就业技能培训，积极开发公益性岗位，多途径拓展就业渠道，妥善安排下岗职工再就业，努力减少摩擦性失业。

（五）创业带动就业不充分

自 2009 年实施"贷免扶补"创业政策以来，云南省创业带动就业取得明显成效。但在创业者素质提升、创业推动创新、创业带动就业等方面还存在诸多问题。

一是生存型创业居多、成长型创业较少。全球创业观察组织连续 16 年的调查数据显示，除文化因素外，在经济落后地方的早期创业活动指数往往较高，创业意愿更强，在法国、德国、意大利等西欧国家多仅约为 5%，我国则长期处于中等偏上水平。对云南创业者的调查问卷数据显示，创业原因中"有一定社会资源""找不到合适工作""有一定创业资金"的分别占 19.2%、14.3% 和 10.0%，相当部分创业者迫于生计才创业。

二是创业带动就业的比例较低。有关研究显示，国外创业带动就业的比例大致在 1∶9，在上海等发达省份创业带动就业的比率大致在 1∶7，而在云南省则更低。调查问卷数据显示，创业带动 3～5 人就业的占 37.1%，带动 1～2 人就业的占 32.1%，带动 5～10 人就业的占 17.1%，带动 10 人以上就业的占 13.7%，平均每个创业者带动的就业人数在 4 人和 5 人之间，低于全国平均水平。

三是创业推动创新不够。创业者的教育程度偏低，且多集中于传统行业，"摆地摊卖杂货"或开"土特产网店"的较多。相关资料显示，我国创业者中拥有本科学历的比重仅占 9.2%，且创业领域多集中于餐饮、保健、零售业等低技术含量的服务类行业，与美国等发达国家多数机会型创业者从事商业服务类行业情况有明显的差距。调查问卷数据显示，云南创业企业中属于服务业的占 54.29%，属于生产加工业的占 25.71%，属于种养殖业的占 12.14%，属于高新技术行业的仅占 7.86%。而在创业孵化基地的调查中，入园创业者中具有大专和本科学历者的占 50%，大专以下学历者的达 45%，研究生及以上学历的仅占 5%。创业者素质能力偏低决定了创业企业科技创新和经营模式创新动能不足。

二 就业增长存在问题的原因

云南就业创业发展存在问题的原因较多，既有就业人口增加、淘汰过剩产能造成岗位流失等客观方面的原因，也有职业技能不高、就业观念滞后等主观方面的因素。分析其深层次的原因，主要在于产业支撑不力、体制机制不完善和公共服务体系不健全等方面。

（一）产业支撑不力

产业支撑是区域经济发展的基础，调整产业结构是推动经济发展的关键。近年来，云南加快转变经济发展方式，调整产业结构，高原特色农业的基础地位得以逐渐加强，工业化和城镇化融合发展，第三产业稳步增长。但是，云南农业增加值占 GDP 比重大，农业就业人口数量庞大，新型工业以资源型、粗加工为主的特征尚未改变，增加值增长趋缓，带动就业增长缓慢，第三产业增加值占 GDP 比重及其就业人口比重则远低于全国平均水平，尚存在巨大的潜力可以挖掘，新兴业态和新兴产业增长的就业效应尚未完全显现。

（二）体制机制不完善

建立经济发展与就业增长的良性互动机制尚需时日，就业和创业政策的配套性和可操作性不强，存在政策落地难、实效低、受益面窄等问题，难以切实改善就业创业环境。高校毕业生培养与市场需求脱节，就业指导机构、人员、经费"三到位"难以有效落实，解决高校毕业生就业问题仍是就业工作的重中之重。政府、高校、社会"三位一体"创业教育和服务体系不健全，创业技能、创业大赛、实作案例等培训不够，创业融资渠道单一，创业咨询服务和项目扶持不力，致使大学生创业率远低于国外大学生 20% 的水平。职业教育、职业培训在教育、人社等部门间分割，难以统筹整合现有的职业教育培训资源，这制约着人力资源开发的市场化、产业化发展。

（三）公共服务体系不健全

与经济社会发展不平衡一样，云南公共就业服务发展也不均衡。经济较发达的市县起步早、进展快，经济落后的市县则进展迟缓，服务体系建设滞后。城乡二元结构导致农村地区公共就业服务体系建设经费不足、人员缺乏、服务方式简单，难以满足大量农业人口转移就业的需要。公共就业服务体系信息化水平不高。公共就业信息服务分散于各职能部门，而各部门间的信息资源难以有效共享。劳动力市场对岗位需求信息、岗位供求状况以及培训信息等发布的时效性、覆盖面有待提高，公共就业服务效率不高，大量求职人员难以及时找到合适的就业岗位，影响人力资源配置的效率。就业服务机构管理机制不健全，缺乏明确的职能定位，存在多种职能并存、工作人员编制混乱、管理方式不一等问题，责权利不够明确，缺乏有效的监管与激励机制，增加了管理难度。就业指导人员持证上岗的较少，专业知识缺乏，服务手段单一，就业指导、岗位推荐等工作不到位，相关制度性文件在具体执行过程中难以达到预期的效果，导致公共就业服务成本高、效率低。

第三节　经济新常态下就业发展趋势

经济新常态以增速换挡、结构调整、动力转换为特征，实质上是经济进入高效率、低成本、可持续的中高速增长阶段。经济新常态既给稳就业、惠民生带来重大机遇，也会使扩大就业面临诸多挑战。

一　经济增速放缓导致就业压力加大

（一）经济增长与扩大就业的相互关系

"奥肯定律"认为，失业率和国内生产总值增长率之间呈反方向变化关系，即经济的高增长率伴随着低失业率，低增长率伴随着高失业率。这一规律在西方发达国家具有普遍性，但在中国的不同时期表现出差异性特征。20世纪80年代的改革开放初期，我国以劳动密集型的轻工业为主导产业，资本有机构成较低，有利于扩大就业，特别是快速发展的乡镇企业成为吸收农村过剩劳动力的主渠道。同时，由于体制机制原因，经济增长以公有制经济为主体，政府实行计划安置型就业，国家实行"统包统配"的就业政策，实际劳动投入量往往低于名义就业人数，用人单位人浮于事，隐性失业大量存在。这一时期，经济增长与就业增长存在一致性，呈现良性互动关系，就业弹性系数较高。

20 世纪 90 年代，中国经济高速增长伴随着就业弹性下降。就怎样看待这种现象，学术界出现了截然相反的两种观点。一种观点认为，经济增长与扩大就业之间存在一致性。另一种观点认为，经济增长和扩大就业之间存在非一致性。事实上，无论就业的弹性如何变化，我国的就业都保持了稳定增长的态势。在经济新常态下，我国失业率保持在 4.1% 以下，有力地促进了经济社会的发展。

（二）经济增速放缓与就业稳定增长

按照"奥肯定律"，经济增长速度下降，必然会带来失业增加。但是在新常态下，我国经济增长速度明显放缓，就业却保持了稳定增长。究其原因，可以从以下几个方面进行分析。

首先，我国经济体量巨大。经过 30 多年的快速发展，我国经济总量已经稳居世界第二，2017 年国内生产总值为 82.7 万亿元，约合 12 万亿美元，按可比价格计算，同比增长 6.9%，增量超 8000 亿美元，相当于再造了一个中等经济体。由于经济体量大，每增长 1% 所创造的就业机会较过去明显增加，对就业的拉动能力也相应有所增强。

其次，经济结构进一步改善。2017 年，我国三次产业结构（增加值）为 7.9：40.5：51.6，与上一年度相比，第一产业占比下降 0.7 个百分点，第二产业占比上升 0.7 个百分点，第三产业占比持平。① 经济结构的优化，特别是第三产业的发展有力地带动了就业的增长。

最后，释放改革红利对就业增长具有较强拉动作用。我国已进入"大众创业、万众创新"的新时代，政府加快职能转变、推进简政放权、深化商事改革大大激发了市场主体的创新创业活力，个体

---

① 数据来源：《中华人民共和国 2017 年国民经济和社会发展统计公报》。

私营经济和小微企业成了吸纳就业的重要渠道，有效促进了高校毕业生创业就业和农村劳动力转移就业。

（三）经济增速放缓对就业的影响

目前，我国淘汰过剩产能导致岗位流失，实现下岗失业人员的再就业形势严峻。受发展理念、发展阶段以及体制机制等因素的影响，我国部分行业生产能力过度扩张，一些行业供过于求的矛盾凸显，钢铁、水泥、电解铝、平板玻璃、船舶等行业尤为突出。2013年我国产能过剩达到峰值。例如，2013 年上半年我国钢铁行业亏损面达 40.3%，钢铁主业几乎全面亏损，平均资产负债率近 70%，亏损企业资产额合计 1.44 万亿元，负债额合计 1.06 万亿元。化解产能过剩问题必然带来职工安置、补偿任务较重等问题，下岗人员年龄偏大、技能单一，给分流安置工作带来了巨大的困难。据河北省人社厅初步估计，2014～2017 年，河北省压减过剩产能和治理大气污染会导致流失约 100 万个岗位，其中直接流失岗位约 40 万个，间接流失岗位约 60 万个，就业总量压力加大。

我国大学招生人数和农民工人数增量巨大，就业形势不容乐观。近年来，我国普通高校专本科招生人数稳定增长，保持在 700 万以上。随着人口结构的变化，农民工增量虽然有所减少，但总量在不断增加，大学生和农民工构成两个重点就业人群。2014～2017 年，我国普通高校专本科招生人数和新增农民工数量如图 2-6 所示。

图 2-6 中数据表明，2014～2017 年，我国大学生招生人数分别为 721.1 万人、737.8 万人、748.6 万人、761.5 万人，净增 40.4 万人，年均增长 1.83%。农民工增量分别为 501 万人、352 万人、424 万人、481 万人，增量累计达到 1758 万人。未来几年，每年 700 多万名大学生和 400 多万名农民工需要新的就业机会，保就业、惠民生成为主动适应经济新常态、推动经济高质量发展的必然选择。

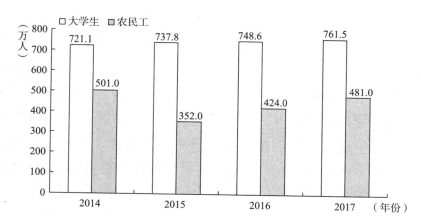

图 2 - 6　2014 ~ 2017 年大学生招生人数和农民工增量变化

数据来源：《国民经济和社会发展统计公报》。

二　经济结构调整促进就业结构优化

（一）产业结构与就业结构协调发展

　　经济结构是一个由许多系统构成的多层次、多因素的复合体，产业结构是经济结构的重要指标。配第 - 克拉克定理认为，就业结构与产业结构之间存在较大关联性，产业结构的变化会促进就业结构做出相应的调整，使就业结构更好地适应产业和经济的发展要求。刘江（2009）基于 1952 ~ 2006 年我国三次产业就业的人数，利用向量自回归（VAR）模型对产业之间的动态相关性进行分析。结果得出，我国产业结构与就业结构的演进基本符合配第 - 克拉克定理。

　　三次产业就业人口与产业结构存在内在关联性。改革开放 40 年来，我国的三次产业结构经历了从"一二三"到"二三一"再到"三二一"的演进过程，三次产业的就业人数也随着产业结构的演进而变化。近年来，我国产业结构调整升级加快，三次产业就业人数也不断变化。2014 ~ 2017 年，我国第一产业就业人口占比逐年减少，从 2014 年的 29.5% 下降到 2017 年的 27.0%，下降 2.5 个百分点；

第二产业就业人口占比从 2014 年的 29.9% 下降到 2017 年的 28.1%，下降了 1.8 个百分点；第三产业就业人口占比则逐年增长，从 2014 年的 40.6% 增长到 2017 年的 44.9%，增长 4.3 个百分点。[①] 总的来看，我国第一产业增加值占比下降，就业人口占比也有较大下降，表明农业继续向第二、第三产业提供劳动力；第二产业增加值占比下降较快，但就业人口占比有缓慢增长，表明第二产业吸纳就业能力有限；第三产业增加值占比增长较快，就业人口占比也增长较快，第三产业具有吸纳就业的巨大潜力。

（二）第三产业成为就业新的增长点

就业弹性系数是就业增长率与 GDP 增长率的比值，即就业弹性系数 = 就业增长率/GDP 增长率。分析我国三次产业的就业弹性系数，可以发现第三产业对就业的拉动力最大。2017 年，第一产业增加值增长 3.9%，就业人口占比下降了 0.7 个百分点，就业增长率为负值，就业弹性系数出现负值；第二产业增加值增长 6.1%，就业人口占比下降了 0.7 个百分点，就业增长率为负值，就业弹性系数也出现负值；第三产业增加值增长 8%，就业人口占比增长了 1.4 个百分点，就业弹性系数为 0.4，吸收劳动力的能力较强。2017 年，我国第三产业增加值占 GDP 比重为 51.6%，远低于西方发达国家 70%～80% 的水平，未来还有很大的增长空间，第三产业将成为就业新的增长点。

（三）劳动生产率不断提高

就业结构反映劳动力资源的配置状况或变化特征，考察就业结构是否合理，劳动生产率是一个重要指标。就业结构的优化不仅体现在就业人口在三次产业中的分布，而且表现为劳动生产率的提高。近年来，我国的劳动生产率呈快速增长趋势，从 2014 年的 72313 元/

---

① 数据来源：2014～2017 年《中国统计年鉴》。

人提高到 2017 年的 106500 元/人，年均增长 13.8%。^① 这表明生产诸要素配置更趋合理，生产效率提高，市场在人力资源配置中的决定性作用更明显，就业结构逐步优化。

三　发展动力转换加快释放人才红利

（一）创新驱动实质上是人才驱动

习近平总书记指出，实施创新驱动发展战略，人才是基础和关键，创新驱动实质上是人才驱动。适应和引领新常态，一条重要途径就是加强人才培养、激发人才活力，依靠人才红利破难题、趟新路。[2]

必须适应新一轮科技革命和产业变革的大趋势，着眼于全球科技创新呈现的发展态势和新特征，加快确立人才优先发展的战略布局，坚持人才资源优先开发、人才结构优先调整、人才投资优先保证、人才制度优先创新，充分发挥人才对经济社会发展的支撑引领作用。拓展人才视野，加强国际交流与合作，广开进贤之路、广纳天下英才，积极参与国际人才竞争，敞开大门招四方之才。完善落实人才政策，采取内培外引的方式，增加人才总量；充分发挥市场在人才资源配置中的决定性作用，促进各类人才的合理流动；优化人才环境，为各类人才搭建干事创业的平台；认真落实各种人才优惠政策，解除他们的后顾之忧，激发各类人才的创造潜能。以突破机制体制性障碍下活人才队伍这盘棋，为经济新常态提供智力支持和人才支撑。

（二）新兴业态推动职业能力建设

我国经济发展面临人口红利消失带来的风险，以人才红利取代

---

① 数据来源：《2017 年度人力资源和社会保障事业发展统计公报》。
② 以人才红利引领经济新常态 ［N］. 中国组织人事报，2015 - 6 - 8。

人口红利势在必行。加快推动从制造大国向制造强国转变，实现大众创业、万众创新发展战略，需要培养一支老中青"三结合"、性别合理、专业组合、高端引领、个性多样的人才队伍。随着劳动力结构发生变化，人力资本存量正在不断增加，我国具有释放人才红利的巨大潜力。

2015 年人口抽样调查数据显示，我国具有大学（指大专以上）教育程度人口为 17093 万人；具有高中（含中专）教育程度人口为 21084 万人；具有初中教育程度人口为 48942 万人；具有小学教育程度人口为 33453 万人。同 2010 年第六次全国人口普查相比，每 10 万人中具有大学教育程度人口由 8930 人上升为 12445 人；具有高中教育程度人口由 14032 人上升为 15350 人；具有初中教育程度人口由 38788 人下降为 35633 人；具有小学教育程度人口由 26779 人下降为 24356 人。[①] 2011～2015 年，我国人口的受教育程度明显提高。2015 年度全国人才资源统计数据显示，我国人才资源总量稳步增长，达到 1.75 亿人，人才资源总量占人力资源总量的比例达 15.5%。这些数据表明，我国正在从人口大国向人才强国迈进。

既有的人力资本存量为我国培育新兴业态、实现创新驱动发展战略奠定了坚实的基础。但是，我国人才队伍总量不足、结构不优、效能不高、投入不够、分布不合理的基本现状，决定了经济发展创新驱动不足，适应经济社会发展的需要，必须加强职业能力建设，提升劳动技能。

首先，树立大人才观。充分认识到"三百六十行，行行出状元"，除了党政人才、企业管理人才和专业技术人才等人才外，技术工人也是人才。

其次，加强职业培训。针对"初级劳动力"领域人口红利优势正在消失的状况，整合各类培训资源，落实好农民工培训计划，推

① 数据来源：《2017 年度人力资源和社会保障事业发展统计公报》。

动农村初级劳动力向技能型中级劳动力转变。

再次，发展职业教育。加快培养以技师、技工为代表的"中级劳动力"，打破教育、人社部门利益固化的藩篱，统筹谋划职业教育发展，特别是优化技工院校的生存环境，更好地发挥其在培训技能型人才中的作用。

最后，发展高等教育。加快改变大学本科生以上的"高级劳动力"数量在增加、质量却不容乐观的现状，亟须以市场需求为导向，调整专业设置，改进教学方法，培养高层次人才。

（三）创新创业成为经济发展新引擎

我国经济结构战略性调整多年来效果不明显，症结在于未能实现发展动力的转换。资源耗费型、环境污染型的发展动力已经衰竭，需要加大创新要素投入，破解生产要素和资源环境制约，加强自主创新，培育新的竞争优势，增强企业的核心竞争力，推动产业结构在全球价值链分工中从低端制造业向中高端制造业迈进。

实施创新驱动战略，必须完善创新体制机制，加强对知识产权的保护，建立以企业为主体、以市场为导向、产学研用紧密结合的技术创新体系，形成以科学家为主体、金融家和企业家深度合作的成果转化机制，推动科研成果市场化、产业化、产品化，使创新驱动成为经济转型升级的新引擎。

四　云南就业创业必须适应经济新常态

通过分析经济新常态下我国就业创业的发展趋势，对比之下，云南就业创业发展的总体形势既有共性问题，也体现出特殊性。其特殊性主要表现在以下方面。首先，就业创业的经济基础薄弱，经济体量小。2017 年，云南 GDP 在全国排在第 23 位，人均 GDP 在全国排在第 29 位；经济结构不合理，社会总需求增长以生产需求、投资需求为主导，投资拉动仍是经济增长的主要动力。其次，就业创业的政策体系不完善。鼓励和扶持就业创业的改革创新力度不够，政策存在"碎片化"现象，尚未形成完善的政策体系。再次，劳动力资源优势尚未充分发挥。劳动力资源具有数量优势，存在质量短板，就业人口在受教育程度、职业技能以及就业观念方面还难以满足市场需求。最后，创新创业的人才支撑不足。无论是从人才的总量、结构，还是从人才使用效率、综合环境来看，云南人才对创新创业的引领作用都还不强。对于云南就业创业发展的特殊性，将在后面的章节进行深入探讨。

第三章 云南就业结构与产业结构的
适配性分析

就业结构和产业结构是经济结构的重要指标，二者之间存在内在关联性，产业结构调整是就业结构优化的基础，就业结构的变化会对产业结构调整产生影响。必须提高云南就业结构与产业结构的适配性，推动产业和就业的协调发展。

第一节 云南的就业结构与产业结构

改革开放40年以来，云南的三次产业结构经历了从"一二三"到"二三一"再到"三二一"的演进过程，三次产业的就业人口也随着产业结构的演进而变化。

在经济新常态下，就业结构性矛盾更加凸显，制约就业结构与产业结构的适配协同，技术技能型就业人口短缺，掣肘产业结构的转型升级。优化就业结构对产业结构调整具有促进作用，能够助推化解过剩产能，破除资源环境约束，培育新兴业态，增加新的发展动力。适应经济新常态，推动产业结构优化，发展重点产业，亟须优化就业结构。

一 云南产业结构与就业结构的演进

在经济新常态下，云南产业结构调整升级加快，就业人口规模继续扩大，就业结构性矛盾更加凸显。

（一）云南产业结构的演进

云南三次产业结构逐步实现调整升级、不断优化。1980～2015年，第一产业产值占比不断下降，由42.59%下降至15.09%；第二产业产值占比呈"沙漏"演变态势，两端宽中间窄，总体产值占比变化不大，1980年为40.32%、2015年为39.77%，两者仅相差0.55个百分点；第三产业产值占比不断上升，由17.09%增加至45.14%（见图3-1）。

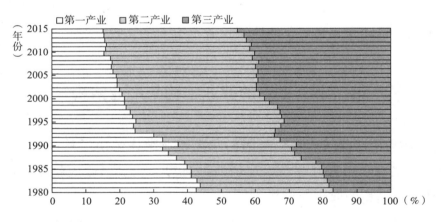

图3-1 云南省三次产业结构演变趋势（1980～2015年）

注：生产总值按当年价格测算。

数据来源：根据《云南统计年鉴（2016）》整理得到。

按三次产业结构工业化阶段参照指标值，2015年云南省三次产业结构为15.09∶39.77∶45.14，处于工业化中期阶段。如果严格按照划分标准，在工业化中期阶段，第二产业产值占比应大于第三产业产值占比（王庆丰，2010），云南的情况并非如此，因为云南的工业在三次产业发展中一直处于弱势地位，而第三产业发展具有相对优势。

（二）就业结构的演变

就业结构变化。云南就业结构与产业结构的演进基本符合配第－克拉克定理。就业结构变化呈"收敛"趋势，伴随产业结构的转型升级，劳动力由第一产业向第二、第三产业转移（见图3－2）。1980～2015年，第一产业就业比重不断下降，由85.00%下降至53.58%；第二、第三产业就业比重有所上升，分别由8.10%、6.90%上升至12.99%、33.43%。

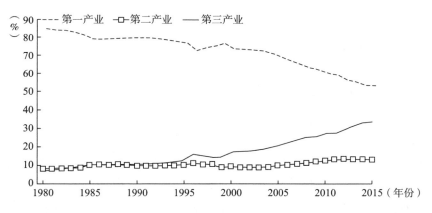

图3－2 云南省按三次划分的就业结构（1980～2015年）

数据来源：根据《云南统计年鉴（2016）》整理。

就业结构类型。按照现代经济理论，就业结构类型分为传统型、发展型、现代型三类，详见表3－1（王君萍，2009）。云南省就业结构类型仍属于"传统型"。截至2017年，第一产业就业人员比重仍高达50.75%，第二、第三产业就业人员的比重较低，仅为13.44%、35.81%；表明，第二产业发展不足，吸纳就业人口能力有限，第三产业发展较快，但吸纳就业人口还存在不足。

表 3 - 1　就业结构类型划分

就业结构类型	就业人口占比		
	第一产业	第二产业	第三产业
传统型	50% 以上	25%	25% 以下
发展型	16% ~ 49%	26% ~ 40%	26% ~ 49%
现代型	15% 以下	35%	50% 以上

第三产业吸纳就业。第二、第三产业之间的就业结构亦呈现明显的"分化"态势。表现为，1980 ~ 1985 年，云南就业人口表现为"一二三"结构，第二产业就业人口比重高于第三产业；但从 1986年开始，第三产业就业人口比重不断攀升，且始终处于第二产业水平之上。表明，第三产业成为第一产业人口转移就业的主渠道。

二　就业结构与产业结构的适配性

（一）产业结构与就业结构变动的内在关联

产业发展为就业提供载体，就业为产业发展提供劳动力保障。因此，产业结构演变与就业结构变化存在内在关联。我国产业结构与就业结构之间存在非一致性，违背了产业结构演进的一般事实规律（陈桢，2007）。云南的就业结构与产业结构也不能协调发展，存在非均衡性问题。在此引入比较劳动生产率和产业结构偏离度进行观察分析。

比较劳动生产率公式为 $\alpha = \dfrac{G_i/G}{L_i/L}$，其中 G_i 表示某一产业产值，G 表示产业总产值；L_i 表示某一产业就业人口数，L 表示就业人口总数。

产业结构偏离度为 $E = \dfrac{G_i/G}{L_i/L} - 1$，其中 E 为偏离度。评判标准：偏离度越接近于 0，产业结构与就业结构匹配得越合理，劳动力资源优化配置的程度越高。此外，$E>0$ 表明比较劳动生产率较高，该产业存在劳动力流入的潜力；反之，$E<0$ 则表明比较劳动生产率较低，该产业存在劳动力流出的潜力（张抗私和高东方，2013）。

通过测算云南省比较劳动生产率与产业结构偏离度，不难发现，就业结构与产业结构的非一致性表现在以下几个方面。

（1）观察比较劳动生产率（见表 3 - 2），三次产业的比较劳动生产率均呈现明显的下降趋势。其中，第一产业的比较劳动生产率小于 1，趋向于 0；第二、第三产业的比较劳动生产率显著大于 1，趋向于 1。此外，2015 年第二产业的比较劳动生产率为 3.06，是第三产业比较劳动生产率（1.35）的 2.3 倍。按照就业结构与产业结构演进规律，伴随第二、第三产业比较劳动生产率的逐步降低，三次产业比较劳动生产率趋近，据此，产业结构与就业结构的均衡性得以实现，总体效益将维持在合理水平上（陈桢，2007）。显然，云南省产业结构与就业结构之间存在非均衡性。

表 3 - 2 云南省比较劳动生产率（1980～2015 年）

年份	比较劳动生产率			年份	比较劳动生产率		
	第一产业	第二产业	第三产业		第一产业	第二产业	第三产业
1980	0.50	4.98	2.48	1990	0.47	3.64	2.67
1981	0.52	4.54	2.45	1991	0.41	3.60	3.10
1982	0.51	4.60	2.43	1992	0.38	3.57	3.21
1983	0.49	4.67	2.30	1993	0.31	4.21	2.97
1984	0.50	4.37	2.11	1994	0.31	4.26	2.72
1985	0.50	3.86	1.98	1995	0.32	4.34	2.45
1986	0.50	3.79	2.05	1996	0.33	3.97	2.03
1987	0.46	3.58	2.57	1997	0.31	4.18	2.16
1988	0.43	3.72	2.73	1998	0.29	4.32	2.32
1989	0.41	3.89	2.84	1999	0.28	4.86	2.47

年份	比较劳动生产率			年份	比较劳动生产率		
	第一产业	第二产业	第三产业		第一产业	第二产业	第三产业
2000	0.29	4.52	2.19	2008	0.28	3.81	1.55
2001	0.28	4.54	2.22	2009	0.28	3.49	1.59
2002	0.27	4.58	2.21	2010	0.25	3.54	1.48
2003	0.27	4.60	2.15	2011	0.27	3.24	1.51
2004	0.27	4.57	2.00	2012	0.28	3.18	1.38
2005	0.28	4.14	1.93	2013	0.28	3.16	1.36
2006	0.27	4.10	1.76	2014	0.29	3.12	1.31
2007	0.27	3.92	1.68	2015	0.28	3.06	1.35

数据来源：根据《云南统计年鉴（2016）》计算得到。

（2）通过就业结构与产业结构的偏离度（见表3-3）来看第一产业基本状况。1980～2015年，云南省第一产业的结构偏离度始终小于0，并没有严格趋近于0，表明农业部门劳动生产率极低，存在劳动力向其他产业转移的潜力，这进一步佐证：第一产业吸纳了过多的就业人口。特别值得关注的是，第一产业结构偏离度呈现扩大态势，表明农业就业人口向外转移的压力在不断加剧。通过以下数据可以进一步佐证上述结论，2015年云南省第一产业总产值为2055.78亿元，总占比仅为15.09%；而第一产业就业人员却高达983.88万人，总占比达53.58%。[①] 可见，近乎54%的人只创造了15%的产值，抑或表达为54%的就业人口只创造了15%的社会财富，显然过多的就业人口被束缚在了第一产业当中，不利于收入差距的缩小。因此，应当努力将第一产业就业人口转移至第二、第三产业。

① 数据来源：根据《云南统计年鉴（2016）》整理。

表 3 - 3　云南省就业结构与产业结构偏离度（1980～2015 年）

年份	偏离度			年份	偏离度		
	第一产业	第二产业	第三产业		第一产业	第二产业	第三产业
1980	- 0.50	3.98	1.48	1998	- 0.71	3.32	1.32
1981	- 0.48	3.54	1.45	1999	- 0.72	3.86	1.47
1982	- 0.49	3.60	1.43	2000	- 0.71	3.52	1.19
1983	- 0.51	3.67	1.30	2001	- 0.72	3.54	1.22
1984	- 0.50	3.37	1.11	2002	- 0.73	3.58	1.21
1985	- 0.50	2.86	0.98	2003	- 0.73	3.60	1.15
1986	- 0.50	2.79	1.05	2004	- 0.73	3.57	1.00
1987	- 0.54	2.58	1.57	2005	- 0.72	3.14	0.93
1988	- 0.57	2.72	1.73	2006	- 0.73	3.10	0.76
1989	- 0.59	2.89	1.84	2007	- 0.73	2.92	0.68
1990	- 0.53	2.64	1.67	2008	- 0.72	2.81	0.55
1991	- 0.59	2.60	2.10	2009	- 0.72	2.49	0.59
1992	- 0.62	2.57	2.21	2010	- 0.75	2.54	0.48
1993	- 0.69	3.21	1.97	2011	- 0.73	2.24	0.51
1994	- 0.69	3.26	1.72	2012	- 0.72	2.18	0.38
1995	- 0.68	3.34	1.45	2013	- 0.72	2.16	0.36
1996	- 0.67	2.97	1.03	2014	- 0.71	2.12	0.31
1997	- 0.69	3.18	1.16	2015	- 0.72	2.06	0.35

数据来源：根据《云南统计年鉴（2016）》计算得到。

（3）通过就业结构与产业结构的偏离度看第二、第三产业基本状况。第二、第三产业的结构偏离度系数始终大于0，显然它们仍具备吸纳就业人口的潜力。其中，第三产业偏离度不断趋近于0，而第二产业偏离度比较大，即便是在2015年，仍在2以上。这一切表明，第三产业就业劳动力资源不断得到优化配置，适配第三产业发展的状况；而第二产业似乎存在某种进入壁垒，阻止劳动力资源向第二产业内转移。通过图3-3中数据我们亦可窥见一斑：第二产业产值始终高于或趋近第三产业产值；反观就业结构，以1986年为界点，第三产业就业人员占比开始超过第二产业就业人员占比，第三产业成为第一产业人口转移就业的主渠道；这种结构演变过程中的分化态势进一步佐证了第二产业存在劳动力进入壁垒。

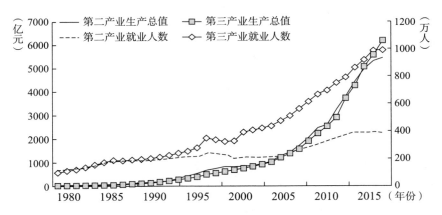

图 3 - 3　云南省第二、第三产业产值和就业人数变动（1980～2015 年）

数据来源：根据《云南统计年鉴（2016）》整理得到。

（二）产业结构与就业结构变动的协调度

本部分借鉴王庆丰（2010）、张抗私和高东方（2013）协调系数计算公式，以此更为直观地观察就业结构与产业结构的协调发展问题。具体计算公式如下：

$$C_{ie} = \sum_{j=1}^{n} (I_j E_j) \Big/ \sqrt{\sum_{j=1}^{n} I_j^2 \sum_{j=1}^{n} E_j^2}$$

其中，C_{ie} 为协调系数，$0 \leqslant C_{ie} \leqslant 1$，$I_j$ 表示 j 产业产值在 GDP 中的比重；E_j 表示 j 产业就业人员比重。C_{ie} 越趋近于 0，表明两者的协调关系越差；反之，越趋近于 1，两者协调关系越好。

表 3-4 中数据显示，1980～2015 年，云南省产业结构与就业结构协调度总体上"V"形走势：先下降后上升。1980～1999 年，整体呈现下降趋势，1999 年为历史最低点，协调系数仅为 0.5411；2000～2015 年，协调系数呈上升趋势，由 0.5701 增至 0.7088。同

时，应当注意到，尽管 1980 年的协调系数为 0.7767，高于 2015 年的 0.7088，但是"V"左端表达的是产业结构与就业结构在"低水平""低层次"[①] 上的协调，而"V"右端则是产业结构深化、转型升级所引致的良性互动。

表 3 - 4   云南省产业结构与就业结构协调系数（1980 ~ 2015 年）

年份	协调系数	年份	协调系数
1980	0.7767	1998	0.5606
1981	0.8021	1999	0.5411
1982	0.7910	2000	0.5701
1983	0.7744	2001	0.5635
1984	0.7837	2002	0.5558
1985	0.7849	2003	0.5506
1986	0.7806	2004	0.5610
1987	0.7573	2005	0.5794
1988	0.7240	2006	0.5826
1989	0.6983	2007	0.5956
1990	0.7628	2008	0.6183
1991	0.7026	2009	0.6300
1992	0.6674	2010	0.6166
1993	0.5759	2011	0.6433
1994	0.5727	2012	0.6728
1995	0.5895	2013	0.6874
1996	0.6080	2014	0.7063
1997	0.5857	2015	0.7088

数据来源：根据《云南统计年鉴（2016）》计算得到。

整体来看，云南省产业结构与就业结构的协调发展水平显著低于全国平均水平，云南省产业结构与就业结构的协调系数与全国协

---

① 低水平、低层次的协调集中表达为第二、第三产业发展不足，产业结构不合理。例如，在"V"左端，1980 ~ 1990 年，第一产业产值明显高于第二、第三产业产值；1990 ~ 1995 年，第一产业产值与第三产业产值差距较小。

调系数的变动趋势存在明显的不同（见图3-4）。细分来看，一方面，1980~1986年，云南省协调发展水平与全国水平保持高度一致性；另一方面，1987~2008年，两者出现显著的分化态势，呈"剪刀差"态势。2008年，全国协调系数为0.8295，云南省协调系数为0.6183，两者相差0.2112，即便到2015年，云南省系数也仅为0.7088，尚没有达到2008年的全国平均水平。据此可以看出，云南省产业结构与就业结构的协调发展水平较低，长期处于失衡状态。

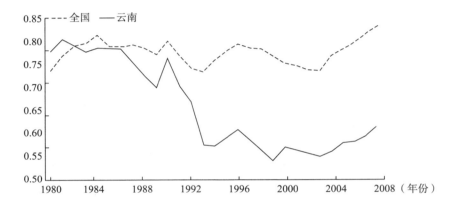

图3-4 云南省和全国产业结构与就业结构协调系数

数据来源：根据《云南统计年鉴（2016）》、王庆丰（2010）计算、整理得到。

（三）产业结构与就业结构变动的协整关系

协整分析意在揭示时间序列中经济变量之间的长期稳定关系，常用Johansen检验法。在进行协整分析之前，需要检验变量之间是否同阶平稳。本部分借鉴方行明和韩晓娜（2012）的做法，对三次产业产值、就业人数进行自然对数变换后，采用ADF单位根平稳性检验。基于计量数据的结果表明，我国三次产业产值及就业人数的自然对数转换后为平稳序列[①]，同阶单整。因此，可以进行协整分析。协整检验结果（见表3-5）表明，第一产业产值与第一产业就

---

① 鉴于篇幅限制，平稳性检验结果在此不做赘述。

业人口、第三产业产值与第三产业就业人口存在协整关系，而第二产业产值与第二产业就业人口不存在协整关系。此外，将协整方程估计如下，以测算各产业产值对就业的影响系数。

第一产业：$\ln L_1 = 6.95 + 0.07\ln G_1$

第二产业：$\ln L_2 = 4.18 + 0.20\ln G_2$

第三产业：$\ln L_3 = 3.66 + 0.36\ln G_3$

表 3 - 5　Johansen 协整关系检验

变量	原假设	特征值	迹统计量	5%的临界值	P 值	最大特征值	5%的临界值	P 值
$\ln L_1$ 与 $\ln G_1$	0 个*	0.407200	25.40051	12.32090	0.0002	17.77853	11.22480	0.0031
	至多 1 个*	0.200826	7.62198	4.12991	0.0068	7.62198	4.129906	0.0068
$\ln L_2$ 与 $\ln G_2$	0 个	0.257401	10.13808	12.32090	0.1130	10.11839	11.22480	0.0778
	至多 1 个	0.000579	0.01969	4.12991	0.9087	0.01969	4.129906	0.9087
$\ln L_3$ 与 $\ln G_3$	0 个*	0.377430	16.88925	12.32090	0.0080	16.11258	11.22480	0.0064
	至多 1 个	0.022584	0.77668	4.12991	0.4352	0.77668	4.129906	0.4352

注：* 表示在 5% 的显著性水平下拒绝原假设。

由上述协整方程可知，第一产业产值对就业的影响系数为 0.07，趋近于 0，表明第一产业的发展将不能有效带动就业人口的持续增长；第二、第三产业产值对就业的影响系数分别为 0.20、0.36，表明第二、第三产业的发展将能够有效推动就业的增长。同时，还观察到第三产业的影响系数要远高于第二产业的影响系数，表明云南省第三产业的发展所具有的就业效应要强于第二产业。正如前述分析，云南第二产业发展似乎存在某种壁垒，限制就业人口的进入，这与云南省工业仍以原材料和烟草等行业为主密不可分。

三　经济新常态下云南就业结构变化的特征

（一）供给侧结构性改革推动就业结构优化

在经济新常态下，云南经济发展呈现新的特点，既要保持较快的经济增速,又要加快转变经济发展方式,这种新特征将对就业结构产生深刻的影响。首先,经济发展阶段新特点要求就业结构"健康化"。2012 年云南 GDP 跨越 1 万亿元大关,2017 年增至 16531.34 亿元,云南正处于工业化中期过渡阶段,处于 GDP 由 1 万亿元向 2 万亿元跨越的起步阶段。此外,尽管城镇化加速发展,但工业化、城镇化水平依然落后于全国平均水平。2017 年,全国城镇化率为 58.52%,云南城镇化率仅为 46.69%。与此同时,从近 10 年的 GDP 增长率来看,云南省经济增长速度在 2011 年达到峰值,增长率为 13.7%,其后 GDP 增长率有所下降,2012~2017 年,增长率分别为 13.0%、12.1%、8.1%、8.7%、8.7%、9.5%。在经济新常态下,GDP 增长率下降幅度较大,经济下行压力持续加大。过去的投资拉动、要素驱动效应明显减弱,培育新引擎、新动力,对就业结构和就业质量提出更高的要求。

其次,产业结构发展的新内涵引致就业结构"高端化"。尽管云南省产业结构整体呈现"三二一"结构,但这是在工业经济增速严重下滑、实体经济发展遭受严重冲击的情况下实现的,所以显然还不能过早定论云南经济发展的动力结构已由以工业为主转向以服务业为主。继续保持三次产业结构的调整与深化,特别是校正产业结构与就业结构的失衡状态,吸引第一产业的劳动力更大规模地转移到第二、第三产业中,而第二、第三产业特别是工业吸纳社会劳动力的能力不断接近甚至超过全国水平,将是云南产业发展的新内涵。同时,能够有效改善工业仍以原材料行业和烟草为主的发展现状,摆脱原材料行业产品低端化、价值链低端化、产业集中度低、经济粗放发展和资源环境约束趋紧的产业发展困境,更重要的是工业结构能够持续地信息化、高效化和轻型化,服务业结构不断走向高端化和高质化,农业结构的多样化、适度规模化和现代化方向能够长期保持,才是云南经济发展、产业结构转型升级的"健康"之态,亦是实现就业结构与产业结构相适配的实践之道（汪戎，2016）。

最后，经济发展新常态培育就业结构"内生化"。与全国一道，云南省人口老龄化日趋严重，农业富余人口不断缩减，要素规模驱动力正在减弱，经济增长的动力正转向人力资本质量提高与技术进步。伴随这一过程，必然需要经历经济转型的"阵痛期"，提高人口素质、实施创新驱动战略将助推云南省就业结构的内生性、自主性变化，继而推动产业结构的优化与升级。

（二）重点产业发展促进就业结构优化

2016 年 4 月 11 日，云南省委、省政府印发了《关于着力推进重点产业发展的若干意见》（以下简称《意见》）。《意见》着眼于跨越式发展需要，确定了生物医药和大健康产业、旅游文化产业、信息产业、现代物流产业、高原特色现代农业、新材料产业、先进装备制造业、食品与消费品制造业八大重点产业，进一步明确了"十三五"期间云南省产业发展的方向和路径（见表3-6）。

表 3-6 2017~2020 年云南省重点产业发展规划指标

单位：亿元，%

重点产业	发展目标		年均增长率
	2017 年	2020 年	
生物医药与大健康产业	2400	3800	20
旅游文化产业	1215	2430	20
信息产业	850	1600	20
现代物流业	1400	2000	13
高原特色现代农业	2400	3000	15
新材料产业	1100	1700	15
先进装备制造业	1000	1700	20
食品与消费品制造业	2000	3000	16

数据来源：由《关于着力推进重点产业发展的若干意见》整理得到。

着力推进八大重点产业发展，云南的经济规模将扩大。到 2020 年，根据"十三五"规划确定的 GDP 年均增速（8.5%），预计云南 GDP 将达到 20627 亿元，按照《意见》确定的目标，八大重点产业产值占 GDP 的比重将明显增加。到 2020 年，八大重点产业产值将达到 19230 亿元，占 GDP 的 93.2%，总量较大，占比很高。需要从三个维度来解读这组数据。一是特色优势传统产业要做强。《意见》明确指出，当前和今后一段时期，烟草、能源、冶金、化工等传统产业仍然是云南经济发展的重要动力，也是新兴产业赖以发展的重要基础，垮不得、丢不起。部分传统产业调整升级后，产值会计入八大重点产业。二是化解过剩产能力度会加大。钢铁、煤炭、水泥等过剩产能企业将关停并转，"腾笼换鸟"，产值将大幅度缩减，部分产能将转向重点产业。三是跨越式发展需要推进。2016 年，省委、省政府领导率领党政代表团赴黔渝桂西部欠发达省份和苏浙沪沿海发达地区考察学习，各地区百舸争流、争先进位的竞争氛围，给云南的发展带来深刻的启示，增强了加快发展的使命感和紧迫感。

着力推进八大重点产业发展，云南的产业结构将得到优化。从产业结构看，《意见》确定的八大重点产业涵盖了第一、第二、第三产业。到 2020 年，第一产业高原特色农业产值为 3000 亿元；第二产业新材料产业、先进装备制造业和食品与消费品制造业产值分别达到 1700 亿元、1700 亿元、3000 亿元，加上生物医药产业产值 1500 亿元，小计 7900 亿元；第三产业旅游文化产业、信息产业和现代物流产业产值分别达到 2430 亿元、1600 亿元和 2000 亿元，加上大健康产业产值 2300 亿元，小计 8330 亿元。第一产业占 16%，占比最小，第二产业占 41%，第三产业占 43%，占比最大。这种比例关系符合新型产业发展要求，云南的产业结构将进一步优化。八大重点产业的布局、扶持与政策导向，将直接影响云南产业结构的转型与升级，将对云南经济发展产生深刻的影响；而产业的发展将直接产生大量的就业岗位,有力促进云南就业结构的优化,实现产业结构与就业结构的适配与均衡协同。

四 就业结构与产业结构的适配性预测

(一)就业结构性矛盾更加凸显,制约就业结构与产业结构的适配与协同

云南省就业结构总体处于逐步演进优化的过程中,但就业结构性矛盾更加突出,产业结构与就业结构相互影响,就业结构的变化与产业结构的调整升级不相适应。从三次产业产值占比来看,云南的三次产业结构从2013年开始,已经实现了"三二一"产业结构升级,第二、第三产业的发展,对人力资源配置的要求更高。

在供给侧结构性改革背景下,云南就业结构调整优化,应当适应产业结构调整的需要,加快从第一产业向第二、第三产业转移农村劳动力,实现新型工业化、城镇化、信息化和农业现代化"四化"同步发展,提高新型工业吸纳社会劳动力的能力,挖掘现代服务业吸纳就业的潜力,补齐科技创新人才、产业领军人才和技能人才缺乏的短板,为产业结构调整升级提供人才支撑。

2012~2017年,云南省农业就业人口逐年减少,从2012年的1645.57万人减少到2017年的1518.72万人,而非农就业人数从2012年的1245.33万人增加到2017年的1473.93万人。其中,第三产业就业人数有逐年增长的趋势,从2012年的856.68万人增加到2017年的1071.60万人。从数据可以看出,云南就业人口正在从农业就业向非农就业转移,但就业结构带有非常明显的非均衡性,第一产业的就业人数规模庞大,并没有构成"三二一"的优化结构。从比较优势理论来看,云南属于工业发展滞后的省份,劳动力资源相对于资本、技术等生产要素具有一定的比较优势,但第三产业就业人数仍然较少,远低于第一产业的就业人数。因此,协同推进调

整产业结构和优化就业结构，成为云南省今后经济平稳健康发展的一项重要任务。

（二）技术技能型就业人口短缺，掣肘产业结构的转型升级

从人口受教育程度来看，云南省高学历人才的比例非常低，而人口的"量"要配合"质"的提升，才能推动云南产业结构升级，实现经济高质量跨越式发展。首先，随着时间的推移，云南省人口整体受教育年限上升，其中每10万人抽样调查中初中受教育程度人数由1964年的3115人增加到2015年的29287人，呈现非常明显的上升趋势，大专及以上受教育程度人数比例也有较高的增长率，从1964年的280人到2015年的7221人，发生了较为明显的变化，但从2015年数据可以看到，高层次人才依然非常稀缺，所占总人口的比例为8%左右，人口的质量亟须提升。经济发展动力的转换，从以往的投资以及要素驱动转变为创新驱动发展，创新的主体归根到底是"人"，而创新需要知识以及教育作为基础，只有教育以及知识达到足够的积累程度，人们才有创新的可能，或者从创新的概率来看，发明创造才有更高的成功率。

在人口机会窗口时期，人口红利需要人力资本的匹配才可以进一步释放。从2015年的统计数据来看，我国劳动力平均受教育年限为9.28年，而同期云南省数值为8.05年，与全国平均水平相比要低1.2年左右。云南省受教育情况（如图3-5所示）显示，大专及以上受教育程度人口仅占8%，高中受教育程度人口占11%，初中受教育程度人口占33%，而小学受教育程度人口占比高达48%。可以看出，云南省人力资本发展的现状不足以使之开启人口结构优化带来的机会窗口，从而使人口红利无法更好地释放，难以为产业结构的转型升级奠定所必备的"人才基础"，就业人口的人力资本积累将制约产业结构的进一步转型升级。近40年来，云南省人口素质有了极

大的提高，人口平均受教育年限从 1963 年的 2.2 年，增长到 2010 年的 7.6 年，增加了 2.5 倍。人口素质的提高使劳动者能够从主要依靠体力的生产部门转移到依靠智力和科技的部门，推动产业从低端向中高端迈进。

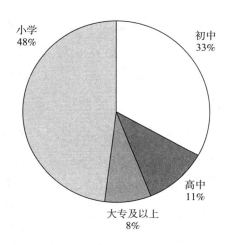

**图 3 - 5　云南省每 10 万人抽样调查中不同
受教育程度人口占比（2015 年）**

数据来源：2015 年全国 1% 抽样调查数据。

从调查问卷统计结果看，技术技能型就业人口存在较大缺口。技能型、科研型人才是优质人力资本的核心，而人力资本的质量直接决定了一个地区产业结构的转型以及经济发展的动力。2017 年的调查问卷数据显示，在生产企业中属于普工的人数占到 44.19%，而其中技工、高级技工、专业技术人员以及管理人员分别占到总人数的 16.72%、11.25%、11.99%、15.85%，具有一定的结构合理性。但进一步观察职工获取职业资格证的情况会发现，没有职业资格证书的有 36.63%，拥有本行业职业资格证书的有 24.36%，而拥有相关行业资格证书以及其他行业资格证书的人数占比分别为 20.95%、18.06%，有三成多的人并没有职业资格证书，并且 18.06% 的人只是拥有其他行业的资格证书，这说明企业职工的专业性有待提高，职业资格证书说明一位员工工作能力的专业程度，而工作能力的专业程度极大地决定了企业的绩效。从"公司招聘人员时最看重什么条件"这个问题的调查数据来看，看重职业技能的比例居于首位，其次是工作经验、学历、纪律性、年龄以及本地户口，说明多数人还是认为企业更加看重职业技能以及工作经验；从"如果有培训机会，您最希望参加哪类培训（多选）"这个问题来看，"技能培训"的选项有78.21%，其次分别为"经营管理培训""电脑培训""文化培训"以及"学历培训"。可以看出，从员工的角度来看，技能培训是他们急需的训练项目，从企业的角度来讲，它也是企业业绩快速提升的重要条件，根据"干中学"以及人力资本积累效应，职业技能以及工作经验与工作绩效具有正向的关系，而且工作绩效与这两者有直接关系。因此，调查问卷结果分析，印证了技术技能型就业人口依然具有较大的缺口。

（三）人口老龄化相对滞后，有利于进一步挖掘人口红利的潜力

从人口年龄结构看，云南人口老龄化相对滞后。据第五次全国人口普查数据，2000年，云南省总人口为4236万人，60岁及以上人口为388.7万人，占总人口的9.18%，65岁及以上人口为258.4万人，占总人口的6.10%，尚未进入老龄社会。第六次全国人口普查数据显示，2010年，云南省总人口为4602万人，60岁及以上人口为508.7万人，占11.05%，65岁及以上人口为350.6万人，占7.63%。与2000年相比，60岁及以上老龄人口净增加120万人，老龄人口比重上升了1.87个百分点。根据云南1%人口抽样调查，2015年，云南省总人口为4736.8万人，65岁及以上的人口为414.9万人，占8.76%。同2010年相比，65岁及以上人口比重上升1.14个百分点。云南2005年65岁及以上的人口为334.52万人，占总人口的7.53%，开始进入老龄化社会，在时点上横向观察，比全国的

人口老龄化进程晚 5～6 年，老龄化程度相对较轻。但与本省总人口增长态势比较，2000～2010 年，云南总人口年均增长率为 0.7%，同期云南老龄人口年均增长率达 3.1%，表明云南老龄化来势急骤，老龄人口的比重和绝对量都呈快速增长的趋势。

　　与全国相比，云南人口老龄化来势急骤，但相对滞后，仍然存在较大的人口结构红利释放空间。然而，在供给侧结构性改革背景下，以人力资本集约为特征的增长模式更加匹配人口质量红利，人口红利的主要运作机理是少儿抚养比以及老年抚养比两者减小以及青壮年劳动力比例增大所带来的整体劳动力数量的增加所引发的红利效应。其内涵为人口质量、数量以及结构的转型升级，云南省人口年龄结构正在发生显著变化，幼儿以及青少年人口比例正在不断下降，从 1964 年的 39.14% 下降到 2015 年的 17.79%，而老年人口的比例在不断上升，从 1964 年的 2.98% 上升到 2015 年的 8.76%，青壮年人口数量也呈现上升趋势，其所占总人口的比例很高（见图 3-6）。

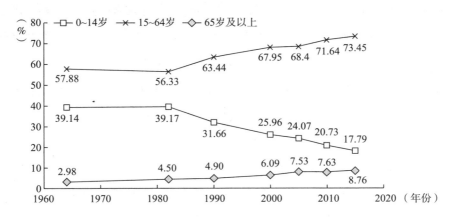

图 3-6　云南省人口普查和抽样调查人口年龄构成

数据来源：《云南统计年鉴（2016）》。

　　由此可见，云南省还处在人口机会窗口期，若能正确应对人口老龄化带来的挑战，进一步挖掘人口红利，仍然存在较大的人口红利释放空间。

第二节　云南就业结构与产业结构失衡分析

经济的发展要求优化配置各种资源要素，劳动力资源作为诸要素中最具活力的因素，必然随着产业结构的变化而变化。云南省产业结构与就业结构呈现逐步调整优化的趋势，但二者的发展并不是同步的，存在严重的非均衡性。

一　就业结构与产业结构非均衡发展

（一）就业结构变化滞后于产业结构调整

从产业结构变动趋势分析，亚当·斯密就产业结构演进规律指出，随着经济的发展及社会的进步，资本首先大部分投在农业领域，其次投在工业领域，最后投在国际贸易上。我国经济逐步向市场经济过渡，各种资源要素在三次产业间的流动更加畅通，产业结构更趋合理。第一产业产值比重逐渐缩小，第二、第三产业产值比重进一步加大，经济进一步与世界经济接轨。2017年，全国三次产业产值比例为7.9∶40.5∶51.6，云南为14.0∶38.6∶47.4。与全国平均水平相比，云南第一产业占比较大，高出6.1个百分点，第二产业基本持平，第三产业占比较小，低近6个百分点。

比较就业结构情况，我们发现，云南就业人口在三次产业中的分布，与全国的情况相比，存在更明显的非均衡性。2017年，全国就业人口在三次产业中的分布比例为27.0∶28.1∶44.9，而云南为50.75∶13.44∶35.81，第一产业就业人口高出23.75个百分点，第二产业就业人口则低出14.66个百分点，第三产业就业人口也低出9.09个百分点。

这组数据表明：（1）云南就业人口非农就业数量占比较低，还有大量的农村劳动力需要转移就业；（2）云南第二产业吸纳就业能力不足，推进新型工业化促进就业还有很大的潜力；（3）云南第三产业吸纳就业能力与全国基本持平，但由于产业产值占比较低，吸纳就业也还有一定的发展空间。因此，云南就业结构与产业结构处于失衡状态，二者呈现不相适配的特征。

（二）产业结构与就业结构的非均衡性

运用比较劳动生产率和产业结构偏离度，可以分析云南产业结构与就业结构的适配情况。

1. 三次产业的比较劳动生产率

比较劳动生产率是指一个产业的产值比重与就业比重之比。正如第一节分析所显示的，2015 年，第一产业比较劳动生产率最低，为 0.28，说明比较劳动生产率低下，仍存在大量剩余劳动力；第二产业的比较劳动生产率最高，为 3.06，表明就业结构与产业结构偏离较大，未能吸纳足够的劳动力就业，产值与就业人口不匹配；第三产业比较劳动生产率居中，为 1.35，且呈现稳步下降的趋势，逐步趋近于 1，说明云南的现代服务业产业结构与就业结构适配度高，现代服务业可以成为促进就业的发展方向。

2. 就业结构偏离于产业结构

通过云南产业结构偏离度指标分析，能够观察三次产业结构偏离的基本状况，但是缺乏三次产业之间的横向比较。在此，本部分采用产业结构偏离度的另一个测算公式，进一步佐证第一部分的分析，并刻画三次产业之间结构偏离的"量"，公式如下：

$$E' = \frac{L_i}{L} - \frac{G_i}{G}$$

其中：L_i 表示某产业就业人口数，L 表示就业人口总量；G_i 表示某产业产值，G 表示总产值。

由表 3-7 中的数据可以看出，云南产业结构与就业结构偏离度较大。第一产业的结构偏离度为 42.85%，说明农业劳动力过剩；第二产业的结构偏离度平均为 −29.43%，说明劳动力的产出效率较高，带动就业不够；第三产业结构的平均偏离度为 −13.17%，说明依然存在劳动力比例小于产值比例，还有吸纳劳动力就业的潜能。

表 3−7　云南省产业结构与就业结构偏离度

单位：%

年份	第一产业	第二产业	第三产业	总偏离
1990	24.58	−12.69	−11.90	49.17
1995	49.16	−34.43	−14.75	98.34
2000	51.58	−33.78	−17.07	102.43
2003	52.34	−34.51	−17.83	104.68
2006	48.63	−32.3	−16.33	97.26
2009	45.05	−29.83	−15.22	90.1
2011	43.31	−32.51	−10.8	86.62
2012	40.74	−29.37	−11.37	81.48
2013	39.29	−28.83	−10.46	78.58
2014	38.18	−28.04	−10.14	76.36
2015	38.58	−27.41	−11.17	77.16
平均	42.85	−29.43	−13.37	85.65

二　就业结构与产业结构失衡的影响因素

（一）重工业化发展战略，工业部门劳动力吸收不足

云南省长期以来推行重化工业优先发展战略，工业行业主要集中于烟草制品业、化学原料及化学制品制造业、非金属矿物制品业、电力热力生产和供应业、黑色金属冶炼及压延加工业、有色金属冶炼及压延加工业等重工业领域。由此可以看出，云南省基本建设投资严重向重化工业倾斜，全省呈现"倚重畸轻"的产业结构特点。云南倚重重工业的经济发展政策，通过政府强制性地将资源配置于

重工业领域，使得重工业发展呈现超前性，而以农业、轻工业和服务业为主的消费品生产行业发展受到限制。但是，以消费品生产为主的轻工产业大多数是劳动密集型产业，而重工业大多数属于资本密集型产业，对劳动力需求不足。重工业优先发展战略，导致云南省产业结构与就业结构失衡。

（二）投资与消费失衡，导致需求结构不合理

需求结构变动是产业结构与就业结构演进的主要影响因素，而投资与消费的构成关系与需求结构的变动具有较强的相关性。过度的投资和低迷的消费导致投资与消费结构严重偏离正常状态，最终使需求结构严重失衡，从而引起产业结构与就业结构不协调。首先，过度投资如果没有消费需求的支撑，将导致生产过剩的现象，进而引发通货紧缩，严重威胁经济的健康发展；其次，消费率过低将导致消费品行业无法得到相应的发展，并使其相应的产业部门发展受限，尤其是轻工业和服务业。"重投资、轻消费"的观念深入人心，这反映出收入分配不合理、社会保障不完善等问题仍存在。过度投资体现出云南的重工业化发展思路，消费低迷使轻工业和第三产业发展受到限制，而轻工业和服务业是目前吸纳就业能力较强的产业。因此，投资与消费失衡问题没有解决，产业结构与就业结构不协调问题也难以从根本上得到破解。

（三）劳动力素质低下，农村剩余劳动力转移困难

产业结构的优化升级，高新技术产业和新兴服务业不断涌现，对劳动力素质要求更高，但云南劳动力职业技能普遍较低，与不断升级的产业结构难相适应。特别是互联网、大数据、人工智能等高新技术产业的兴起以及第三产业中现代服务业的涌现，对劳动者的技术技能和职业素质要求已经不可同日而语。同时，云南独特的自

然和人文地理环境，致使大量剩余农村劳动力普遍存在"家乡宝"的观念，外出务工意愿不强，又对城市生活存在文化和心理障碍，大量农村剩余劳动力转移不出来，难以满足非农产业发展对劳动力的需求。

（四）技术进步水平低，影响就业结构与产业结构优化升级

从技术进步对就业结构的影响来看，技术进步引起不同产业之间劳动生产率水平产生差异，导致不同产业间的工资水平存在差异，从而加速劳动者在不同产业间的流动。同时，技术进步对就业的影响存在两种效应：一是补偿效应，即技术进步会创造就业；二是衰减效应，即技术进步会破坏就业，进而出现就业难和失业率增加等社会问题。在云南技术进步对就业更多表现为衰减效应。

从技术进步对产业结构的影响来看，技术进步加快推进了产业结构的优化升级，主要表现为技术进步提高了资源利用率和劳动生产率。根据产业结构演进规律，技术进步会引起工业部门的劳动生产率提高，使工业部门工资水平上升，从而促使农业部门的劳动力流向工业部门。但从云南就业人员产业分布状况得出，第二产业就业人数占比一直在13%左右徘徊，第三产业就业人数占比有较大提高，表明云南省大量农村剩余劳动力并未向第二产业转移，而大部分直接流向第三产业。技术进步推动产业结构升级而对就业产生衰减效应，使云南省产业结构与就业结构两者关系愈加失衡。

（五）城镇化水平低，劳动力资源配置不合理

城镇是人口、产业和消费的聚集地。城镇化水平越高意味着越多的农村人口成为城镇人口，城镇化不仅会推动第二、第三产业的发展，也有利于提高劳动生产率，扩大消费，还能够逐渐消除城乡二元分割的人力资源市场，提高人力资源市场化配置效率。城镇化

水平越高表明产业结构越会向高级化迈进，同时也越会优化就业结构。

目前，云南省第二、第三产业产值在国民经济构成中所占比重逐步提高，但城镇化率依然处于较低水平。较低的城镇化水平，导致大量农村剩余劳动力仍然依附在土地上，即使那些已经进入城镇非农部门的农民工，也无法真正融入城镇生活，导致季节性、临时性用工居多，农民工就业稳定性差。因此，城镇化水平低也是影响就业结构调整的重要因素。

第三节　就业结构优化对产业结构
调整的促进作用

有什么样的产业结构，就会有什么样的就业结构，但就业结构的优化对产业结构调整具有促进作用。作为欠发达省份，云南产业结构对本省劳动力就近就地就业的结构分布影响并不明显，但人均受教育年限、人口年龄结构、技能结构与就业总量之间呈现明显的正相关关系。就业结构尤其是劳动力资源结构的适时优化，对新形势下云南推动产业结构转型升级、化解过剩产能、破除环境资源约束具有重要促进作用。

一　就业结构优化破除资源环境约束

产业结构发展状况决定了就业规模的大小，其演进模式决定劳动就业结构的转换程度，并导致结构性失业问题的产生。但是劳动力资源作为一种最活跃的生产投入要素，其结构的适时优化能够破除资源环境的约束，决定着产业发展路径的选择。

（一）教育投资优化缓解环境资源压力

资源和环境的整体状况，以及劳动力的年龄结构、素质结构、平均受教育年限、技能水平等基本情况，决定着地区产业结构布局的大致走向。云南是一个人口大省，2017 年全省常住人口 4800.5 万人，庞大的人口资源带来了丰富的劳动力资源，近年来随着教育投资力度的加大和教育投资结构的优化，云南劳动力整体素质结构不断改善，助推了产业结构转型升级，有效缓解了环境资源压力。

（二）就业结构优化促进生产要素优化配置

就业结构优化程度，影响产业结构调整的方向。作为影响就业结构优化的重要因素，劳动者素质结构的提升成为影响产业结构演进的重要内容。低素质劳动力将越来越不适应产业向信息化、智能化、高端化迈进，长期集中滞留在技术水平较低的传统产业部门，造成大量的人力资源浪费，从而影响就业结构与产业结构的协调发展。此外，劳动力在不同产业及行业内部转移将导致就业结构发生变动，并带动劳动生产率和收入水平的提高。劳动者收入的增加可以使个人消费水平与消费结构发生改变，消费需求具有引导生产、促进生产要素优化配置的作用，消费需求的变化必然引发产业结构的变化，进而为产业结构调整创造条件。

（三）农村劳动力转移就业助推脱贫攻坚

近年来，云南实施"技能扶贫计划"和"农村劳动力转移就业扶贫行动计划"，以农村贫困劳动力为主，通过开展创建农村劳动力转移就业示范县活动，着力做好边境县（市）、藏区县及贫困地区少数民族尤其是"直过民族"劳动力培训和转移就业工作。在深圳、上海等地设立劳务服务工作站，开展劳务对接，促进劳动力跨省转移就业；组织开展针对性培训，促进跨境转移就业，实现增收脱贫，助推产业发展，破除地理环境和资源约束。成立农村劳动力转移就业工作领导机构，明确职能职责，落实工作人员和经费，抓实农村富余劳动力转移就业工作。云南人社按照"每名厅领导包一个州市，具体抓好一个县；处长包一个县，具体抓好一个乡镇；其他干部包一个乡镇，具体抓好一个村"的要求，把劳动力转移与扶贫工作同部署同考核，把转移农村劳动力目标任务分解到各地各部门，推行落实情况月报告制度，并做好数据信息统计工作，建立农村劳动力资源和建档立卡贫困人员的培训就业信息库。2017 年，云南实现农村劳动力累计转移就业 1352.15 万人次。[①]

为了建立促进农村劳动力转移就业的长效机制，云南着力整合人社、科技、扶贫、农业、工会等部门的培训资源，充分发挥各类培训机构的作用，以转移就业为首要目标开展技能培训。全省 36 所技工院校和职业院校实行校均对口 1 ~ 2 个贫困县的机制，着力培训农村劳动力，促进其从第一产业向第二、第三产业转移，从钢铁、煤矿等过剩产能行业向八大重点产业转移，助推产业转型升级。

二 就业结构优化助推化解过剩产能

化解过剩产能是促进产业转型升级、提升经济发展质量，推动经济平稳健康发展的重要任务。云南采取严控新增产能、淘汰落后产能、治理不安全产能、控制超能力生产等一系列措施化解过剩产能，特别注重改善人力资源质量，及时优化就业结构，提升产业结构转型升级的内在质量和溢出效益。

（一）转岗分流释放企业活力

化解过剩产能是供给侧结构性改革的重大举措，妥善转岗、分流和安置职工是其中的关键和难点。它既关系职工切身利益，也关系地区就业结构优化和进一步降低企业负担、释放企业活力，促使

---

① 数据来源：《我省全力推进农村劳动力培训就业改革——让劳动力转移成致富产业》，云南省人民政府网。

优势产能"走出去",搭建与南亚、东南亚国家和地区的国际产能合作平台。

其一,采取多措施多渠道内部分流安置职工,促使企业人力资源配置的再优化。云南部分企业利用现有场地、设施和技术,通过转型转产、多种经营、主辅分离、辅业改制等方式,把部分优质人力资源转岗整合到企业优势业态中,以增强优势产品的人力资本储备,提高产品生产效率,增强企业竞争力。

其二,促进职工转岗就业创业,促使人力资源的社会化流动与配置。对于钢铁、煤炭过剩产能企业较集中、就业渠道较窄的区县或资源枯竭地区,有针对性地举办专场招聘活动,组织开展跨地区就业信息对接和劳务输出协作,鼓励职工以个体形式或集体形式输出到其他企业就业或异地就业。

其三,帮扶去产能失业职工。对于过剩产能企业分流的就业困难人员,采取建档立卡、提供"一对一"就业援助等方式,鼓励其他用人单位招用,给予用人单位一次性岗位补助,并按规定给予社会保险补贴;进一步开发社区养老护理、家政服务、卫生保洁、安全保卫等公益性岗位,分流过剩产能企业富余劳动力。采取退休、内部退养、企业内部转岗安置、解除和终止劳动关系、进入再就业服务中心管理等措施,转岗分流安置了大部分职工,优化了就业结构,有力推进了化解过剩产能各项政策措施的落实落地。

(二)技能培训促进失业职工再就业

开展技能培训,既是增强劳动者再就业能力的措施,也是提高劳动者生产效率、助推产业转型升级的重要着力点。开展再就业培训,加强就业援助使过剩产能企业职工向其他行业、企业或政府公益性岗位等分流,并拓宽灵活就业渠道。对于依法与企业解除或终止劳动合同的失业人员,纳入当地就业创业政策扶持体系,及时办理失业登记，免费提供技能培训、就业指导、政策咨询等服务，进而提升再就业能力，促进人力资源有效流动，改善就业结构。加强内部转岗职工的职业技能培训，在企业集团内部清理优化劳动岗位的基础上，采取成建制转移、劳务输出等多种方式实现劳动力资源的再配置，提高生产效率，促进产品结构和产业业态的升级。

三 创新创业促进产业结构调整升级

创新是产业结构调整的核心，创业催生新的业态，成为扩大就业的重要途径。近年来，云南发挥资源优势，整合技术创新资源，构建产学研用合作平台，通过社会化投资、专业化服务、市场化运营等方式，促进就业结构的适时调整和产业结构的转型升级。

（一）加强创业扶持体系建设，持续扩大就业

云南采取了一系列务实高效的措施，以创新创业扩大就业，带动就业结构适时转变。一是完善创业就业政策。云南先后出台了《关于进一步做好新形势下就业创业工作的实施意见》《关于支持农民工等人员返乡创业的实施意见》等政策，从创业就业工作目标、实施"创业园区建设计划"、提高创业担保贷款额度、支持农民工返乡创业、鼓励专业技术人员创业、完善高校毕业生创业就业帮扶政策、建立创业就业奖励机制和强化组织保障等方面，大力扶持创业就业。

二是着力降低创业就业准入门槛。2015 年，云南共取消职业资格事项232 项，其中本省确定的 20 个技术工种就业准入职业资格已全部取消。开展公共就业服务"四进"活动（进园区、进企业、进校园、进社区），创建高校公共就业和人才服务工作站 28 个，在 58 个产业园区设立了人社服务窗口。[①]

---

① 数据来源：《云南人力资源和社会保障厅 2015 年工作总结》。

三是持续加大"贷免扶补"、创业担保贷款力度。"贷免扶补"是指向已进行工商注册的创业者提供小额贷款，由各级财政给予全额贴息，免收行政事业收费，减免有关税收，提供创业咨询与培训、创业导师和跟踪服务等帮扶措施，并对创业者进行补贴和补助。2011年以来，云南"贷免扶补"扶持创业就业力度持续保持在较高水平，对云南经济发展和创业就业的带动效应较为明显。

四是持续加大创业教育培训力度。以扩大创业培训对象和突出培训效果为重点，云南省不断加大创业培训力度，初步建立了创业培训质量控制体系，创业培训的政策宣传、技能传授、思维拓展和能力提升效能逐步凸显。2017年，全省共开展创业培训7.4万人次。[①]

五是创业园区建设发展迅速。着力推进创业园区建设，逐步推动创新与创业相结合、线上与线下相结合、孵化与投资相结合，创新创意与市场需求和社会资本有效对接，切实培育新业态和新增长点。扶持各类创业园建设，为广大创业者提供贷款扶持、创业指导、创业培训、创业孵化、导师帮扶等系列服务。

（二）创业催生新业态，带动产业转型升级

云南以政策创新为引导，促进新业态、新经济发展，有力带动了产业转型升级。一是完善产业发展政策，促进重点产业领域跨越式发展。云南先后出台了《关于加快推进"互联网＋"行动的实施意见》《关于着力推进重点产业发展的若干意见》《云南省旅游产业转型升级三年行动计划（2016～2018年）》《云南省新能源汽车产业发展规划（2016～2020年）》等政策文件。在巩固烟草、能源等传统产业的基础上，进一步完善政策措施，着力推进重点产业发展，促进"互联网＋"创新创业、协同制造、现代农业、智慧能源、普惠金融、益民服务、高效物流、电子商务、便捷交通、绿色生态、旅

---

① 数据来源：《云南人力资源和社会保障厅2015年工作总结》。

游文化和精准扶贫等重点领域发展，催生经济新业态，带动产业转型升级。二是产业结构调整，逐步加速。在产业发展政策引导下，云南产业结构进行了较为明显的调整。近年来，云南第一、第二产业增加值占比逐渐降低，第三产业增加值占比逐步增加。从2014年开始，第三产业增加值占比超过了第二产业占比，产业结构升级取得了明显成效。

第四节　促进就业结构和产业结构协调发展

产业结构决定就业结构，就业结构优化助推产业结构升级。解决就业结构与产业结构失衡的问题，需要从产业发展、新型城镇化、农村劳动力转移就业、培养就业技能等多方面采取有力措施，推进就业结构与产业结构协调发展，促进就业与产业相互融合。

一　夯实促进就业的产业基础

（一）走新型工业化之路

适应国家制造业向中高端迈进的新形势新要求，根据云南正处于工业化中期的特征，充分利用资源优势、环境优势，推动传统产业调整升级，推进化解过剩产能，打造一批新兴产业集群，以产业发展促进就业结构优化。

（1）大力培育新兴产业。基于生物多样性和"植物王国"资源优势，以云南白药、盘龙云海等知名企业为龙头着力发展生物制药业；利用"有色金属王国"优势，以铂族、锗、铟、镓等稀贵金属材料及元器件加工为重点，培育发展新材料产业；推进与"中国制造2050"的对接，加快工业的信息化、智能化、自动化进程，发展新型装备制造业；培育茶、酒、糖、油、核桃、咖啡、果蔬等云南特色的食品加工产业，加快发展食品加工业。

（2）做大做强传统优势产业。烟草、能源、冶金、化工等传统产业是云南产业转型升级的基础，要推动传统产业与新兴产业在更高层次上融合发展，形成产业集群，实现传统产业和新兴产业"双轮驱动"，增强经济发展内生动力。

（3）加快化解过剩产能。推进供给侧结构性改革，对钢铁、煤炭、水泥等产能过剩产业，采取关停并转等多种形式进行结构调整；做好过剩产能企业下岗职工的安置分流工作，通过企业内部安置、内部退养、再就业和自主创业等方式妥善安置分流失业职工；面向南亚、东南亚，加强产业发展的国际合作，支持企业"走出去"，拓展企业的生存空间。

（二）加快发展现代服务业

现代服务业是产业体系中的朝阳产业，吸纳就业能力强，发展潜力巨大。根据云南的区位条件、资源禀赋和发展基础，着力发展现代服务业。

（1）旅游文化产业。制定落实好旅游文化产业发展规划，推动旅游文化产业转型升级，重点扶持一批重点项目和龙头企业，把丽江、大理、腾冲等景点打造成为集观光、休闲度假、专项旅游于一体的国际旅游胜地。充分发挥自然生态、民族文化、边疆等旅游资源优势，建设旅游、观光、休闲、度假、娱乐等多功能复合型的国际旅游目的地，逐步形成旅游、市场、产业协同发展新格局。

（2）现代物流产业。适应辐射中心和"五网五通"建设的新需求，结合城市功能定位和重点产业布局，统筹规划建设物流基地、物流中心、物流示范园区，依托铁路、航空、汽运、水运等通道，打造以昆明为中心区域、辐射南亚和东南亚等周边地区的物流集散地，形成现代物流网络。提高物流信息化、物流装备现代化和标准化水平，构建便捷高效的跨境物流体系和城乡物流配送体系。

（3）信息产业。运用云计算、大数据技术，构建信息产业体系，形成资源共享的信息交流平台；利用"互联网＋"发展电子商务，促进城市与乡村、境内与境外互联互通；着力发展新一代信息技术产业、电子信息产品制造业和信息服务业，培育信息经济新业态。

（4）外贸经济。抓住沿边开放机遇，加强与中国—东盟自由贸易区、瑞丽国家重点开发开放试验区、孟中印缅经济走廊的项目合作，搞好招商引资，推动基础设施和公用设施建设；加强保税物流体系建设，完善边贸服务，改善边贸交易条件和环境，落实优惠政策，简化管理程序，促进外贸出口。

（三）大力发展高原特色农业

依托鲜明的区域特点、独特的气候条件，优化农业产业结构，培育高原特色现代农业知名品牌，推动农业向集约化、专业化、组织化、社会化方向发展。

（1）推动产业融合。坚持走"优一产、强二产、兴三产"之路，努力实现农业生产、生活、生态和文化功能协调发展，产业结构进一步优化。重点发展蔬菜、水果、核桃、蚕桑、中药材、花卉等种植特色农业和牛、羊、渔业等畜牧业，建设"一乡一业、一村一品"的专业乡（镇）、专业村，努力提高单产和标准化生产水平，提升特色产业发展能力，促进农牧业产业优化升级，使休闲农业、生态农业等新兴产业开发态势良好，农业多功能性得到充分体现。

（2）壮大经营主体。以招商引资做大做强龙头企业，鼓励有能力、有实力的农业龙头企业、农民专业合作社等农村新型经营主体，采用"公司＋基地＋合作社＋农户"产业化经营模式创办农产品加工企业；打造一批精品庄园，发挥庄园经济"以点带面"的作用；规范农民专业合作社，完善合作社服务生产、促进流通的功能；培育新型职业农民，培养一批规模经营户、科技示范户、营销专业户。

（3）完善新型农业经营体系。鼓励土地流转，支持适度规模经营，完善土地流转市场，采取政策激励、服务跟踪、项目配套、信息引导等方式，引导和鼓励专业大户、农业企业、农民专业合作社依法采取转包、租赁、互换、转让、股份合作等方式流转土地；加大农业科技投入，加大对农业创新型园区、创新型企业及高新技术产业项目的支持力度，推动高新技术成果在园区转化；强化农业金融支撑，进一步完善投融资制度，不断创新农村金融产品和服务，促进产业、科技、金融融合发展；完善农产品流通体系，积极发展多元化市场流通主体，建好用好农产品流通市场，构建农产品流通产业链，建设农产品销售信息平台；加强农产品质量监管，保障食品安全，逐步健全上下对口、运行高效的农产品质量安全监管体系。

二　促进农村劳动力转移就业

针对云南农村存在大量剩余劳动力的实际，按照"四个一批"的要求，即培训一批适应当地产业发展需要的劳动者、转移一批技能劳动力、培养一批适应云南重点产业发展需要的技能人才、创业扶持一批劳动者就业，开展"技能扶贫专项行动"和"农村劳动力转移就业专项行动"。

（一）将两个专项行动作为"一把手"工程来抓

省、州市、县区、乡镇、村组各级党和政府要行动起来，分解任务，摸清农村劳动力情况，制定转移计划和指标，层层压实责任任务，形成上下联动、专项负责的工作机制。加强农村劳动力转移就业方面的政策宣传，引导农村劳动力更新"家乡宝"的思想观念，宣传报道农民工务工脱贫致富的典型事例，总结宣传农村劳动力转移就业的好经验、好做法。

（二）建立农村劳动力转移就业供需对接机制

统计掌握农村劳动转移就业意向，鼓励和支持农村劳动力整县、整乡、整村到一城市或一企业就业，以便于统筹服务和管理，维护农民工的合法权益。发挥当地就业公共服务机构的职能，掌握本地企业特别是重点企业的用工需求，举办农村劳动力转移就业招聘会，做好牵线搭桥工作，帮助企业解决"招工难"问题。充分利用深圳和上海农村劳动力转移服务工作站，收集珠三角、长三角地区农村转移劳动力需求信息，为云南农民工提供政策咨询、就业指导和技能培训服务。依托省、州市、县区就业人才招聘信息服务平台，设计增加专门板块，推介农民工，积极联系省内外企业，定向招录有职业技能、有转移就业愿望的劳动力。

（三）加强农村劳动力转移就业技能培训

整合各类培训资源，统筹安排培训资金，进一步加大职业教育培训各项补贴资金的整合力度，逐步提高职业培训支出在就业专项资金中的比重，增强公共财政资金"四两拨千斤"的引导效益。积极协调农业、扶贫等部门共同做好农民工培训，各地就业专项资金用于职业培训补贴应不低于资金总量的10%，并安排专项经费对职业培训教材开发、师资培训、职业技能竞赛、评选表彰等基础工作给予支持。

（四）发挥农村劳动力转移就业的脱贫致富作用

继续推进"挂包帮""转走访"行动，细化分工明确职责，形成了工作有人抓、业务有人办、事务有人管的"大扶贫"工作格局。"十三五"期间，计划新增 700 万名农村劳动力转移就业，到 2018 年底，全省农村劳动力转移就业将达到 1500 万人次，实现农民增收 2000 亿元以上。让农村劳动力掌握 1~2 门职业技能，对所有建档立卡贫困户实现"一户一人一技，一技脱贫"。鼓励农民工返乡创业。完善"贷免扶补"创业优惠政策，建立创业孵化基地，初步形成国家、省、州市和县（市、区）四级创业孵化基地体系；以扩大创业培训对象范围和突出培训效果为重点，不断加大农民工创业培训力度，建立创业培训质量控制体系，形成创业课程培训与导师"手把手教"相结合的创业培训模式。

三　加快新型城镇化进程

利用进入城镇化加速期的发展机遇，坚持走云南特色的新型城镇道路，积极稳妥地推进农民工市民化，确保实现 2020 年城镇化率达到 50% 的目标。

（一）加强城镇规划，完善城镇功能

科学制定城镇发展规划，强化规划的执行力和约束力，推进以人为本的新型城镇化。发挥大中城市产业集聚和人口集聚功能，形成经济增长极和人才集聚高地；利用小城镇连接城市和乡村的功能，加快城乡一体化进程，推动城乡基本公共服务均等化，逐步消除城乡二元结构障碍。加快产城融合，把城镇功能、产业发展和创业就业有机结合起来，明确城乡各群落层级的主要职能和产业支撑，形成大中城市与小城镇、工业与农业、城镇与乡村协调发展新格局（见表 3－8）。建立城镇化质量评价指标体系，严格考核监督，把城镇化质量纳入政绩考核、重大事项督查范围，强化城镇化在产业结构和就业结构协调发展中的作用。

表 3-8 云南城乡群落层级功能一览

城乡群落层级	主要职能	支撑产业
农村	农业产业、农民生活中心	特色优势农业
小城镇	城市与农村之间产品、要素流动与交换的连接点	现代农业、农产品初步加工处理
中、小城市	地区发展中心	劳动密集型、资本密集型制造业
大城市、特大城市	区域发展中心	现代服务业、知识密集型制造业

（二）实现基本公共服务均等化，推进农民工市民化

全面深化公共服务体制的改革，稳步推进城镇基本公共服务常住人口全覆盖。一是促进义务教育均等化。在硬件设施、师资配置等方面，按照统一标准推进城乡中小学建设。对于农民工子女，农民工流入地要按照属地原则，使他们与城里孩子一样同等接受义务教育。建立乡村留守儿童和老人关爱机制，解除进城务工人员的后顾之忧。二是实现公共卫生、文化服务均等化。把农民工纳入当地公共卫生服务体系，完善城乡居民医疗保险政策，开通医疗保险异地结算平台，保障农民工能够看病、看得起病。加快城镇文化设施向农民工开放步伐，让农民工与城镇居民一样享受城市公共文化服务。农民工所在企业、社区，要经常性地开展群众文体活动，促进农民工与市民之间的交往交流。三是完善覆盖农民工的城镇住房保障体系。积极推进城镇保障性住房体制改革，切实让农民工能够享受城镇住房保障政策红利，促进农民工在城镇落户定居。四是建立财政转移支付同农业转移人口市民化挂钩机制。按照农民工人数确定流出地与流入地财政转移支付额度，建立中央、地方和个人共同分担成本的体制机制。

（三）推进户籍制度改革，保障农民工合法权益

贯彻落实云南省政府《关于进一步推进户籍制度改革的实施意见》的精神，进一步放宽落户条件，对有落户意愿、符合条件的农民工，要安排他们在就业居住地有序落户。逐步剥离附着在户口上的社会福利，推动城镇基本公共服务和公共产品向包括农民工在内的常住人口全覆盖。完善覆盖农民工的养老、医疗、工伤、低保等社会保障体系，切实提高农民工参保比例和保障水平，真正使农民工本人融入企业、家庭融入社区、子女融入学校、群体融入社会。

四　加强职业教育和技能培训

（一）深化技术技能人才培养体制改革

探索"五年一贯制"高等职业教育人才一体化培养、中职学校与高等院校对口贯通分段人才培养模式。进一步发挥企业和职业院校、技工院校培养技术技能人才的"双主体"作用，建立校企联合、产教结合培养模式，推行现代学徒制和企业新型学徒制。加强职业教育国际合作，引进国外优质职业教育资源，鼓励和支持优秀技能人才参加国家级和国际性职业技能大赛。开展定向招生、订单培训，推进校企合作，实现入学即上岗，形成供需对接机制。

（二）面向需求调整职业院校专业设置

提升劳动人口职业技能，是缓解结业结构性矛盾的关键。坚持需求导向，建立高校、职业院校、技工院校学科专业设置、区域布局与产业发展需求相适应的动态调整机制。加大对重要领域、重点产业、重大项目技术技能人才的培养力度，发挥市场在专业设置方面的积极调节作用，建立政府部门宏观统筹、行业部门积极指导、多种主体共同参与的办学机制，优化办学资源配置，促进各类职业

院校、技工院校教育与地方经济社会发展需求深度融合。

（三）激发企业培训职工活力

针对企业重使用、轻培训的问题，大力开展在职职工培训，指导企业紧密结合生产实际，加强职工的岗位技能，提高培训的技术含量，增强企业的竞争力。扶持结构调整的企业加强对分流人员的转岗转业培训，使职工掌握新的生产技能，尽快适应新岗位的需求，减轻企业就业压力。支持和督促企业建立与培训、鉴定、职业资格、持证上岗相衔接的内部竞争上岗制度，激发企业和员工开展技能培训的积极性。

（四）打通技术技能人才成长通道

大力弘扬"工匠精神"，探索建立企业首席技师制度，试行年薪制和股权制、期权制等激励办法。支持技师学院、高级技工学校建立国家级和省级高技能人才培训基地，鼓励职业院校、技工院校与企业共建技能大师工作室，开展技能培训，组织技师研修，联合开发科技攻关和技术革新项目。关心技术技能人才成长，在技术技能人才参加单位招聘、确定工资标准、职称评定、职位晋升等方面制定相应的政策。

（五）扶持各类培训机构健康发展

加大对各类公办、民办培训机构的扶持力度，鼓励创办混合所有制培训机构，统筹策划全省的培训工作，确定培训项目，下达培训指标，做好培训计划，拟定培训目标，编好培训教材，落实培训经费，提升培训质量。组织专家队伍对各职业院校和培训机构的师资、设备、设施等基础能力进行检查评估，给符合条件的培训机构颁发培训资格证书，安排具有培训资质的培训机构承担培训任务。

五　完善就业公共服务体系

完善就业公共服务体系，提供全方位的就业公共服务，减少摩擦性失业，理顺和转变政府的人力资源综合服务职能，推动机构、职能、人员、业务和网络整合，提高就业公共服务能力。

一是加强对公共就业服务机构的统筹管理和公共就业服务人才队伍建设。重点推进公共服务政策实施，配备专业化的公共就业服务人才队伍，统筹就业各项工作，确保就业政策的有效落实。

二是整合各级公共就业服务机构资源，完善公共就业中介组织体系。整合各公共就业服务中心，承担各公益性就业服务职责。进一步加强基层公共服务平台建设，承担公共就业服务动态管理活动。实行统一的公共就业服务标识，方便管理。

三是做实人力资源市场信息库建设，想方设法收集岗位空缺信息。竭力收集适合的岗位和空缺，定期核实，及时删除已经填补的空岗信息，做实人力资源市场信息库建设，保证信息的可信度。

四是加强公共就业服务信息化网络建设，提高信息服务水平。实行统一规划，全面推进公共就业服务信息化网络建设。建立健全公共就业服务信息服务制度，加强对就业公共信息的管理。尽快建设以城市为单位的公共就业服务信息网络，实现服务与管理的信息化。

五是建立健全就业公共服务绩效评估体系，提高公共就业服务效率。引入绩效评估，通过具体的绩效指标设置使公共就业服务结果更加符合预定目标，对公共就业服务活动的投入和产出进行监控，以有效降低成本、提高效率。

第四章　云南扩大就业与经济增长的
互动关系

经济增长是民生之基，扩大就业和经济增长具有紧密联系。云南省扩大就业的根本出路在于加快经济增长步伐，以经济总量提升和结构性调整促进就业增长。

第一节　经济增长带动就业增加

经济增长和产业发展是就业的基础，决定就业的规模、结构和效率。在经济新常态下，云南经济保持 8% ~ 9% 的增速，为稳定就业形势创造了有利条件。

一　经济增长带动城镇新增就业

（一）城镇新增就业稳定增长

近年来，云南经济总量稳定增长，产业结构逐步优化，GDP 每增长 1% 带动城镇新增就业人数呈现上升趋势，每增长 1 亿元 GDP 带动城镇新增就业人数也大幅度提升（见表 4 - 1）。

从表 4 - 1 中数据可以看出，在经济新常态下，云南经济增速出现断崖式下降，从 2011 年的 13.7%，下降到 2014 年的 8.1%，2017 年

表 4 - 1 云南与全国 GDP 增长和城镇新增就业情况比较

年份	云南					全国				
	GDP (亿元)	增速 (%)	城镇新增就业 (万人)	1%增长带动就业 (万人)	1亿元增长带动就业 (人)	GDP (亿元)	增速 (%)	城镇新增就业 (万人)	1%增长带动就业 (万人)	1亿元增长带动就业 (人)
2011	8750.95	13.7	27.60	2.01	180	471564	9.2	1221	132.7	166
2012	10309.80	13.0	29.30	2.25	188	519322	7.8	1266	162.3	265
2013	11720.91	12.1	31.56	2.60	224	568845	7.7	1310	170.1	265
2014	12814.59	8.1	36.53	4.50	334	636463	7.4	1322	178.6	195
2015	13717.88	8.7	40.92	4.70	453	676708	6.9	1312	190.1	326
2016	14869.95	8.7	44.79	5.15	389	744127	6.9	1314	196.1	195
2017	16531.34	9.5	49.02	5.16	314	827122	6.9	1351	195.8	163

数据来源：根据国家《人力资源和社会保障事业发展统计公报》和《云南省人力资源和社会保障事业发展统计公报》数据整理得出。

有所回升，达到 9.5%。但城镇新增就业人数取得较大增长，从 2011 年的 27.6 万人，增长到 2017 年的 49.02 万人，而同期全国城镇新增就业人数增幅不大。经济总量的增大使 GDP 每增长 1% 带动的城镇新增就业人数持续增加。2017 年，全国 GDP 每增长 1% 带动的城镇新增就业人数为 195.8 万人，云南为 5.16 万人。GDP 每增长 1 亿元带动的城镇新增就业人数，2017 年，云南为 314 人，全国为 163 人，云南明显高于全国平均水平。在就业形势严峻复杂的背景下，云南的就业工作取得这样的成绩实属不易。主要原因在于：各级党委和政府高度重视就业工作，大力实施积极的就业政策；在全国率先实施"贷免扶补"扶持创业政策，创业带动就业取得实效；第三产业增长较快，成为吸纳就业的主导产业。

（二）登记失业率保持稳定

奥肯定律认为，失业率与经济增长率具有反向的变动关系。经济增长速度快，对劳动力需求量相对较大，就业岗位增加，就业水平提高，失业率降低。经济增长决定对劳动力的内在需求。近年来，云南健全劳动力市场机制、完善就业公共服务体系、促进创业带动就业，城镇登记失业率总体保持稳定（见图 4 - 1）。2011 ~ 2017 年，云南省城镇登记失业率由 2011 年的 4.50% 下降到 2017 年的 3.20%，低于全国城镇登记失业率（3.90%），失业率呈现逐步下降趋势。经济增长速度快，对劳动力需求量相对较大，就业岗位增加，城镇新增就业人数稳步增长，城镇登记失业率也实现下降。

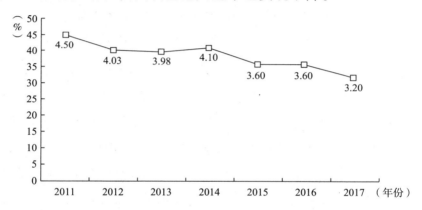

图 4 - 1　2011 ~ 2017 年云南城镇登记失业率变化趋势

数据来源：根据云南省人力资源与社会保障网中数据整理得出。

（三）就业人口持续增加

2011 ~ 2017 年，云南就业人口持续增加，由 2011 年的 2857.23 万人增加至 2017 年的 2992.65 万人。其中，2017 年全年城镇新登记失业人数为 36.75 万人，比上年增加 0.97%；城乡新增劳动力供给 49.02 万人，比上年增加 9.44%，新增就业人口主要来自高校毕业生、农村劳动力转移与外出农民工返乡。

（1）高校毕业生逐年增加。2011 ~ 2017 年，高校毕业生人数由 10.95 万人增加至 25.35 万人，仅 2012 ~ 2013 年就增加 7.04 万人（见图 4 - 2）。

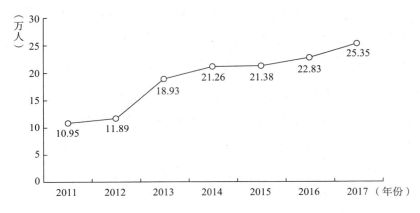

图 4 - 2 2011 ~ 2017 年云南高校毕业生人数

数据来源：由 2011 ~ 2017 年《云南省国民经济和社会发展统计公报》整理得出。

高校毕业生存在社会适应能力弱、就业期望值较高、能力素质与用人单位要求差距较大等不足，许多专业学科毕业生供大于求，导致部分大学生就业难。高校毕业生的就业地点主要为城镇，他们成为城镇新增就业人员中的主要群体，对城镇吸收就业造成巨大压力。

（2）农村劳动力由第一产业向第三产业转移趋势明显。2011 ~ 2017 年，第一产业就业人数占总就业人数的比例逐年下降，由 2011 年的 59.40% 下降至 2017 年的 50.75%，在第二产业就业人数占比基本稳定的情况下，第三产业就业人数占总就业人数的比例逐年上升，由 2011 年的 27.5% 上升至 2017 年的 35.81%，第三产业的发展依托城镇，农村劳动力向城镇转移，就业压力进一步加大。

（3）经济下行压力加大造成省内外农民工流动性增加。2017 年，全省农民工总量 791.4 万人，其中本地农民工 283.9 万人，比上年增加 10.5 万人，增长 3.8%；外出农民工 507.5 万人，比上年增加 30.8 万人，增长 6.5%。外出农民工人数的增加，反映出云南各州市、县区就业形势不容乐观，农民工就地就近就业机会减少。

二 产业结构决定就业结构

在经济新常态下，产业结构不断优化，第三产业继续保持高速增长，吸纳就业能力不断增强。政府加大扶持就业力度，促进创业带动就业。省内涌现一批高质量、高效益的创业平台和创业园区，创业带动就业作用明显，并且促进了就业结构优化。

（一）产业结构不断优化

云南结合自身优势和发展基础，制定了产业发展规划，产业结构调整取得初步成效。一是着力推进八大重点产业发展。八大重点产业包括生物医药和大健康、旅游文化、信息、现代物流、高原特色现代农业、新材料、先进装备制造和食品与消费品制造等产业。为扶持重点产业发展，2016 年，建立推进重点产业发展领导小组，设立重点产业母基金和 8 个重点产业子基金、1 个并购基金和 1 个国际产能合作基金，确定扶持发展重点项目和龙头企业。二是巩固提升传统支柱产业。近年来，烟草加工、生物资源开发、旅游、矿产、电力等支柱产业不断进行转型升级，矿产业分化为冶金和化工，其中化工业发展迅速，煤化工、天然气化工、磷化工已初具规模，电力产业在风能、太阳能、生物能等新能源领域也有所发展。三是培育壮大战略新兴产业，加快推进了"云上云"行动计划，加快生命健康、信息技术、智能制造等产业的发展。四是加快发展现代化服务业发展，生产性服务业和生活性服务业特色领域发展初见成效，全省服务经济的特色领域得到大力扶持，发展短板在很大程度上得以弥补。

2017 年，云南全部工业增加值增长 10.3%，建筑业增加值增长 11.5%，第三产业增加值增长 9.5%，产业结构优化带动就业结构优化。2011～2017 年，在各产业经济总量稳步增长的背景下，第三产业生产总值在全省生产总值中的占比稳步提升，由 2011 年的 38.3% 增长到 2017 年的 47.38%，与此同时第三产业就业人数占总就业人数的比重逐步提高，由 2011 年的 27.5% 逐步提高到 2017 年的

35.81%。这表明云南产业结构的不断优化，尤其是第三产业的稳步发展使本省吸纳就业的能力不断增强，第三产业在很大程度上吸收了来自第一产业的剩余劳动力。

产业部门是劳动力就业的载体，产业部门为劳动力的就业提供了就业岗位。产业结构是就业结构的基础，产业结构的变动会在就业结构中有所体现，产业结构不断地由第一产业经第二产业向第三产业升级，促使就业人员在各行业中合理分布，达到供需平衡。

（1）产业结构发展水平决定就业规模大小。就业人口数量随人口总量的增长呈不断增加的趋势，但在全省劳动力供给不断增加的背景下，失业率长期保持稳定，这是由于经济增长由传统的要素驱动、投资驱动向创新驱动转变，创新驱动发展逐步成为经济增长的新引擎，第三产业得到快速发展，并有效增加社会就业机会，化解了劳动力供需矛盾。

（2）产业结构演进决定就业结构的变化。产业结构调整实际上就是各种生产要素在各个产业部门重新配置的过程，在生产要素中最重要、最活跃的部分便是劳动力，而产业结构作为就业的载体，为劳动者提供了物质基础。近15年的数据表明，云南产业结构由最初的"一二三"型向"一三二"型演进。劳动力因而也由第一产业经第二产业向第三产业转移，最终实现了劳动力资源的再配置。

（3）产业结构演进产生结构性失业。产业结构的演进创造了大量就业机会，但因资本有机构成的提高和技术进步，现有的一部分劳动力会受到排挤，原先的就业结构被打破，造成劳动力供需失衡，由此引发"结构性失业"。

（二）经济增长率决定就业增长率

经济增速放缓，发展方式从规模速度型向质量效率型转变，经济结构深度调整，发展动力逐步转换。近年来，云南就业人数不断增加，失业率不断降低。

三次产业结构调整呈现新趋势，促进了就业结构的优化。随着经济的发展和人均收入水平的提高，劳动力将自发地在第一、第二、第三产业中逐步转移。第一产业就业人数逐年减少，第二产业就业人数增长缓慢，稳定在劳动力总量的13%左右，第三产业就业人数不断攀升，就业人口占比增长最快，从2011年的27.5%增长到2017年的35.81%，增长了8.31个百分点。表明劳动力最初由第一产业流向第二、第三产业，但由于第二产业的吸纳能力有限，第一、第二产业剩余的劳动力继而向吸纳能力强的第三产业转移。特别是当前信息化下的电子商务、"互联网＋"等适合自由职业者个人创业行业的出现，新兴业态的不断产生，对带动就业增长发挥着重要的作用。

（三）就业结构性矛盾凸显

产业结构的调整升级和就业结构变化相对滞后，造成就业结构性矛盾日益凸显。云南产业结构的变动与就业结构的变动并未显现一致性发展态势。一方面，由于经济新常态下经济结构不断优化升级，技术进步日新月异，社会分工逐步深化以及需求结构快速变化，对就业结构的调整形成巨大压力。另一方面，由于就业结构调整相对滞后，第一产业就业人数占比较大，存在大量闲置农村劳动力，与全国平均水平相比云南第一产业就业人数占比下降缓慢，下降率仅为同期全国平均水平的一半左右。

（1）高层次和技能型人才匮乏造成"用工荒"。全省整体受教育程度较低，人均受教育年限低，教育资源不足，教育普及程度低，人力资源结构失衡，与全国平均水平相比存在一定差距，职业教育与岗位培训力度不够，培训内容脱离市场需求。人才开发与人才竞争机制不完善，缺少相对有效的人才引进机制和发展平台，难以吸引经济社会发展需要的人才。

（2）一线工人招工困难造成"用工荒"。云南农村人力资源占比过大且城镇化发展速度缓慢，城镇化水平偏低直接影响就业结构。云南农村劳动力转移难度大，农村劳动力文化素质较低、缺乏专业技能。

（3）大龄低技能劳动者和部分高校毕业生"就业难"。大龄就业人员主要是指40～50岁的下岗职工，这个群体自身往往受教育程度较低，观念落后，对职业教育培训重视不够，对新事物的接受能力较差，就业竞争力弱。在人才供给方面，近年来高校毕业生数量逐年增多，教育质量难以保证，高校专业设置和教学与社会需求脱节严重；人才需求方面，全省公务员招录人数明显下降，由2012年高点的8792人下降至2017年的5200人。全省公开招聘事业单位人员人数呈现下降趋势，其中2013～2017年全省公开招聘事业单位人员人数由26846人下降至15664人。人才供给和需求两方面共同造成部分高校毕业生就业难的状况。

（四）创业带动就业作用明显

在经济新常态下，创新驱动成为推动经济增长的新引擎。云南省积极响应创新驱动发展战略，逐步出台了一系列鼓励创新创业的优惠政策，形成了创新创业的良好氛围，创新创业对就业的带动效应日益凸显，新注册小微企业所提供的就业机会有效弥补了现存就业岗位数量的不足，带动了就业人数的增加，成为促进就业的新的增长点。创业带动就业的作用表现为以下方面。

一是云南省创业担保贷款强化对创业的支撑作用，带动就业明显增加。2017年全年"贷免扶补"创业促进就业贷款发放60811户，贷款发放金额58.20亿元，带动15.95万人实现就业；创业担保贷款发放60987笔，贷款发放金额60.30亿元，带动15.68万人实现就业；小微企业贷款发放587户，贷款发放金额9.83亿元，吸纳1.18

万人就业。

二是各类创业园区和创业平台带动就业显著增加。截至 2017 年末，云南省已建区域示范基地 8 个、高校及科研院所示范基地 3 个、企业示范基地 4 个；新建创业园区 101 个、众创空间 40 个、校园众创平台 64 个。各创业园区和"双创"示范基地积极发挥作用，共扶持创业 15.1 万人，带动吸纳就业 46.5 万人。

三是大学生实习基地与创业扶持项目带动高校毕业生就业增加。实习基地与创业扶持项目整合了各方优势资源，为高校学生提供大量实习、实训的机会，在提高高校人才培养质量、促进学生创业就业方面发挥了重要作用。2017 年，云南省高校毕业生就业率稳步提升至 97.7%、其中本科毕业生就业率为 97.5%、专科毕业生就业率为 98.4%，毕业研究生就业率为 95%。

三　经济新业态催生新的就业形态

新的技术革命推动互联网技术与其他产业融合，形成"互联网＋"，为各行各业注入新的活力，开辟了新的就业领域，催生了新的就业形态。一是就业形式多元化。灵活就业形式越发多元，工作内容、工作岗位、工作形式、雇佣形式已经不再固定不变，工作层次覆盖了高、中、低端，新职业不断涌现。二是全职就业兼职化。全职就业已经开始了兼职化倾向，个人工作和职业边界变得日益模糊。三是零工就业全时化。即使没有正式的全职工作也可以实现每天八小时的全时工作，在互联网平台下工作已然和雇佣相分离。四是用工管理去雇主化。随着互联网就业平台的兴起，用工单位与劳动者之间不再拘泥于过去的劳动关系或雇佣关系，双方之间转向了合伙人、合作者的互惠互利关系，劳动者获得了一种全新的谋生方式。五是劳动供给自由化。新的经济模式下，劳动者自由度高，自主选择权大，可以根据自己需求合理安排、灵活就业。

第二节　扩大就业助推经济增长

经济增长率与就业增长率、产业结构与就业结构、经济新业态与就业新形态之间的正向关系，反映了经济增长对就业增加的积极作用。扩大就业对经济增长具有反向助推作用。扩大就业对经济增长的作用，主要表现在人力资源的作用、就业对 GDP 的贡献率变化、促进产业结构升级、劳动生产率变化等方面。

一　人力资源的作用日益凸显

云南人力资本严重缺失，尤其是高级人才和高技能劳动力。产业结构不断调整升级，必然导致人力资源需求的巨大变化，产业领军人才、科技创新人才、高技能人才、国际化人才等中高级劳动者在经济增长中的作用日益凸显。

（一）产业领军人才极其匮乏

云南企业家、高级职业经理人等产业领军人才极其匮乏。数量有限的现有产业领军人才大多数服务于 20 多家省属国有企业，民营企业家屈指可数。为培养产业领军人才，省国资委和省工信委每年会选派一批企业高级管理人员赴上海、大连、深圳等地高校、院校学习考察；省人社厅创新柔性引才机制，推进国有企业领导人薪酬制度改革，开展企业集合年金制试点。这些措施对培养引进急需紧缺的产业领军人才起到一定作用。

（二）科技创新人才短缺

云南科技创新人才绝大多数集中在高校、科研院所等体制内事业单位，科研成果转化率低，企业自主创新能力不足，影响科技人才创新创造的动力和活力。云南出台相关政策，改进科研经费管理方式，鼓励和支持科技人才创新创业或到企业兼职，建立创业园区，搭建知识产权成果交易平台，提高科研成果收益分成比例，支持科技创新人才发展。

（三）高技能人才明显不足

从就业人口受教育年限和拥有职业资格证书的情况看，云南技能型人才总量不足，特别是高技能人才短缺。在劳动力市场调研发现，高技能人才与普通劳动者工资收入差距较大，普通劳动者月工资一般为2000～3000元，但拥有一技之长的高技能人才月工资一般在8000元以上。比如，汽车修理工、电焊工、挖土机司机等月薪都在8000元以上，像玉石雕刻、品茶评茶等工艺大师收入更高。云南实施技能人才培养行动计划，改革技能人才评价机制，畅通技能人才通道，满足日益增长的技能人才需求。

（四）国际化人才严重短缺

云南缺乏既熟练掌握周边国家小语种，又精通国际贸易规则的高层次复合型人才，制约着企业"走出去"发展战略的实施。云南采取"走出去、请进来"的办法加快国际化人才培养，在高校设置小语种专业，加快培养国际化复合型人才。

二 就业对 GDP 的贡献率显著变化

经济增长对人力资本的内在需求决定了增加就业对 GDP 增长具有重要的促进作用，一方面充分就业能够带动经济的发展，促进投资的增加，另一方面就业为劳动者提供了收入来源，促进个人消费。

云南省 2000～2017 年的就业人数、GDP 变动情况如图 4-3 所示，GDP 的增长与就业总人数增长呈同向变动。以 2017 年数据为例，利用计量经济学模型将就业与 GDP 的关系进行量化。得出，就业数量每增加 1 万人可以带动 GDP 增加 3.93 亿元，而 GDP 每增加 1 亿元仅带动就业数量增加 0.13 万人。就业与增长的互动关系表明，就业对经济增长的带动作用要强于经济增长对就业的带动作用。

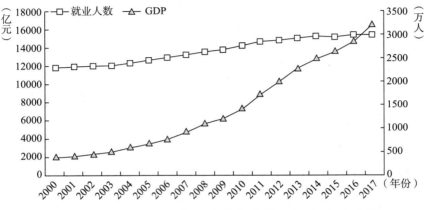

图 4 – 3   2000 ～ 2017 年云南就业人数、GDP 变动趋势

数据来源：根据《云南统计年鉴》整理计算得出。

云南就业对 GDP 的贡献率呈现不断波动状态。2000 ～ 2017 年，就业对 GDP 的贡献率波动区间为 5.04% ～ 27.42%。2017 年，云南 GDP 对就业的贡献率为 13.56%（见图 4 – 4）。这是由云南省就业弹性系数过大、就业人数增加缓慢、产业结构不够合理所导致的。

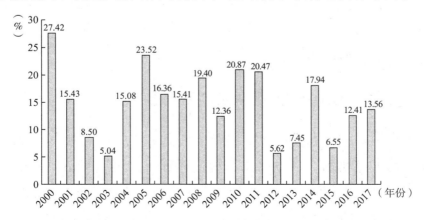

图 4 – 4   2000 ～ 2017 年云南就业对 GDP 的贡献率

数据来源：根据《云南统计年鉴》整理计算得出。

2017 年，云南实现生产总值 16531.34 亿元，同比增长 9.5%。就业形势保持稳定，城镇新增就业人数 49.02 万人，全省城镇登记失业率降至 3.20%，失业人数不断减少。劳动力向第三产业逐步转移，就业结构不断趋于合理，继续拉动了 GDP 增长，降低了失业率。

三 就业结构优化促进产业结构升级

经济新常态下产业结构与就业结构之间有着联动性，就业结构的优化会促进产业结构的升级，对产业结构产生一定的推动作用。另外，就业结构的调整也会影响产业结构的变动方式和方向。劳动力、物质资料、资本和技术共同推动产业结构的发展和调整。同时，就业结构变化也会对产业结构调整起到一定的制约作用。云南劳动力素质的提高速度远不能满足产业结构升级的要求，会在一定程度上制约高科技产业的发展，制约产业结构的升级。产业和就业逐步由农业导向转变为服务业导向，就业结构的不断优化持续促进产业结构的升级。

（一）劳动力资源状况决定产业发展结构

劳动力作为一种最活跃的生产要素，决定着一个地区产业发展路径的选择。云南省资本稀缺、技术落后但拥有丰富的劳动力资源，发展劳动密集型产业是最佳的选择。此外，劳动力的技术水平、素质结构也会影响一个地区的产业结构。云南省劳动力素质结构较低，发展信息技术等高新技术产业较难，因此，第二产业比重较低，第三产业的就业比重和产值比重不断提高。

（二）就业结构演进是产业结构调整的重要内容

当产业结构由低级向高级演进时，要求相应的合理就业结构与之相适应。就业结构能否顺应产业结构演进规律，二者的调整步伐是否一致，决定着产业结构演进能否顺利进行。同时，就业结构与产业结构协同发展是产业结构演进的重要内容，是产业结构调整真正完成的标志。此外，劳动者的素质结构调整也是产业结构演进的重要内容。低素质劳动力过多只能滞留在技术水平较低的传统产业，而使这些产业长期处于就业过度膨胀状态，从而影响产业结构的演进。

（三）就业结构的变动影响产业结构的调整

劳动力在不同产业及其内部行业之间相互转移将导致就业结构发生变动，这个过程伴随着劳动生产率的提高与经济的增长，同时劳动者收入水平也得到相应的提高。随着劳动者收入的增加，其微观消费水平与消费结构也将发生变化，并进一步影响宏观消费水平和消费结构的变动，这就要求产业结构必须做出相应调整。产业结构的调整进一步要求就业结构做出相应变动，产业结构和就业结构相互影响，从而实现了就业结构与产业结构升级的良性互动。

四　就业结构优化提高劳动生产率

就业结构优化对劳动生产率的作用主要体现为：劳动力整体素质的不断提升，促进了就业，有利于提高劳动生产率；劳动力资源由低效率的第一产业向高效率的第三产业逐步转移，自然会促进劳动生产率的提高。

2000～2017年，云南省劳动生产率呈现不断上升状态，社会平均劳动生产率不断攀升。平均劳动生产率2000年为0.47亿元/万人，至2017年已上升至3.44亿元/万人（见图4-5）。产业结构优化在劳动生产率的提高中起到了重要的推动作用。

第一产业劳动生产率虽有增长但增幅不大，这主要是由于第一

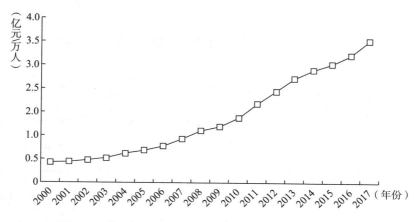

图 4 - 5　2000 ~ 2017 年云南劳动生产率变化趋势

数据来源：根据《云南统计年鉴》整理计算得出。

产业长期聚集着一半以上的劳动力资源，相比于 2000 年第一产业就业人数仅减少了 7.04%，在农村还沉淀着大量剩余劳动力。非农就业转移的不足使大量农村劳动力仍被限制在有限的土地资源和农业经济活动内，维持着较低的劳动生产率。

第二产业劳动生产率较高且增幅明显。以加工制造业为主的第二产业，吸纳能力有限，近年来就业人数较为稳定。在加快工业化进程的作用下，云南第二产业一直维持较高的劳动生产率。

第三产业劳动生产率增速明显但是相较于第二产业劳动生产率来说偏低，这是因为虽然劳动力资源不断地由第一产业、第二产业向第三产业转移，但因技术门槛等问题，主要是在低劳动生产率的第一产业和第三产业的低劳动生产率的部门之间转移。因而第三产业对劳动生产率的拉动作用并不是很明显。

产业之间劳动生产率存在较大的差异，这是由不同产业类型决定的，但从侧面也能说明劳动生产率提升的潜力和空间巨大。因此，优化就业结构，促进第一、第二产业剩余劳动力向第三产业不断转移，无疑会为提高云南劳动生产率做出巨大的贡献。

第三节 就业对 GDP 贡献率实证分析

充分就业、经济增长、物价稳定、国际收支平衡并列为各国经济发展的目标，促进就业与经济增长互动发展是各国政府所关心的重点问题。经济增长对劳动、资本的内在需求决定了就业与经济增长之间具有内在一致性。一方面，经济增长实质是一种投入产出关系，作为就业主体的劳动者既是经济活动的主要承担者，也是经济成果的主要消费者，他们在为经济发展提供稳定生产要素来源的同时，又促进了经济活动的开展；另一方面，经济发展水平的提高创造了更多的就业机会，极大地促进了就业数量的增长，有效降低了社会失业率。近年来，云南经济保持快速增长，产业结构不断优化，就业结构伴随着经济的发展也出现变化，但相较于一般的产业发展规律而言，云南就业结构与产业结构不匹配，就业数量相对经济增长存在一定的滞后性。因此，在分析云南就业与经济增长数量关系的基础上，通过构建计量模型实证分析云南就业与经济增长的互动关系，测算就业对 GDP 增长的贡献率水平。

一 云南就业与经济增长的数量关系

奥肯定律描述了失业与经济增长之间的数量关系，指出经济增长是解决失业问题的根本途径，而失业率与国内生产总值（GDP）增长率呈反方向变动关系，经济高速增长会有效降低社会失业率，经济缓慢增长则会提高社会失业率。奥肯定律表明经济快速发展必然导致失业率的快速下降，从而有效解决社会就业问题，即经济发展水平与就业数量存在一致性变动趋势。伴随着我国经济发展方式的不断转变，云南积极响应创新驱动发展战略，劳动生产率不断提高，经济发展水平稳步提升，但与经济发展水平相适应的就业人口增长则较为缓慢。

2000~2017 年，云南劳动生产率逐步提升，由 0.47 亿元/万人提升至 3.44 亿元/万人；GDP 呈快速增长趋势，由 2011.19 亿元增至 16531.34 亿元。但与此同时，就业人口数量则表现出缓慢增长的态势，由 2000 年的 2295.4 万人增至 2017 年的 2992.65 万人（见图 4－3 和图 4－5）。由上述变化趋势得出，劳动生产率的提升有效促进了云南经济增长水平，但云南就业人口增长明显滞后于 GDP 增长，这不仅表明云南经济发展未能有效解决人口就业问题，同时也反映出在创新驱动作为经济增长新引擎的新常态背景下，技能型人才供给不足导致云南就业结构并未适应产业发展需求，经济增长对就业的吸纳能力在逐步降低。因此，下文将构建计量模型实证分析云南就业与经济增长的互动关系，通过测算就业弹性与就业对 GDP 的贡献率水平，对二者间的滞后程度进行度量，从而为解决云南就业与经济增长失衡问题提供依据。

二 模型的设定与变量的选取

科布－道格拉斯生产函数指出，产出是要素投入（劳动、资本等）的函数，劳动、资本等生产要素的有效投入会显著提高企业的产出水平，其数学表达式如下：

$$Q = F(K, L) = AK^{\alpha}L^{\beta}$$

其中，Q 代表产出水平，K 代表资本投入总量，L 代表劳动投入总量，A 代表综合技术水平，α 为 K 的产出弹性，β 为 L 的产出弹性。科布－道格拉斯生产函数反映出劳动、资本与产出之间存在必然的联系，这也为刻画云南就业与经济增长的数量关系提供了参考，即经济产出是就业劳动力、资本投入的函数，其可以描述为如下形式：

$$GDP = \alpha_1 EQ_{\beta 1} IFA_{\gamma 1}$$

其中，*GDP* 为每年期云南的 GDP，*EQ* 为每年期云南就业人口数量，*IFA* 为每年期云南固定资产投资总额，α_1 为方程的系数[①]，β_1 为 *EQ* 对 *GDP* 增长的产出弹性，γ_1 为 *IFA* 对 *GDP* 增长的产出弹性。通过对该表达式两端取自然对数，得出就业对经济增长的回归模型如下：

$$\ln GDP = \alpha_1 + \beta_1 \ln EQ + \gamma_1 \ln IFA + \theta_1 \qquad (1)$$

在模型（1）中，α_1 为截距项，θ_1 为随机误差项。

关于经济增长与就业的关系，就业弹性是就业增长率与经济增长率的比值，即经济增长每变化 1 个百分点所对应的就业数量变化的百分比，它反映出经济增长与就业数量存在一定的联系，即就业数量是经济增长的函数，可以表示为：

$$EQ = \lambda GDP \beta_2$$

其中，*EQ* 为每年期云南就业人口数量，*GDP* 为每年期云南 GDP，λ 为方程的系数，β_2 为 GDP 增长对增加就业人口数量的弹性。通过对该表达式两端取自然对数，得出经济增长对增加就业的回归模型如下：

$$\ln EQ = \alpha_2 + \beta_2 \ln GDP + \theta_2 \qquad (2)$$

在模型（2）中，α_2 为截距项，θ_2 为误差项。

对于变量的选取，由于本文选用时间序列模型，为确保回归结果的稳定性，选择 2000～2017 年云南 GDP、就业人口总量、固定资产投资总额三个指标，同时对其取自然对数。相关数据则通过 2000～2017 年《云南省人力资源和社会保障事业发展统计公报》《云南省国民经济和社会发展统计公报》所公布的数据计算整理得出。[②]

[①] 此处将技术进步作为外生变量（常数）进行处理。

[②] 本文通过 Stata 14 计量软件进行实证分析。

三 数据平稳性检验

单位根的存在导致时间序列的非平稳性,从而出现伪回归。对时间序列进行单位根检验,以确定时间序列是否平稳,若不平稳但只要保证同阶单整则可以进行协整关系检验。采用 ADF 法对时间序列 $\ln GDP$、$\ln EQ$、$\ln IFA$ 进行单位根检验(结果见表 4 - 2),同时信息准则(AIC、BIC)显示时间序列滞后阶数为 4 阶[①]。

表 4 - 2 变量的 ADF 检验结果

变量	检验方式	ADF 统计量	临界值 (5% 的显著性水平)	检验结果
$\ln GDP$	$(c, t, 4)$	- 1.612002	- 3.733200	非平稳
$\ln EQ$	$(c, t, 4)$	- 0.861698	- 3.828975	非平稳
$\ln IFA$	$(c, t, 4)$	- 0.925691	- 3.791172	非平稳
$DD\ln GDP$	$(c, t, 4)$	- 4.346526	- 3.828975	平稳
$DD\ln EQ$	$(c, t, 4)$	- 7.650424	- 3.828975	平稳
$DD\ln IFA$	$(c, t, 4)$	- 3.228708	- 3.144920	平稳

注:检验方式中,c 代表截距项,t 代表趋势项,4 代表滞后阶数,由于一阶差分项仍为非平稳序列,因此在表中不再赘述。

上述单位根检验结果显示,在 5% 的显著性水平下,序列 $\ln GDP$、$\ln EQ$、$\ln IFA$ 非平稳,经过 4 阶差分后 ADF 统计量小于 5% 临界值,表明序列 $\ln GDP$、$\ln EQ$、$\ln IFA$ 是 4 阶单整序列。同阶单整序列符合协整关系检验要求,因此分别对模型(1)与模型(2)做协整关系检验,以判断就业与经济增长之间否存在长期稳定关系。

四 协整关系检验

就业与经济增长在理论中存在相互作用关系,而协整关系检验

---

① 此处略去信息准则检验过程。

皆在确定时间序列变量之间是否存在长期均衡关系，具有协整关系的变量虽然在短期内具有各自的变化趋势，但长期将存在均衡的发展趋势。采用 VECM 方法进行协整关系检验，检验结果如表 4 - 3 所示。

表 4 - 3　协整关系检验结果

模型	协整秩	迹统计量	迹临界值（5%的显著性水平）	最大特征值	最大特征值临界值（5%的显著性水平）
（1）	0	47.9480	34.55	30.4704	23.78
	1	17.4776	18.17	17.4465	16.87
	2	0.0311	3.74	0.0311	3.74
（2）	0	19.6981	18.17	18.8304	16.87
	1	0.8677	3.74	0.8677	3.74

注：上述协整关系检验包含常数项与时间趋势。

在模型（1）的协整关系检验中，迹检验显示只有一个线性无关的协整向量，表明就业人数、资本投入与经济增长之间存在长期稳定关系。在模型（2）的协整关系检验中，迹检验显示只有一个线性无关的协整向量，而最大特征值也表明无法在5%的显著性水平上拒绝协整秩为1，表明经济增长与增加就业之间存在长期稳定关系。上述协整关系检验表明即使经济增长、就业、资本在短期内存在各自的变化趋势，但在长期中将趋于均衡发展。

五　就业与经济增长的回归方程

上述协整检验表明就业与经济增长之间存在长期稳定关系，因此利用最小二乘法（OLS）分别对上文中模型（1）、模型（2）进行回归分析，为克服自相关、异方差对回归结果的影响，使用异方差自相关稳健标准误，且模型均通过了异方差、自相关检验，由回归结果得出回归方程如下：

$$\ln GDP = -15.97 + 2.69\ln EQ + 0.41\ln IFA \qquad (3)$$
$$(4.28)^{***} \qquad (7.36)^{***}$$

$$\ln EQ = 6.71 + 0.14\ln GDP \qquad (4)$$
$$(43.45)^{***}$$

在回归方程中，4.28、7.36、43.45 代表检验统计量，*** 代表在 1% 的水平上显著，检验统计量显著性水平表明上述回归方程回归结果较为显著。

回归方程（3）显示，就业对经济增长的弹性系数为 2.69，资本投入对经济增长的弹性系数为 0.41，二者之和显著大于 1，因此对其进行归一化处理①，得到就业的相对产出弹性为 0.87，资本的相对产出弹性为 0.13，即当就业人口数量增加 1% 时，GDP 增加 0.87%；当固定资产投资总额增加 1% 时，GDP 增加 0.13%。回归方程（4）显示，GDP 增长对增加就业的弹性系数为 0.13，当 GDP 增加 1% 时，就业人口数量增加 0.13%。由于本文就业人口数量单位为万人，经济增长单位为亿元，因此针对 2017 年就业总量与经济总量数据将上述关系做进一步量化得出，2017 年，云南就业人口数量每增加 1 万人可以带动 GDP 增加 4.24 亿元，而 GDP 每增加 1 亿元可以带动就业人口数量增加 0.03 万人。

六　就业对经济增长的贡献率

就业对经济增长的贡献率（简称就业贡献率）是指增加就业所带动的 GDP 增量与全社会 GDP 增长总量的比值，其表达式为：

就业贡献率 =（就业增长率 × 就业对 GDP 的弹性）/GDP 增长率

①　回归方程（3）中的就业产出弹性与资本产出弹性为回归结果的原始值，未经过归一化处理，在下文中所计算的相关数值均采用经归一化处理后的就业相对产出弹性与资本相对产出弹性。

云南每年期就业对 GDP 的贡献率显示，从 2000 年起就业对 GDP 的贡献率呈"波浪式"变化趋势，其中在"十二五"期间，云南就业对 GDP 的贡献率呈下降的态势。虽然云南就业对经济增长的弹性较大，但由于近年来云南就业增长缓慢，远低于经济增长的速度，造成劳动就业对经济增长的贡献率在下降。同时这一下降趋势也反映出技术、资本等生产要素的投入对经济增长的贡献在提高，这是由于长期以来，云南第二产业工业化程度较低，第三产业发展滞后，生产方式较为粗放，经济增长对资本有机构成低的劳动密集型产业依赖性较强，劳动力要素对经济增长的促进作用较大，资本、技术等生产要素在经济发展过程中的作用被弱化。但随着经济增长由过去的要素驱动、投资驱动向创新驱动转变，技术、资本逐步成为经济增长的新引擎，对经济增长的作用日益凸显。对于经济增长对就业的影响，回归方程（4）显示云南长期以来经济增长对增加就业的弹性（为 0.13）处于较低水平，这一方面表明产业发展对劳动力的需求结构由过去的简单劳动向复杂劳动转变，并对专业型技能人才需求逐渐增大；另一方面也反映出云南经济增长未能有效带动就业数量增加。

在近几年云南就业对 GDP 贡献率的变化趋势中，2014 年贡献率急剧上升，2015 年贡献率大幅下降，2016 年贡献率则又呈上升的态势。究其原因，在 2014 年云南产业结构与就业结构中，第二、第三产业吸纳新增就业人数分别为 5.85 万人、68.26 万人，但第二产业产值增长率较 2013 年的 13.3% 下降为 9.1%，第三产业产值增长率较 2013 年的 12.4% 下降为 7.4%，导致 2014 年 GDP 增速下降，就业增长率上升，就业对 GDP 的贡献率急剧提高。2015 年，云南三产总就业人数减少 19.75 万人，GDP 增速缓慢上升，由 2014 年的 8.1% 增至 2015 年的 8.7%，造成就业对 GDP 的贡献率出现大幅下降。2016 年，云南总就业人数增加 56.39 万人，GDP 增速与 2015 年基本持平，就业对 GDP 的贡献率呈现上升的态势。[①] 从全国及各地区就业对 GDP 的贡献率来看（见表 4 – 4），2014 ~ 2016 年，全国、广东、河南、贵州等地区就业对 GDP 的贡献率均呈显著的下降趋势。

表 4 – 4　2014 ~ 2016 年全国及部分地区就业对 GDP 的贡献率

单位：%

年份＼地区	全国	广东	河南	贵州	云南
2014	4. 19	40. 29	37. 34	19. 20	17. 94
2015	3. 24	27. 01	21. 48	15. 41	0. 59
2016	2. 57	26. 63	15. 41	8. 90	2. 13

数据来源：由 2014 ~ 2016 年各地区《国民经济和社会发展统计公报》中数据计算整理得出。

实证研究表明，云南长期以来就业对 GDP 的产出弹性处于较高水平，但近年来就业对 GDP 的贡献率呈下降趋势，这表明云南就业结构与产业结构不匹配问题越发突出。而经济增长对增加就业的弹性长期处于较低水平说明，云南经济发展方式的转变造成产业结构对增加就业的能力在下降，产业结构有待优化。对于云南就业结构与产业结构在发展过程中存在的问题，具体来讲包括以下方面。

一是第三产业发展滞后，产业结构有待优化。云南长期以来推行重工业发展战略，经济发展主要依靠第二产业工业的发展，随着国家去产能战略的逐步推进，第二产业失业职工不断增加，但云南第三产业发展滞后，对劳动力需求动力不足。二是技能型人才供给不足。云南受地域、文化、民族、教育水平等因素的影响，技能型人才极度匮乏，就业人口质量不能满足第三产业发展对就业数量的需求，就业结构与产业发展结构的不匹配，导致经济增长要显著高

[①]　数据均来源于 2014 ~ 2016 年《云南省国民经济和社会发展统计公报》《云南省人力资源和社会保障事业发展统计公报》。

于就业人口数量增长。三是农村剩余劳动力转移不充分。第一产业对就业吸纳能力有限，造成农村存在大量剩余劳动力，同时农村剩余劳动力缺乏必要的职业技能，转移困难，这也降低了就业人口数量的增长。因此，在实证分析云南就业与经济增长互动关系的基础上，提出就业与经济增长协同发展的对策建议，将有利于云南就业结构与产业结构的优化配置，并形成新的经济增长点。

第四节　促进就业与经济增长良性互动

经济发展与就业增长之间存在客观的互动关系，经济发展拉动就业，就业的持续增长能够保障经济健康平稳发展，两者相辅相成。解决云南仍然存在的经济发展与就业增长非良性互动问题，必须提出切实有效的对策措施。

一　发展新业态，培育就业增长点

（一）做好与"中国制造2025"的衔接

以有色矿产、烟草生产、生物制药等优势产业为支柱产业，做好与"中国制造2025"的衔接，加快推进工业生产的数字化、网络化、智能化，推动制造业向中高端迈进。首先，以创新驱动作为优化的重要动力。推动传统产业优化升级，把创新驱动放在核心位置。积极鼓励和引导企业实施以技术创新为核心的全面创新，推动产品、营销、管理、业态和商业模式的全面优化。其次，以绿色生态作为优化的重要方向。深入实施生态强省战略，创新生态补偿机制等生态文明制度，加快培育循环经济和节能环保产业，并且在强化生态优势上不断取得进步，既为加快传统产业发展，又为吸引高端人才、项目资金打下坚实基础。再次，以信息技术作为优化的重要举措。采用高新技术、信息化手段优化支柱产业，深入开展互联网创新行动，引导传统产业以互联网为主要媒介，以新一代信息技术为手段，逐步实现柔性化、定制化生产。最后，以促进产业融合发展作为优化的重要途径。产业融合是当代新技术革命和经济结构调整的深刻反映。各个产业之间相互融合，提高传统行业的生产率和竞争力，推动传统行业的优化，并且融合出新兴产业，创造就业机会。

（二）着力发展八大重点产业

大力发展生物医药和大健康产业、旅游文化产业、信息产业、物流产业、高原特色现代农业产业、新材料产业、先进装备制造业、食品与消费品制造业等八大产业，抢占未来经济发展制高点，促进经济新增长，创造就业机会。一是制定并实施产业发展规划。加强组织领导，健全工作机制，按照"一个产业、一支基金"的思路，加快新兴产业相关政策的制定和实施，强化对新兴产业发展的预测、监测和扶持。二是加大财税金融扶持力度。整合现有政策资源和资金渠道，设立新兴产业发展专项资金；落实国家为促进科技投入和科技成果转化、支持高新技术产业发展的各项优惠政策；鼓励金融机构创新金融产品，加大信贷支持；充分发挥多层次资本市场融资功能，支持新兴产业的直接融资和符合条件的企业上市融资。三是创新人才培引机制。设立人才培引专项资金，建立培引的人才队伍建设体系，接着完善期权、股权、技术入股等多种形式的激励机制，面向国内外引进高层次人才，为产业发展提供人才支撑。四是营造良好的市场环境。完善行业标准体系和市场准入制度，加快建立有利于新兴产业发展的相关行业标准体系；规范市场秩序，营造良好的市场公平竞争体系；强化知识产权意识，加快知识产权政策和法制环境建设。

（三）大力培育新的业态

新业态是高科技与各类产业结合的产物，在科技、需求、产业链等多种驱动因素的背景下，新业态发展成为市场的重要组成部分，就云南省目前的经济建设而言，如何快速培育出优质新业态是关键。一是填补相关政策空白。国内外的相关经验表明，政策支持是新业态发展的良好前提和基础。应充分认识到新业态培育的重要性，加强政府的扶持与引导，促进其健康发展。二是加强新业态体制机制创新。积极探索促进新业态发展的体制机制，打破行业和部门之间的垄断，激发新业态的活力。再优化新业态投融资环境，拓展社会资本在新业态领域的发展空间，完善政府各类扶持资金的支持方式，推动新业态发展壮大。三是加强技术平台建设。加强新业态关键技术开发、产学研联合及技术集成应用示范平台建设，进一步推进新科技与传统行业的融合。再鼓励企业积极创新，对企业新业态的技术创新、模式创新给予项目审批和专项资金等支持。四是注重专业人才培养与引进。要加强新业态重点领域高端人才培养，并加快引进一批高素质人才和紧缺人才，吸引创业型人才，完善创业环境相关的制度与奖励政策。

二　紧盯重点群体，实现充分就业

（一）促进高校毕业生就业

2017 年，云南高校毕业生达到 25.35 万人，就业压力明显增大，解决高校毕业生就业的政策不够完善，高校毕业生就业的危机意识还有待加强。在政府层面上，保持国民经济持续稳定增长，规范劳动力市场，是政府促进就业的客观要求。政府应明确自身在大学生就业工作中的重要责任，并加强管理，完善就业市场，拓展就业渠道，创造宽松的就业环境，促进高校毕业生就业。在高校层面上，学校应对就业市场上的各种信息反应敏锐，提供及时、准确的招聘信息；加强对毕业生的就业教育和指导，引导学生辨识各个行业就业过程中存在的问题；引导毕业生有一个合理的定位，根据自身条件、知识、能力等综合评价自己，找到一个合适自身的岗位；培养毕业生自信、自强的精神，特别是对于多次应聘没被录用的毕业生，要引导他们勇于迎接挑战、主动出击。在毕业生层面上，毕业生应根据自身条件，合理定位，并淡化专业对口的观念，扩大就业机会。要有吃苦耐劳、艰苦奋斗的精神，勇于自主创业。

（二）推动农村劳动力转移就业

云南是农业大省，农村劳动力人口比重较大，但人均耕地面积少，存在劳动力过剩的问题，农村劳动力转移就业工作的步伐急需加快。一是加强政府职责，充分发挥宏观调控作用。一方面通过加快农村建设和城镇化发展步伐，支持农业现代化经营和企业模式化发展，增加农村就业岗位。另一方面不断完善农村现代流通体系，提高农村第二、第三产业的发展能力，拓宽农村劳动力的转移途径。二是增加对教育的投资，提高农村劳动力素质。随着农村剩余劳动力数量的不断上升，地方政府应增加对教育的投资，提高农村劳动力的文化素质，逐步改善农村剩余劳动力的低素质结构。同时大力发展职业教育，努力培养专业化人才，在劳动力转移中满足第二、第三产业的专门化劳动力要求，提高剩余劳动力在市场中的竞争力。三是健全社会保障制度，为转移劳动力提供支持。通过制定公平的竞争原则，消除劳动力市场上的制度性差异、歧视和障碍，采取一体化的就业政策和管理体制，为劳动力转移创造公正、公平的市场环境。逐步扩大社会保障的覆盖面，将进城的共民工纳入社保范围，保证劳动力转移的稳定性。四是加大对返乡农民工的创业扶持。政府要给予适当的资金扶持，制定各项优惠政策，支持农民工回乡创业。同时政府要营造良好的生产经营环境，帮助他们不断开拓市场，把企业做强做大，推动农村劳动力转移就业。

（三）帮扶困难群体就业

零就业家庭、下岗职工等困难群体越来越成为影响改革发展和社会稳定的一个重要因素，劳动力素质结构与就业岗位要求的矛盾日益凸显，需要加强在化解过剩产能、企业兼并重组等过程中的职工安置工作。一是提供求职服务。政府组织专题招聘会，安排就业困难群体参加，动员企业向困难群体提供合适的就业岗位，促进充分就业。二是提供技能培训支持。组织培训机构，针对困难群体人员的特点和就业需求，向每一位需要技能培训的人员提供职业培训，增强他们的就业能力。三是发挥社区服务作用。大力开发公益岗位和社会服务岗位，进一步拓宽岗位援助渠道。按照社区开发、就近安置的原则，新开发的公益岗位和社区服务岗位，优先提供给就业困难群体。四是扶持自主创业。积极开办创业促就业活动，组织就业困难群体参加，为有创业愿望的人员提供政策咨询、创业指导、创业培训、项目推介等服务。五是落实各项帮扶政策。对于自主创业的就业困难群体，提供小额担保贷款和税费减免扶持，并为再就业的困难群体提供社会保险补贴和岗位援助补助，帮助困难群体稳定就业。

三　加强技能培训，缓解结构性失业

（一）加快技工院校改革

技工院校是培养技能型人才的摇篮，肩负着培养技能型人才的重任。但目前的技工院校在培养技能人才方面与社会需求还有一定的差距，在人才培养能力上还有待提升。一是加强教师队伍建设。建立一支既具备扎实的专业基础理论知识和较高的教学水平，又具有较强的专业实践能力和丰富的实际工作经验的师资队伍。二是对现有教学模式进行改革。应借鉴国外灵活多样的教学方法，改变一味地课堂教学，充分利用实习实训基地、虚拟实验室、多媒体教室等，使学生的综合职业能力得到提高。三是开展"理论＋实训"的一体化教学。坚持需求导向原则，课程设计结合市场和科技发展的

需要，对现有课程和内容进行及时调整，提高技能人才质量，使之符合行业企业人才需求标准。四是开展订单式人才培养。通过校企合作办学，充分利用社会资源，建立长期稳定的校外实习、实训基地，利用单位提供的条件，提升学生的就业能力。五是完善技能评价标准。在内容上实行全面性原则、在主体上实行师生结合原则、在方法上注重多样化原则，给予学生全面、客观、公正的考核评价，让学生有针对性地提升自己的能力。

（二）加快职业院校发展

职业院校为社会培养了大批面向生产、建设、服务、管理第一线的高素质技术技能型专门人才，但职业院校的发展环境并不优越，导致职业院校发展较为缓慢。一是总结经验，发挥特色，把握发展机遇。在运行机制、教育结构、教学内容和人才培养模式等方面积累经验，把握有利的政策环境，增强办学实力，提高教学质量。二是在注重内涵建设的前提下，加大投入，科学发展。应明确自身肩负的责任，注重内涵发展，优化教学资源。在人才培养方面加大对学生使用知识、技能的培养，使学生能够长远发展。三是加强师资队伍建设，保障教学质量。提高教师入职标准，保障师资质量；充分利用社会人才资源，加大对兼职队伍的建设；重视实践教学环节，提高教师专业技能；加强学科带头人培养，保障师资队伍的稳定。四是加强规范管理，依法办学。坚持"以人为本"的思想，牢固树立"依法治教，依法治校"的理念，加强制度建设，依法加强管理。推进民主建设，完善民主监督机制，形成自律与他律相结合的有效机制，促进学校管理体系规范化。

（三）加强培训机构管理

为促进依法办学、规范办学，提高办学质量，实现为社会输送技能技术型人才的目的，需要加强对培训机构的管理。一是组建评估专家库。面向社会征集评估专家，组建评估专家库。评估专家承担对培训机构申报材料和变更申请进行评估等职责。评估程序包括专家培训、资料评审、实地考察评估预备会议、实地评估、论证会、撰写评估报告并汇总六部分。二是出台星级评估办法。建立星级评估制度，对培训机构进行评估。评估内容应包括培训职业和层次是否在《办学许可证》核准范围内，培训时间、内容是否同招生广告或者招生简章内容一致，规章制度的建设及执行情况，办学场所的安全情况，培训设备、设施和培训教材的使用情况，收费标准及收费项目情况，培训效果、培训质量等。

（四）完善技能人才管理机制

为培养、激励、选拔技能人才，进一步加强技能人才队伍建设，必须不断完善技能人才管理机制。一是完善技能人才培养体系。加强技能人才实训基地建设，依托有条件的技工院校、企业集团以及社会培训机构，兴建一批高起点、高层次的技能人才实训基地。建设技能大师工作室，发挥高技能人才的带头作用。深化校企合作，领导和协调学校与企业开展合作，共同培养高技能人才。二是完善技能人才激励保障体系。建立健全技能人才的岗位使用和表彰激励制度，完善人力资源市场建设过程中技能人才合理流动和社会保障的各项政策，建立能激发技能人才岗位责任感和创新创造力且能实现可持续发展的技能人才激励机制。三是完善技能人才选拔使用机制。鼓励行业企业和州（市）县开展各种形式的职业技能竞赛，发现、选拔具有高超技艺和突出业绩的技能人才。

四 完善公共服务，减少摩擦性失业

在当前及今后一个时期，云南就业压力依然很大，就业任务依

然十分繁重。因此，实施就业优先战略，探索就业创业政策创新，推进大众创业、万众创业，完善就业公共服务体系等对优化就业环境、促进良性就业十分重要。

（一）实施就业优先战略

"就业优先"是我国全面建成小康社会的重要战略内容，实施就业优先战略是政府站在经济社会发展全局的高度提出的一项重要举措。要重点围绕"四个体系"建设，落实好"就业优先"战略。一是指标体系建设。把就业指标作为经济社会发展及政府工作优先考核指标。通过实行更加明确有效的目标责任制，强化各级政府在促进就业中的首要职责。二是制度体系建设。包括统筹城乡就业制度、就业影响评估制度、公共就业服务制度和失业监测预警制度。三是政策体系建设。实施更加积极的就业政策，并与产业、财政、税收、金融、社保等政策共同形成综合性政策体系，实现就业政策体系由"特惠制"向"普惠制"转型。四是工作体系建设。加强立法保障，将就业优先以法律形式予以固定。加强组织领导，建立完善"就业优先"战略实施的组织领导机制，协调推动促进就业工作。加强就业援助，努力实现困难群体就业问题的优先保障。加强职业培训，使人力资源能力建设水平与经济发展的要求相符合。推进劳动力市场建设，建立与经济发展和城市化水平相适应的公共人力资源市场。

（二）探索就业创业政策创新

从长期看，营造更加稳定的就业创业环境，构建多层次的就业创业体系，需要不断深入探索就业创业在政策上的创新。一是在政策引导方面，要做到能放则放、能做则做。立足部门职能和云南实际，尽快制定具体的实施办法，细化完善配套政策，健全完善鼓励支持全民创业的政策体系。二是在载体建设方面，坚持政府主导、社会参与。充分利用社会资源等继续增加创业孵化器数量，建设涵盖各类创业群体的创业载体。三是在金融支持方面，要减少审查、降低门槛。发挥多层次资本市场作用，加快形成多元化、多层次、多渠道的创新创业资金支持体系，分散创业风险。四是在人才支撑方面，要做到人尽其才、才尽其用。引进高层次创新创业人才，发展壮大创业主体。加大与国内外知名创业培训机构的合作，研究制定符合市场需求的课程体系，开展针对具有创业意愿的各类劳动者的创业培训工作。

（三）推进大众创业万众创新

大众创业，是增加和扩大就业的重要途径。万众创新，是实现经济转型升级的重要举措。因此，必须着力推进大众创业、万众创业。一是造就扶持创新创业的体制机制。建设扶持创新发展的体制机制，深化行政体制改革，设立专门项目计划，实施创新项目计划，努力解决创业企业的市场准入问题。二是统筹形成支持创新创业的政策合力。继续推进简政放权，降低市场准入门槛，简化行政审批手续。着眼于创新创业者的需求，加强顶层设计。加强各部门之间的政策协调，形成支持创新创业的政策体系。加强高校的创新创业教育，鼓励扶持大学生创新创业。三是以"互联网＋"为驱动推进创新创业。制定推动"互联网＋"全面发展的战略，促进互联网与各行业融合创新。推进公共数据的开放，建立数据安全与相关方权益保护的保障体系。推进"互联网＋公共服务"模式，推动全社会对互联网平台的广泛应用。四是改造传统产业，增强发展和创新后劲。改造及充分利用传统产业，推出新产品，创造新模式。推行财税改革，深化金融改革，打造市场化、法治化的创业和创新环境。五是充分发挥金融对创新创业的支撑作用。发挥信贷政策的导向作用，积极引导金融资源向公共产品和公共服务倾斜。进一步规范互联网金融的发展，适度进行监管，有效防范和化解金融风险。适应互联网金融发展，设立国家中小企业发展基金和国家新兴产业创业投资引导基金。

五　创新体制机制，促进良性互动

（一）制定就业规划

为实现经济增长和扩大就业间的良性互动，应制定就业规划，引领就业朝预期方向健康发展。以国家促进就业规划为纲领，对云南全省促就业工作进行全面部署。深入实施就业优先战略，以大众创业、万众创新和新动能培育带动就业，增强经济发展创造就业岗位的能力。降低市场准入门槛，破除制约创业的体制机制障碍，加快形成有利的创业政策环境。强化困难群体就业援助，高度重视化解过剩产能职工安置工作，统筹做好特定群体就业工作，兜住民生底线。坚持人才优先，加快教育结构调整，深化教学改革，着力提升人才培养质量、提高劳动者职业技能，增强劳动者就业创业能力。在政策方面进行改革和创新。注重加强政策协同，进一步完善促进就业的宏观政策体系。坚持实施就业优先战略，着力加强就业政策与宏观经济政策、社会政策的统筹协调。着力健全长效机制，不断提升劳动者就业创业能力。统筹发挥政府与市场作用，持续扩大就业创业服务供给。优化社会资本带动机制，创新服务供给模式，统筹发挥好政府和市场"两只手"的作用。

（二）加强部门联动

实行部门联动，营造"政府牵头、部门联动、齐抓共管"的良好局面，是推动跨越式发展、促进云南省就业的需要。围绕就业规划，重点关注两方面。一是将高校毕业生就业摆在工作首位，积极出台有利于毕业生充分就业的政策。加大政策扶持力度，从财政政策上积极支持和鼓励毕业生灵活就业。引导和鼓励大学生面向基层就业，同时充分利用互联网平台，拓展多种渠道提升就业。进一步完善支持高校毕业生自主创业的政策体系，出台若干优惠政策，鼓励自主创业，促进公平就业。成立省毕业生就业工作领导小组，各单位各司其职，以使政策更好地落实落地。解决好零就业家庭问题。将扶持政策制度化、法律化，增强其强制性和约束力。动员全社会力量，多渠道开发就业岗位，政府搭建好平台，形成"政府促、单位扶、个人帮"的社会机制，使其成为解决零就业家庭工作的补充力量。实行人性化管理与个性化服务，有效提高零就业家庭的就业率。注重工作的质与量的统一，着重关注被援助者的生活工作形态。关心重视人的发展，增强零就业家庭融入社会、适应市场的能力。

（三）完善失业预警系统

建立失业预警系统，能为政府有效控制失业率、进行劳动力市场宏观调控提供可靠的参考依据。一是完善预警方法。失业预警方法是失业预警系统的核心部分，是建立失业预警系统的出发点。二是确立合理的失业预警指标。合理的预警指标应具备可用性、可量化及显著性等特征。三是优化失业信息管理系统。加强就业统计，改善失业和就业的统计口径，为建立失业预警系统提供数据支持。四是完善失业预警系统的制度安排。只有通过技术和制度两个方面的密切配合，才能保证失业预警系统的有效运行。五是成立组织机构。建立失业预警的专门机构和专业队伍，使失业预警经常化、制度化，为政府提供失业宏观控制的决策依据。六是以法律制度规范失业预警系统。只有制定有相应的法律法规和制度，预警机构和人员才能依法办事。

第五章　创业带动就业的倍增效应分析

创业是最积极、最主动的就业，它不仅能解决劳动者的自身就业，还能通过带动就业产生倍增效应，把创业和就业结合起来，以创业带动就业。云南具有独特的自然资源、富集的人力资源和丰富的民族文化资源，面临稳增长、保就业的重大机遇和严峻挑战。"双创"既是云南实现跨越式发展之道，也是扩大就业、保障和改善民生之举。

第一节　发达国家创新创业的发展状况

一　西方发达国家的创新创业比较

西方发达国家的创新创业战略起步较早，多起于 20 世纪 30 年代经济危机之后，经过近百年的发展已形成了一套包含创业法律法规、创业教育、融投资、财税政策、社会化服务体系和文化培育等内容的较为完善的创业公共服务体系（党蓁，2012）。

（一）欧盟大力推进创新创业战略

经过近 90 年的发展，西方发达国家已经构建起完备的法律政策体系、完善的创业教育体系、灵活的创业融资体系和健全的创业服务体系。20 世纪 90 年代末，欧盟各国为解决日益严重的失业问题，大力推进创新创业战略，从 1997 年至 2001 年的 5 年间，欧盟就业岗位总量增长超过 1000 万个。据统计，在德国，338 万家中小企业占企业总数的 99.7%，营业税占整个德国企业界的 99.3%，提供了约 70% 的就业机会和 82% 的培训机会。

（二）美国以创新创业缓解就业压力

美国为增强经济活力和创造就业岗位，长期实施鼓励和培育创业的国家战略。据 2012 年人社部美国创业考察团报告，2008 年金融危机爆发以来，美国总共流失 670 万个就业岗位，失业率从经济衰退前的 4% 上升到 2009 年的 10%，而实际失业率可能还要高，大约 80 万人处于由全工转为半工的状态，隐性失业和沉寂性失业比较普遍，加上每年新增就业人员 100 万人，2013～2016 年，美国要恢复到衰退前的就业水平，至少需要提供 1000 万个就业岗位，就业压力很大。美国将缓解就业压力寄希望于创新创业，出台了一系列促进创新、扩大就业的措施，为科技创业和融资创新提供服务，2018 年 10 月失业率逐步下降到 3.7%，创新创业促进就业效果明显。

（三）日本实施"一日元起家"制度

20 世纪 90 年代以后，随着日本制造业向亚洲劳动力富集国家的转移，日本更加重视创业机制和环境的建设。降低创业门槛，实施"一日元起家"制度；鼓励外国人创业，提供外国人创业服务；以产学研结合为核心构建技术创新体系，促进技术人才在产业界和学术界之间流动；建立创业金融支援体系，发展创业投资公司，创新创业融资制度和小企业设备资金贷款制度。鼓励创新创业成为日本应对低迷经济的有效措施。

二 给云南创新创业的启示

西方发达国家推进创新创业的发展战略，给云南提供了有益的启示。云南促进创新创业，必须完善创业公共服务体系，规范创业市场秩序，加快政府职能转变，创新投融资机制，培育良好的创新创业环境，培育新增长点和新业态，充分发挥市场在资源配置中的决定性作用。

（一）发挥市场机制作用，优化配置创新创业资源

（1）持续降低创业门槛。持续精简与整合政府相关职能部门，切实避免部门职能交叉，减少审批项目，降低收费标准，对初创企业实行"计税（费）缓征制"，降低其创业初期的税收、社保缴费等压力。同时深入清理和落实已出台的创业扶持政策，减少扶持政策尤其是小额担保贷款、免息贷款等贷款政策的前置条件，降低创业融资成本。加强政策规划与衔接，强化政策的系统性、配套性和可操作性，降低政策的落实和协调成本。持续加大创业教育培训、创业指导和咨询服务力度，降低创业难度，提高创业成功率。

（2）完善市场引导机制。按照股份制原则成立政府和企业等多方参与的创业投资基金，引导风险投资、天使投资等积极参与创新创业，充分发挥市场在流通要素配置、融资、产业引导和人力资源搭配中的决定性作用。同时把握区域功能定位和产业经济发展实际，出台创业的产业激励和引导政策体系，以高原特色农业、高新技术、生物制药、民族文化产业和旅游业为重点，以制造业、民族手工业等为补充引导各地因地制宜，变创业的"群体"扶持政策为"产业"扶持政策，切实避免"群体"扶持创业政策导致的新的不公平和过剩产能的"回光返照"，进而以创新创业带动云南经济结构转型升级和跨越式发展。此外，引导企业管理、财务咨询、市场营销、人力

资源、法律顾问、知识产权、检验检测、现代物流等社会中介组织加快发展，不断丰富和完善创业服务。

（3）规范创业市场秩序。逐步清理并废除妨碍创新创业的制度和规定，加快出台公平竞争审查制度，建立统一透明、有序规范的市场环境。进一步清理规范涉企收费项目，完善收费目录管理制度，制定事中事后监管办法。建立和规范企业信用信息发布制度，制定严重违法企业名单管理办法，把创业主体信用与市场准入、享受优惠政策挂钩，完善以信用管理为基础的创新创业监管模式，积极推进网络信息安全、个人信息保护等地方立法，强化互联网信息安全管控，为"互联网＋"营造良好的法治环境。同时，理顺创业市场监管体制，制定监管规范、巡查管理规定，明确主体建档、市场巡查、执法办案、市场培育等工作规范，建立以人社、工商、公安、宣传等部门为成员的定期联席会议制度，创新监测、巡查、办案方式，形成线上线下创业市场的"大网管"监管格局。加大法律法规政策的宣传力度，提高其知晓率，逐步促成创业者和消费者人人懂法、主动守法的良好局面。

（二）加快转变政府职能，提供创新创业公共服务

（1）深化商事改革。深入推进"放管服"改革，不断改善营商环境，对市场主体实行宽进严管，提高服务市场主体健康发展的质量，促进经济结构转型升级。全面推进工商营业执照、组织机构代码证、税务登记证"三证合一"和"一照一码"制，落实注册资本认缴登记制、"先照后证""一窗式登记与审批"等改革措施，实行全程电子化登记和电子营业执照，建立完善商事登记信息共享机制，切实放宽登记条件、简化登记手续、降低准入门槛、优化营商环境。同时，按照"谁负责许可审批、谁负责监督管理"原则，进一步厘清各职能部门监管职责，建立和完善企业信用信息公示系统，强化

证照管理的有效衔接，实行"证照联动监管"。此外，加大商标专用权保护力度，完善广告监管执法机制，进一步推进网络商品交易监管工作，加强流通领域商品质量监管，强化执法监督，优化执法效益。

（2）简化行政审批。加大创业投资项目在线审批监管平台建设力度，使其横向联通人社、发改、城乡规划、国土资源、环境保护、工商、税务等部门，纵向贯通地方各级政府，推进网上受理、办理、监管"一条龙"服务，做到全透明、可核查，让信息多跑路、群众少跑腿。同时，加大简政放权力度，启动部门公章为行政审批章，打破行政审批专用章无实际审批权的格局，切实将审批权限授予窗口，建立"企业设立"和"项目报建"并联审批通道，提升政务服务的速度与深度。

（3）完善配套政策。加强政策的系统性、配套性和可操作性，使政策措施真正落到实处。加大财政资金支持和统筹力度，完善普惠性税收措施，研究制定鼓励国有资本参与创业投资的系统性政策措施，完善国有创业投资机构激励约束机制、监督管理机制；尽快研究出台在校大学生"休学创业"的配套政策，以明确休学创业者双重身份带来的医保、社保、档案管理、休学年限和工龄认定等问题，切实解除休学创业者的后顾之忧；完善小微企业知识产权保护、电子商务应用，以及失业人员创业期间失业保险金领取等的配套性政策措施；进一步明确企业吸纳就业税收优惠的人员范围、税种、额度，以及返乡农民工、退役军人、在职科研人员等重点群体创业的配套政策。

（4）搭建创业平台。持续加大对各类创新创业大赛、公益讲坛、创业论坛等活动的支持力度。着力推进创新创业信息资源整合，完善云南人社众创网等创业政策集中发布平台，健全专业化、网络化服务体系，提高创新创业信息的透明度。加强和完善中小企业公共服务平台网络建设，加快建立创业企业、天使投资、创业投资统计指标体系，规范统计口径和调查方法，加强监测和分析。建立科技基础设施、大型科研仪器和国家重点实验室等科研平台向社会开放的长效机制，为大众创业、万众创新提供技术支撑。支持和引导有条件的领军企业创建特色服务平台，面向创业者提供资金、技术和服务支撑。

（三）适应创新驱动形势，培育新增长点和新业态

（1）发展众创空间新模式。持续加强创业孵化基地建设，探索建立创意、创意试制平台、创新产品、创新企业和出园企业扶持等"梯次化"孵化模式，完善管理机制，强化个性化追踪服务。同时，大力发展创新工场、车库咖啡等新型孵化器，做大做强众创空间，完善创业孵化服务。引导和鼓励各类创业孵化器与风险投资、天使投资相结合，完善投融资模式。引导和推动创业孵化与高校、科研院所等的技术成果转移相结合，完善技术支撑服务。引导和鼓励国内资本与境外合作设立新型创业孵化平台，引进境外先进创业孵化模式，提升孵化能力。加快落实高校、科研院所专业技术人员离岗创业政策，深入实施大学生创业引领计划，引导和鼓励成功创业者、知名企业家、天使投资人、专家学者等担任兼职创业导师，完善导师指导机制，强化导师与创业者的交流和联系。

（2）培育"互联网＋"新业态。"互联网＋"催生了扁平化、网络化管理，改变了公共产品和公共服务领域的发展理念和模式，能有效整合政府、企业、协会、院所等优势资源，形成跨区域、多领域、网络化的协同创新平台，催生大数据、云计算等新兴业态，不断引领产业结构的优化升级（肖拥军和刘若霞，2015）。因此，应加大信息基础设施建设力度，并向农村和边远艰苦民族地区倾斜，加快"互联网＋"纵深推进，激活落后地区创新创业潜力。同时应

树立"互联网＋"思维和开放包容的心态，鼓励形成具有云南特色的"互联网＋"高原特色农业、高新技术、生物制药、旅游业、制造业、民族文化产业和手工业等新业态、新模式，缩短政策适配期，着力营造大众创业、万众创新的政策环境。

（3）运用大数据创新创业。加强大数据开放共享，推动本土大型互联网企业和基础电信企业向创业者开放计算、存储和数据资源。积极推广众包、用户参与设计、云设计等新型研发组织模式和创新创业模式。在昆明市等有条件的地区积极探索通过创业券、创新券等方式对创业者和创新企业提供社会培训、管理咨询、检验检测、软件开发、研发设计等服务，建立和规范相关管理制度和运行机制，逐步形成在云南全省可复制、可推广的经验。

（四）创新投资融资机制，破解融资难风险大难题

（1）设立创投引导基金。建立新兴产业创业投资政策体系、制度体系、融资体系、监管和预警体系，加快建立考核评价体系。发展联合投资等新模式，加快设立省级新兴产业创业投资引导基金、科技型中小企业创业投资引导基金、科技成果转化引导基金、中小企业发展基金等创业投资引导基金，逐步形成支持创新创业和新兴产业发展的市场化长效运行机制。加快推进创业投资行业协会建设，切实加强行业自律。

（2）拓宽融资渠道。推动商业银行与创业投资机构建立市场化长期性合作，进一步降低商业保险资金进入创业投资的门槛。同时，推动发展投贷联动、投保联动、投债联动等新模式，加紧探索制定鼓励国有资本参与创业投资的系统性政策措施，引导和鼓励国有企业设立或参与新兴产业创业投资基金。此外，完善外资创业投资机构管理制度，简化管理流程，鼓励外资开展创业投资业务，进一步拓宽创业融资渠道。

（3）丰富投融资模式。鼓励银行提高针对创新创业企业的金融服务专业化水平，不断创新组织架构、管理方式和金融产品，向创业企业提供结算、融资、理财、咨询等一站式系统化的金融服务。同时，支持互联网金融发展，引导和鼓励众筹融资平台规范发展，开展公开、小额股权众筹融资试点，加强风险控制和规范管理。完善创业担保贷款政策，创新担保模式，支持保险资金参与创新创业，完善知识产权估值、质押和流转体系，依法合规推动知识产权质押融资、专利许可费收益权证券化、专利保险等服务常态化、规模化发展，支持知识产权金融发展。

（五）培育创新创业文化，营造大众创业社会氛围

创新创业文化是发展活力和竞争力的象征。名区域因发展定位、人文基础、历史积淀不同，创业环境也各不相同。云南着力打造创新创业特色文化，积极营造尊重创新、开放包容、敢冒风险和宽容失败的社会氛围。

（1）尊重创新创造。通过报纸、电视和网络加强对创业英雄和成功创业者的宣传，大力培育适宜创新创业的文化土壤，营造尊重知识、崇尚创造、追求卓越的创新文化，激发全省各族群众尤其是青年人的创新创业热情，形成人人皆可创新创业、创新创业惠及人人的理念，进一步拓展创业新空间，汇聚发展新动能。

（2）提倡开放包容。在宣传过程中，既要见物也要见人，应把宣传创新成果与宣传创业人物、创业经验教训结合起来，讲述各种艰辛奋斗的创业故事，让广大创新创业者、勇于创业的创业失败者都成为受人尊重的公众人物，努力营造尊重知识、尊重人才、开放包容的良好社会氛围，努力让所有创新创业活动都享有公平竞争的环境和土壤。

（3）鼓励敢冒风险。应通过新闻报道、专题报道、深度报道等

形式，着力宣传创新企业、创新成果、创新品牌，善于发现和大力宣传有创新潜力的特色小微企业，激发全省各族群众创新创造、敢冒风险的活力，努力使勇于冒险和创新创业成为云南的品格和风尚。

（4）善于宽容失败。正如"硅谷精神"所揭示的，"失败是我们最重要的产品""宽容失败比创造成功更为重要"。宽容失败，既可以避免"成王败寇"的逻辑，避免创业创新人才去制造"硕果盈枝"的虚假繁荣，又有利于更好地总结教训，真正让失败成本转化为成功资本。① 进一步完善各种评价、保障、激励机制，给予那些承担着探索性强、风险性高的科技型创业项目的科研人员以帮助和扶持，使"宽容失败就是鼓励创新"的观念真正融入社会，形成善于宽容失败、敢于不断探索的创业氛围。

第二节　国内大众创业万众创新加快发展

一　我国创新创业的发展历程

我国的创新创业发展战略始于改革开放初期，发展历程大致可分为4个阶段。

（一）乡镇企业和城镇个体户创业

改革开放初期，800万名知青先后返城，就业成为重大的社会问题。为缓解就业压力，解决未就业知青的温饱问题，1979年2月，中共中央、国务院批转了第一个有关发展个体经济的报告，允许"各地可根据市场需要，在取得有关业务主管部门同意后，批准一些有正式户口的闲散劳动力从事修理、服务和手工业者个体劳动"，由此掀起了第一波创业潮，即乡镇企业和城镇个体户的创业潮。

---

① "宽容失败"就是鼓励创新［N］. 中国组织人事报，2014 - 9 - 9.

（二）公职人员下海创业

随着计划经济体制向市场经济体制的逐步转变，尤其是在 1992 年邓小平南方谈话以后，全国掀起了一股公职人员扔掉"铁饭碗"下海经商的浪潮。人社部数据显示，1992 年有 12 万名公务员辞职下海，1000 多万名公务员停薪留职。[①]

（三）互联网创业

经济体制的改革，解决了人民群众的生存问题，而科技则改变了人们的生活方式。1997 年是我国互联网时代的开启之年，中国互联网络信息中心（CNNIC）在 1997 年 12 月发布报告，指出全国共有上网计算机 29.9 万台，上网用户数 62 万人。[②] 互联网科技的发展带动了新一波创新创业潮。百度、腾讯、阿里巴巴等互联网企业迅速崛起，成为我国新兴经济的代表，改变着整个国家的经济结构。

（四）"草根"创业

在新常态下，经济发展动力从传统的"三驾马车"向新型的"双引擎"转换，推动大众创业、万众创新和增加公共产品、公共服务成为经济发展的"双引擎"（张世贤，2015）。2015 年以来，国家出台了一系列扶持创新创业的文件，列出"权力责任清单"，进一步简政放权，优化市场竞争环境，加大资金支持，持续降低创业门槛和成本，政策体系基本搭建起来，政策基本涵盖所有人群，创业氛围基本形成，"草根创业"即大众创业、万众创新的时代已然来临。

二　我国创新创业发展的趋势与特点

我国的创新创业发展战略起步较晚，但是发展较快，已进入

---

① 1980 年代以来的三次公务员离职潮 ［EB/OL］. 新华网，http://news. xinhuanet. com.
② 我国互联网普及率近五成从数量向质量切换 ［N］. 人民日报，2014 – 6 – 20.

"大众创业、万众创新"的4.0时代（李新华，2015）。

（一）起步晚但发展快

与西方发达国家相比，我国创新创业发展战略起步较晚，但是发展较快，尤其是新一波创业潮涉及面之广、政策力度之大前所未有。2002年4月，教育部选定清华、北航等9所高校启动创业教育试点（鲍桂莲等，2012），我国开始开展高校创业教育。党的十七大提出"实施扩大就业的发展战略，促进以创业带动就业"，2008年国务院办公厅转发《关于促进以创业带动就业工作的指导意见》，我国创新创业发展进入快车道。2008～2010年，我国90个创业型城市的创业者人数累计超过1000万人，年均增长率超过15%。2008～2010年，我国累计发放小额担保贷款513.8亿元，占2003～2010年发放总量的76%。2010年累计发放小额担保贷款263.9亿元，比2009年增加近100亿元，增长65%，比前6年的总和还多。[1] 至2011年，经过两年创建创业型城市活动，反映创业活跃度的两个主要指标——创业者增长率和创业实体增长率分别达34%和31%；反映创业生命力的指标——创业实体3年生存率达42%，大大高于20%的平均水平；反映创业对就业贡献的3个重要指标——创业实体就业增长率、创业实体就业比率和创业实体就业贡献率分别达到68%、29%和35%，显示出我国创业带动就业能力在快速提升，创业对就业增长的贡献率在迅速扩大。[2]

（二）创业覆盖面广与"一高三低"并存

创新创业扶持政策覆盖从农民工、大学生、下岗人员、退役士兵到科研人员和高校教师等有创业意愿的所有群体，政策内容涉及

---

① "创业带动就业"成为中国就业新增长点［EB/OL］. 中华网，2011–11–11。
② 我国创业带动就业能力快速提升［N］. 经济日报，2011–11–11.

创业教育与培训、资金支持和融资、财税政策、服务体系和社会氛围营造等方方面面。但是云南省的被迫创业者比率较高，创业带动就业的比例较低，创业者受教育程度偏低，创业的技术含量较低且多集中于传统行业。

（三）时代特征与发展的脉络性相结合

在过去几波创业潮中，每波创业潮都有鲜明的时代特征，但是它们解决的社会问题和内容却具有一定的脉络性。就创新创业潮的时代特征而言，第一波创业潮以乡镇企业和个体工商户崛起为特点，第二波创业潮以公职人员下海经商为特点，第三波创业潮以留学归国知识分子创业为特点，第四波创业潮则以草根大众创业为基本特点。就几波创业潮的社会背景或要解决的社会问题而言，就业问题、经济转型升级和技术革新等因素都或多或少地存在，不同的是在每轮创业潮中的表现形式和比重不同。在一定程度上讲，创新创业也是适应经济社会发展要求的必然选择。在改革开放初期，为解决返城知青的就业问题，国家放开了经济政策，经济转型初现端倪，第一波创业潮应运而生。计划经济体制向市场经济体制的转型、互联网科技创新，经济结构转型升级和就业压力持续加大，几波创业潮顺势而起。自 1999 年高校扩招到 2018 年，招生规模从 108 万人扩大到 698 万人。为解决大学生等重点人群就业问题，国家先后出台了多项政策措施，鼓励各类人群创业就业。

三　我国创新创业政策取得实效

（一）出台创业扶持政策

2015 年 4 月，国务院印发《关于进一步做好新形势下就业创业工作的意见》，指出要积极推进创业带动就业。明确要求营造宽松便捷的准入环境，深化商事制度改革；培育创业创新公共平台，加快发展众创空间；拓宽创业投融资渠道，加快设立国家中小企业发展基金和国家新兴产业创业投资引导基金；支持创业担保贷款发展，将小额担保贷款调整为创业担保贷款；调动科研人员创业积极性，支持高校、科研院所等的专业技术人员在职和离岗创业；加强职业培训和创业培训，鼓励农村劳动力创业，整合创建一批农民工返乡创业园。

2015 年 6 月，国务院印发《关于支持农民工等人员返乡创业的意见》，明确了支持农民工等人员返乡创业的总体要求、指导原则和主要任务；要求从加强基层服务平台和互联网创业线上线下基础设施建设、依托存量资源整合发展农民工返乡创业园、强化返乡农民工等人员创业培训、改善返乡创业市场中介服务、引导返乡创业与万众创新对接等方面健全基础设施和创业服务体系；采取降低返乡创业门槛、落实定向减税和普遍性降费政策、加大财政支持力度、强化返乡创业金融服务、完善返乡创业园支持政策等措施，支持农民工、大学生和退役士兵等人员返乡创业。

2018 年 12 月，国务院印发《关于做好当前和今后一个时期促进就业工作的若干意见》，鼓励支持就业创业。加大创业担保贷款支持力度，符合条件的个人和小微企业，可分别申请最高不超过 15 万元和 300 万元的创业担保贷款；鼓励各地加快建设重点群体创业孵化载体，支持就业压力较大地区为失业人员自主创业免费提供经营场地。

（二）创新创业成效显著

我国创业扶持政策力度不断加大，创新创业取得显著成效。2016～2018 年，国家发改委连续三年发布《中国大众创业、万众创新发展报告》（白皮书），白皮书宏观反映和阐述了我国大众创业、万众创新的发展现状和成效。

（1）2015 年发展报告。通过大量统计数据和资料，对创业环境、创业服务、创业融资、创业主体、创业成效等发展情况，进行了全面系统的介绍和描述。推进"双创"的政策体系不断完善，出台了大力推进"双创"的 20 多项指导性文件，推出"互联网＋"11 个领域行动计划等政策举措，为"双创"打造了"众创、众包、众扶、众筹"的"四众"平台，有力地助推了创新创业的蓬勃兴起。全国"双创"如火如荼、创新创业成果丰硕。2015 年，全国新增市场主体超过 1400 万户，天使投资募集资金达到 204 亿元，创业投资募资1996 亿元、投资案例数 3400 多个。发展的新动能不断汇聚，云计算、物联网、3D 打印、大数据等新技术加快实现产业化，线上线下融合（O2O）、移动支付、个性定制等新模式不断涌现，新一代信息技术、节能环保、新能源、生物医药等新兴产业快速发展壮大。

（2）2016 年发展报告。创新创业向纵深发展，科技型和高成长性企业大量涌现。我国一跃成为首个跻身全球创新 25 强的中高收入经济体，大众创业、万众创新正向更大范围、更高层次、更深程度发展。

创新主体活跃，技术合同首次突破 1 万亿元大关，市场主体延续高速增长态势，企业活跃程度明显提升。截至 2016 年底，我国实有企业数量达 2596.1 万户，同比增长 18.8%，企业数量连续 4 年实现两位数增长。据统计，我国有 71 家互联网公司估值超过 10 亿美元，进入"2016 年独角兽俱乐部"。技术创业成投资热点，截至 2016 年底，我国共设立政府引导基金 901 支，已披露总目标规模达 3.2 万亿元，已到位资金 1.1 万亿元；全国共有 291 家企业在境外实现 IPO 上市，新三板市场新增挂牌企业达 5034 家，总市值增加近 1.5 万亿元；初创企业用人需求快速上升，全年累计提供招聘岗位超过 240 万个。

（3）2017 年发展报告。与 2016 年相比，2017 年"双创"形势呈现新变化，即创新创业迈向高质量发展。在新一轮科技革命和产业变革加速重构全球创新版图、重塑全球经济结构的大背景下，我国创新创业更加活跃，新登记企业呈现活力不断增强、结构更趋优化、竞争力明显提升的良好态势；在相关政策支持下，科技人员、大学生、留学归国人员、返乡创业人员等各类创业群体继续踊跃投身创新创业大潮，从草根到精英、从城市到农村、从国内到国外，参与群体越来越多元、覆盖范围越来越广泛；创业投资更加活跃，迈入规范化发展新阶段，推动创业资本更多投向人工智能、生物医疗行业等战略性新兴产业领域；"双创"政策体系更加优化，普惠性和实效性持续改善，有效解决了一批社会反映强烈的政策痛点；创新创业培育新动能成效显著，对建设现代化经济体系、推动高质量发展发挥了不可替代的重要作用。截至 2017 年底，全国新登记企业607.4 万户，比上年增长 9.9%，日均新设 1.66 万户，比上年增加0.15 万户。目前，全国布局建设的"双创"示范基地共有 120 家，创新创业支撑平台已实现全覆盖。

第三节 大众创业万众创新的云南实践

云南坚持政府引导、社会参与、市场运作原则，深入推进创业带动就业，通过降低创业门槛、完善创业政策、激活创业主体和优化创业环境等政策措施，大力推进公共创业服务体系建设，取得显著成效。

一 创新"贷免扶补"模式

在学习借鉴孟加拉国小额贷款和中国青年创业国际计划等国内外经验的基础上，云南省于 2009 年 4 月在全国率先推出创业"贷免扶补"实施办法，鼓励创业促进就业。此后，根据创新创业发展的需要，"贷免扶补"模式得以逐步完善。

（一）"贷免扶补"的内容

"贷"，即对已进行工商注册的创业者提供小额贷款，实行全省统一担保，并由各级财政对用于符合规定的微利项目的创业小额贷款给予全额贴息。"免"，即对创业者免收登记类、证照类和管理类行政事业收费，减免其营业税、城市维护建设税、教育费附加和个人所得税。"扶"，即为创业者提供创业咨询与培训、创业项目评审与小额贷款、创业导师和跟踪服务等帮扶措施。"补"，即对创业者进行场租、水电费、吸纳就业等补贴，对承担具体创业帮扶的单位给予工作经费补助。

（二）"贷免扶补"的组织与运作

建立"政府主导、部门负责、多方参与、银行承贷"的组织领导机制。全省"贷免扶补"工作由省就业再就业工作领导小组统一领导；省人社厅作为牵头单位负责组织实施；省财政厅负责创业专项资金、创业小额贷款担保金、贴息资金的筹措、审核和拨付；工商、税务等部门负责落实创业相关优惠政策；政府就业服务机构、工会、共青团、妇联、工商联、个私协会等进行创业动员和创业项目初评，并向农信社等推荐，提供咨询、培训和跟踪服务；金融机构则负责贷款发放、贴息及统计汇总等。

实行"三统三分"，即统一政策、统一管理、统一服务和分系统实施、分层次落实、分阶段帮扶的工作机制。各业务承办单位按照全省统一政策、统一部署和统一的名称、流程、检查考核标准为创业者提供咨询、培训、项目评审、小额贷款、导师和后续服务。各职能部门分头推进各领域的创业带动就业工作，其中省级负责全省的规划协调，州（市）级负责本地的组织落实，县（市、区）级则负责创业咨询、培训、项目评审、指导等具体工作。

设立省级担保基金，由省创业小额贷款担保中心与省农信社等银行签订统一担保协议，并将贷款额度逐级分配到各州（市）和县（市、区）。

二　创业教育培训广泛开展

以扩大创业培训对象范围和突出培训效果为重点，云南省不断加大创业培训力度，初步建立了创业培训质量控制体系，形成了创业课程培训与导师"手把手教"相结合的创业培训模式，创业培训的政策宣传、技能传授、思维拓展和能力提升效能逐步凸显。

（一）高等院校创业教育初步开展

为全面推动创新创业教育，鼓励大学生自主创业，云南省连续出台鼓励和引导大学生就业创业政策，明确提出把就业创业教育列入高校教学计划，大多数高校先后在大学生生涯规划等课程中开设了创业教育。从 2013 年开始，在 60 多所学校开设 KAB 创业教育课程，举办 KAB 师资培训班培训讲师，全省累计 40 万人次学生参加了创业教育课程培训。通过形式多样的实习实训、创业讲座、创业大赛等实践活动，强化创业实践环节，以丰富高校毕业生等重点人群的创业体验。截至 2018 年 10 月，2018 年度云南省级和高校共举办创业大赛超过 100 场，创业讲座和论坛超过近 1000 场，参加学生超过 21 万人次，大学生创新创业活动不断深入，成效不断显现。[①]

（二）创业培训初具规模

为提高创业者的创业素质和能力，全省各地不断加大创业培训力度，大量开设了涵盖创业法律法规和扶持政策、初创网店创业、创业技巧、企业管理等内容的培训班。昆明市早在 2008 年就实现了

[①]　云南扎实推进高校毕业生就业创业［EB/OL］. 学信网，http://chsi.com.cn.

SIYB 创业培训对象的城乡覆盖。健全创新创业教育体系，顺利完成2017 年大学生就业创业培训 1.5 万人次的年度计划。

（三）创业导师制初步建立

全省各级创业园和创业孵化基地邀请当地各行业中具有一定创业经验和特点的企业家、乡镇致富带头人及成功人士、能够对创业促就业提出建设性意见和指导性意见的专家学者以及行业管理等部门工作人员担任创业导师，建立创业导师库，初步形成了导师"面对面、手把手"教创业的制度。

三　创业园区建设成效明显

着力推进创业园区建设，逐步推动创新与创业相结合、线上与线下相结合、孵化与投资相结合，创新创意与市场需求和社会资本有效对接，切实培育新业态和新增长点。

（一）园区建设的指导思想和原则

指导思想，即实施更加积极的创业政策，以培育创业主体为目标，鼓励和引导企业充分利用各类园区、规模较大的企业闲置厂房和场地、专业化市场等建立创业孵化基地，为创业者提供低租金或免租金、低收费或零收费、"一站式"服务的创业平台，降低创业成本，提高创业成功率。基本原则：（1）政府引导、市场运作，即建立以政府扶持为主、市场运作、社会资本广泛参与的运行机制；（2）统筹规划、合理布局，即将创业孵化基地建设与当地主导产业、中小企业、民营经济发展和增加就业岗位相结合，纳入城镇建设和经济社会发展总体规划；（3）整合资源、有效利用，即依托现有各类园区，充分利用闲置厂房和场地、专业化市场等设施建设创业孵化基地。

（二）园区的功能定位和运作

园区的功能定位：为创业者提供生产经营场地、基本办公条件和后勤保障服务，落实各项优惠政策；免费提供创业培训、能力测评、指导、政策咨询和信息服务；提供创业项目推荐、协助办理相关手续，帮助建立经营管理和技术开发队伍，并营造创业文化氛围。创业园区运作模式，可分为政府投资型、社会力量投资型和多元投资型3种。其中，政府投资型运作模式是指园区由政府统一规划、统一组织并承担日常运营管理，其场地、设施设备和日常运营管理等费用由财政承担；社会投资型运作模式是指园区场地、设施设备和日常运营管理等费用主要由企业等社会力量负责承担，实行企业化运作，其日常运营管理费用主要通过收取管理服务费用等方式予以解决；多元化投资型运作模式是指园区场地、设施设备、日常运营管理等费用可通过财政投入、企业融资、社会或个人捐赠等多元化方式予以解决，实行企业化运作，其日常运营管理费用可通过政府补贴、企业资助和适当收取管理服务费用等方式予以解决。

（三）园区建设取得实效

2018年，云南加大创业孵化基地建设力度，开展县（市、区）创业园、众创空间、校园创业平台建设，实施省级创业园区升级计划和支持社会投资机构创业孵化示范基地（创业示范园区）建设；全省认定16个县（市、区）创业园、16个园区众创空间、16个校园创业平台。在已认定的60个省级创业园区中，根据创业园入驻创业实体数量和孵化成功户数，重点培育建设3个省级创业园示范基地，给予不超过500万元的一次性补助资金。支持由社会投资机构通过直接购买或租赁已开发闲置房地产楼盘，培育建设不超过5个省级创业孵化示范基地或创业示范园区，最高给予200万元的一次性奖励补助。创业园区孵化机制更加健全，管理服务更加规范，服务措施更加完备，帮扶效果更加明显。

云南大力推进创业园区精准服务，充分利用互联网、云计算、大数据等新技术建设专业化信息服务平台，实现对园区、企业、创业者数据进行多维度分析，有效地智能化匹配整合利用资源，为相关政策的制定及落实提供数据支撑，真正实现"精准服务"。以昆明市为例，截至2018年10月，已有78家创业园、1562家企业入驻信息服务平台，企业平均孵化成长率达到66%。[①]

（四）创业带动就业效应凸显

云南通过"贷免扶补"、创业担保贷款、小微企业贷款等方式扶持创业，创业带动就业的倍增效应明显。2014～2017年，云南创业带动就业情况如表5-1所示。

表5-1 2014～2017年云南创业带动就业情况

年份	扶持户数（户）	贷款金额（亿元）	带动就业人数（万人）	户均带动就业比
2014	120660	80.50	33.32	1：2.76
2015	100662	72.49	29.34	1：2.75
2016	121470	124.54	31.49	1：2.59
2017	122385	128.33	32.81	1：2.68

数据来源：《云南省人力资源和社会保障事业发展统计公报》。

根据表5-1数据中可以算出，2014～2017年，云南创业扶持共计465177户，发放贷款405.86亿元，平均每户8.725万元，带动就业累计126.96万人，每100万元贷款平均带动就业31.3人，每户平均带动就业2.73人。其间，云南城镇新增就业人数累计为171.26万

人，创业带动就业人数占城镇新增就业人数的74.1%，表明创业带动就业在就业增长中具有举足轻重的地位。

四　云南创新创业存在的不足与面临的挑战

（一）存在的不足

（1）市场机制不健全。政府与市场"两只手"在推动创新创业中都起着重要的作用。云南作为一个欠发达省份，现代市场体系建设滞后，市场机制不健全，实施创新创业战略习惯于使用行政手段，不善于市场化运作。

市场理念未真正树立。未能按照市场经济的思维妥善处理政府与市场的关系，出现了政府单方包办了本应由多方共同参与的创业培训、创业孵化、投融资、园区建设等事项，致使创新创业领域出现了"市场缺位"与"政府越位、错位、不到位"并存的格局。

市场导向功能缺失。在公共创业服务体系建设过程中，有的地方没有把创业扶持政策的市场导向、产业引导落到实处，出现了盲目照搬国家和省级政策、不结合区域产业优势等实际的"想当然、乱指挥"、扶持"摆地摊卖杂货"或清一色开"土特产网店"等问题，严重影响了"双创"工作的开展和经济新业态、新增长点的形成。此外，市场机制在创新创业领域的资金、资源和人才配置，以及流通环节中的引导作用尚未得到充分发挥，致使创新创业领域出现了资本结构单一、资本来源不够多元、投资主体结构不合理、创业者综合素质偏低和创新性不足等问题。

（2）政府职能转变不到位。伴随着经济体制改革的进程，行政体制改革不断深化，但是现行行政体制在鼓励创新创业方面仍然存在一些不适应性，突出表现在政府职能转变还不到位，越位、缺位、错位问题依然存在，社会管理和公共服务职能仍然薄弱，行政组织结构不够合理，行政职责界定模糊，权责脱节、相互推诿扯皮等现象仍时有发生，法治政府建设、权力监督仍有待加强。

服务和法治理念有待加强。部分地方政府职能部门的公共服务理念和法治理念还有待加强，传统管制理念、官本位思想和法律工具主义思想还比较浓，部分领导干部居高临下、行政强制、代民做主和治民、愚民的意识较强，致使部分创业者在办理贷款等事宜时，面临"门好进、脸好看、事依然难办"和"政策比法大""小政策比大政策管用""好政策落实难"等问题，甚至有的地方在落实创业小额担保贷款、免息贷款等政策时，为规避贷款回收风险，从自身角度设定了一些前置条件，致使真正急需贷款支持的创业者难以贷到款。此外，由于社会公众的现代公民意识还比较薄弱，难以形成有效的监督力量以促使政府转变理念和职能。

管理体制机制不顺。鼓励创新创业是一项系统工程，涉及人社、财政、工商、税务、教育等职能部门和银行、工青妇等组织。随着简政放权、商事制度改革、简化行政审批和搭建创业平台等的推进，行政管理体制改革逐步深化。但是阻碍创新创业战略深入实施的体制性障碍依然存在，政府各职能部门间和各职能部门内部相关业务处室间职能交叉、政出多门、内容庞杂、政策之间衔接性和系统性不足，甚至有的政策措施还存在部门利益痕迹，以致政策落实的综合协调难度较大，甚至在一定程度上存在推诿扯皮、争功诿过和选择性落实政策等问题，出现了"中间梗阻"的现象。此外，在一些创新创业政策的制定上，有的地方重模仿、轻调研、不敢突破，加之对政策体系的简化、优化、整合、创新能力不足，使部分政策沦为"快餐式"产品，要么滞后，要么流于空泛或与当地产业发展实际相脱节，政策的实际效益或执行效力大打折扣，并沦为"政绩工程"或"形象工程"。

管理方式较为单一。"管理就是审批""重权力轻责任"等观念在一些职能部门尤其是基层执行部门中还根深蒂固，致使有的部门发现问题后多以加强审批、增加审批环节为手段进行调整，造成创业审批手续复杂、成本增加。此外，有的地方重审批、重数量，轻引导、轻质量，在创新创业的产业引导方式上较为单一，以致新创企业多集中在传统、低端产业，甚至有的与云南的产业发展战略相悖，难以有效发挥创新创业在经济结构转型升级中的应有作用。

（3）社会环境不优。创新创业的动力来源于社会、来源于大众，创新创业社会机制不完善，崇尚创新创业的社会氛围难形成，各类社会组织的积极性不高，制约着创新创业发展战略的实施。

创业氛围不浓。云南经济社会发展滞后，各族群众安于现状、惧怕风险，缺乏创新意识，对自主创业的思想认识不到位，导致社会创业氛围不浓。农民工、失业人员创业大多是因生存所迫的无奈选择，大多青年创业者则在主观上存在风险畏惧，甚至有的认为创业是低人一等的事情。在笔者主持的课题组调查中，对于题项"影响创业主要因素"，选择"风险大"的占46.4%，选择"社会创业氛围不浓"的占15.0%。此外，也有部分创业者在国家"大众创业、万众创新"政策的鼓励下，无视创业风险，没有必要的市场分析和研判就盲目跟风创业。

社会组织发展不足。由于社会组织发育滞后，中介服务等社会组织数量不多、能力不足，难以有效参与创业咨询、培训、投融资等环节，承接初创企业的经营策划、市场营销咨询、会计审计咨询、财务金融评估、知识产权及法律政策咨询等服务，从而制约了创新创业的发展。

（二）面临的挑战

在大众创业、万众创新中存在的诸多不足，在未来可能会进一步加剧云南面临的内外部挑战，主要表现在以下方面。

1. 创新型创业后劲不足

受政策导向不够、人才资本匮乏、创新能力有限等综合因素的影响，云南创业者的技术创新和经营模式创新不够，导致创业企业发展后劲不足。

（1）创业者逐年增多，但被迫创业者较多。全球创业观察组织的调查数据显示，法国、德国、意大利等西欧国家的早期创业活动指数大多仅在5%左右，我国则长期处于中等偏上水平，2011年曾超过20%，跃居第一，但其中有约33%属于被迫创业者（谭远发和邱成绪，2013）。笔者主持的课题组调查数据显示，创业者创业原因中"有一定社会资源""找不到合适工作""有一定创业资金"的分别占19.2%、14.3%和10.0%。由此可见，被迫创业者和盲目创业者所占比例较高。

（2）传统行业创业较多，而创新型创业偏少。创业者的受教育程度偏低，且新创企业多集中于传统行业，"摆地摊卖杂货"或开"土特产网店"的较多，与美国等发达国家机会型创业者较多且多为商业服务类创业的情况有明显的差距。我国每年有700多万名高校毕业生走向社会，其中2014年在工商部门登记的大学生创业者仅有48万人，大学生创新创业比例相较于发达国家仍有较大差距。①

课题组调查数据显示，入驻创业园的企业者中具有大专和本科学历的占50%，大专以下学历的达45%，研究生及以上学历的仅占5%。此外，在所调查的创业企业中属于服务业的占54.29%，属于生产加工业的占25.71%，属于种养殖业的占12.14%，属于高新技术产业的仅占7.86%。

2. 投融资机制不健全

创业投融资机制不健全，存在资本结构单一、资本来源不够多元、投资主体结构不合理等较为突出的问题。在课题组的调查中，对于"影响创业主要因素"，有33.6%的被调查者认为是融资难。

（1）融资渠道单一。课题组初步调查数据显示，创业者创业融

① 马海燕. 中国全面深化高校创新创业教育改革［EB/OL］. 中国政府网，2015年5月14日。

资渠道排名依次为亲友借款、个人储蓄、创业扶持贷款、商业贷款、合伙融资和天使投资，其中天使投资仅占 3.5%。获取贷款和资金帮扶类型的排名依次为小额担保贷款、"其他""贷免扶补"、两个"十万"微型企业贷款、商业贷款、劳动密集型小企业贷款和"50万~200 万元无息贷款"，其中"其他"类别竟高达 29.3%，"50万~200 万元无息贷款"仅占 0.7%。

（2）创业贷款前置条件多。对于"申请贷款时遇到的主要问题"，调查结果排名依次为寻求担保难、难以满足贷款条件、贷款额度小期限短、申贷手续繁杂，其中有 49.3% 的创业者认为寻求贷款担保最难。在贷款担保条件中，需贷款地两名公职人员联合担保等政策性前置要件，把大部分真正需要贷款扶持的高校毕业生、农民工等重点群体的初创者拒之门外，而部分公职人员却利用手中掌握的资源套取创业无息贷款用作他途，致使政策的帮扶和引导效应难以有效发挥。

3. 创业教育培训机制不健全

高校创业教育和社会创业培训体制机制不健全，影响创业教育培训的针对性和实效性。

（1）创业教育机制不健全。近年来，云南省把创业就业教育列入高校教学计划，但由于起步较晚，还存在创业教育课程设置不科学、师资力量不足、学生实训不够、创意创业引导不力等问题。

（2）创业培训机制不健全。对于"影响创业主要因素"，有15.7% 的被调查者认为是创业培训少。而对于"您认为目前创业就业培训存在哪些问题"，调查结果排名依次为培训针对性、实效性不强，培训资源整合不力，培训资金不足，师资力量不足，其中48.6% 的被调查者认为培训针对性、实效性不强。提升创业培训的质量与效益成为扶持创业的重要环节。

4. 创业孵化机制有待进一步完善

创业园区和创业孵化基地建设，在发展规模、运作模式、服务水平等方面还难以满足创新创业企业的实际需要。

（1）创业园区规模较小。近年来，云南省创业园区建设力度不断加大，确定了"2015 年底以前全省 50% 的县（市、区）都要建立创业孵化基地，总数达到 80 个以上"的目标，但在建成的园区中，仍然存在类型单一、容量少，大量符合条件、有入驻意愿的初创企业难以被纳入园区范围等问题。对于"创业孵化基地建设存在的主要问题"，有 45.0% 的被调查者认为是创业孵化基地数量少且容量小。

（2）管理服务机制不完善。创业园区的管理与服务机制仍不够健全，尤其是经营策划、市场营销咨询、会计审计咨询、财务金融评估、知识产权及法律咨询等中介服务匮乏，难以满足实际需要。对于"创业孵化基地建设存在的主要问题"，调查结果排名依次为缺乏个性化追踪服务、管理机制不健全、门槛高进驻难和项目库导师库作用未充分发挥，其中缺乏个性化追踪服务竟占 24.3%。

5. 政策效应未充分发挥

由于受政策配套性和系统性不足等因素的影响，创业扶持政策的效应未能得到充分发挥。对于"现行创业就业扶持政策存在哪些问题"，调查结果排名依次为政策配套性不够、政策宣传不够、地域限制不合理和政策执行监管不力，其中有 64.3% 的被调查者认为政策的配套性不够。

（1）创业带动经济转型升级效应不明显。以创业带动就业，大力发展个体、微型和中小企业，是通过优化资本、资源、劳动等要素结构实现经济社会又好又快发展的重要途径之一（周天勇，2009）。但是由于在政策制定和执行中过于注重援企稳岗、防止岗位流失等短期效应，创新创业的产业导向不明显，甚至对过剩产能"广撒胡椒面"，而对符合云南区域功能定位和产业经济发展实际的高原特色农业、高新技术、生物制药、民族文化产业、旅游业以及制造业、民族手工业等行业的引导不足，导致创新创业带动经济转型升级的效应不够明显。

（2）创业带动就业的政策效应有待增强。由于受各种因素的影响，云南省创业就业的效应未能充分显现。研究显示，国外创业带动就业的比例约为1∶9，上海等发达省份创业带动就业的比例约为1∶7，而在云南等西部欠发达地区这一比值则更低。云南全省各州（市）抽样调查数据显示，创业带动3~5人就业的占37.1%，带动1~2人就业的占32.1%，带动5~10人就业的占17.1%，带动10人以上就业的占13.7%，取中间数估算，创业带动就业的比例约为1∶3.1。

五　云南高校毕业生创业的成功案例

创新创业是整合各种资源，进行价值创造的个性化过程。面对云南省创新创业存在的不足和面临的挑战，应根据不同创新创业活动，提出有针对性的解决方案。这里分析几个云南高校毕业生创业的成功案例，作为个性化解决方法的参考。

（一）昆明铸基教育创始人——字飞龙

基本情况：字飞龙，来自大理州的一个特困高寒山区，大学4年，利用课余时间兼职，洗过厕所、掏过下水道，端过盘子，做过家教。2011年毕业于云南农业大学，现任中国教育培训联盟云南分盟副秘书长，云南省民办教育协会理事，昆明铸基教育连锁学校校长。

创业经历：大二时第一次做家教，深感家教责任的重大，可能关乎一个家庭的命运。大三时，在校团委的大力支持下，在学校闲置的仓库里，开办了他的第一个只有4个学生的辅导班。大学毕业时，拿出了大学做兼职赚的仅有的1万元，开始创办铸基教育培训学校。2012年，学校场地从80平方米扩大到了300平方米，在册生达到 100 多人，全职管理人员有 4 人，获得教育局批准的办学许可证，成为一家正规的培训机构。但同年 6 月，由于管理不善，老师全走了，生源减少了 50%，学校办不下去了，字飞龙尝到了创业失败的滋味。痛定思痛，他用 1 个月时间分析思考创业失败的原因，查看了许多培训机构的资料，制定了 30 多页的铸基教育管理制度，以管理创新谋发展，一切从头再来，再次踏上了铸基教育的创业之路。

取得业绩：2012 年 10 月，通过中国教育培训联盟审核成为理事单位；2013 年，铸基教育受"泛海扬帆昆明大学生创业行动"奖励资助；2013 年 5 月，铸基教育成为昆明市优秀大学生创业团队；2013 年 8 月，铸基教育成为云南省民办教育协会理事单位；2014 年 4 月，铸基教育成为中国教育联盟理事单位；2016 年，获得中国西部人才开发基金项目资助。截至 2017 年底，铸基教育已经成立四所分校，成为昆明较强的本土中小学辅导机构之一。

点评：大学期间勤工俭学，积累了创业经验；创业初期经历过失败，具有坚忍执着的创业精神；依靠经营管理创新企业在竞争激烈的中小学教育培训领域站稳脚跟、发展壮大。

（二）孔雀养殖大户——毕绍辉

基本情况：毕绍辉，2009 年毕业于北京财经贸易学院，现任石林县天生桥孔雀养殖基地总经理。

创业经历：2008 年，在北京求学时，参观了一个孔雀养殖场，受到启发，2009 年回昆明创办孔雀养殖场，得到父母在精神上的支持，开始了自己的创业生涯。2010 年，第一次购买孔雀苗被骗，并且不懂孔雀养殖技术，买来的孔雀大部分死了。2011 年 3 月，孔雀产蛋了，但又不懂孵蛋技术，一筐一筐的孔雀蛋抬去丢了，非常着急，这时县农牧局伸出了援助之手，请来专家进行指导，半年后孵化率达到了 85%，高出同行业的平均值 50% 一大截。技术问题解决后，又遇到资金问题，石林县就业局给予扶持帮助，申请到 10 万元两年免息小额担保贷款，对养殖场的发展起到了决定性的作用。2012年下半年，通过电子商务平台卖出去 300 多只孔雀，收入 23 万元，收回了投资成本。

取得业绩：2013 年，孔雀规模达到了 1500 多只，通过回收和自己养殖的，到年底总共销售了 1000 多只，销售额达到了 60 多万元。2014 年，申报获得 5 万元的资助款，购买了 10 多亩土地用于厂房建设，还承租了 100 多亩林地用于规模扩建，建起了一个规模达到上万只的大型孔雀散养基地。2017 年，天生桥孔雀养殖基地成为集特种养殖、种植、珍禽、标本加工、餐饮、休闲旅游于一体，拥有三年龄以上的种孔雀 500 多只，占地 100 多亩，每年向全国供应大量孔雀苗、蛋、种及相关产品的特色养殖基地。

点评：创业项目选得好、有特色；项目启动就被骗，遭受过挫折；创业初期遇到技术、资金难题，政府部门的技术指导、资金扶持起到至关重要的作用；运用电子商务进行销售，助推养殖基地迅速发展。

（三）云南曲辰科技董事长——张淼

基本情况：张淼，2002 年毕业于中国农业大学植物保护专业。现任云南曲辰科技有限公司董事长、云南福湾农业科技有限公司总经理、云南劳昧劳昧农业科技有限公司总经理，是国家级"SOD 石榴"种植专利技术的发明者。

创业经历：2002 年，大学毕业后，以"木头屋"短期出租为项目，在北京成立了全国第一家家庭旅馆。2009 年回到昆明，先后创立云南曲辰科技有限公司、云南福湾农业科技有限公司、云南劳昧劳昧农业科技有限公司，依托高科技农业种植技术及管理经验，主要从事 SOD 石榴的栽培及销售及高科技农业种植技术的输出及水果基地托管等业务，培育出"SOD 石榴"专利品种；开发了数种高质量的葡萄新品种，建立了"仙湖蓝星"品牌蓝莓基地，同时承担了玉溪地区抚仙湖沿岸的产业结构调整项目，主持推动蓝莓产业种植，计划推动发展 5 万亩蓝莓产业。

取得业绩：拥有自有种植基地累计 3170 亩，基地年产值 5000 万元；获得国家级发明专利 1 项，实用新型专利 5 项，注册商标 2 个；为社会累计提供就业岗位 600 多人次，其中大学生 57 人次；累计销售额 1.7 亿元。目前，自有网络销售平台 2 个，实体店 2 个；已和"储橙"销售平台建立战略合作。

点评：大学毕业后在北京创业，积累了经验；选择项目符合现代农业发展方向，科技创新是曲辰科技的最大亮点；依托技术进步使企业迅速扩张、经营规模迅速扩大、成功搭建合作平台。

（四）云南闺蜜电子商务创办人——邵登旭

基本情况：邵登旭，人称"蜂蜜哥"，1985 年 9 月生于云南曲靖宣威，毕业于昆明大学，移动互联网新锐品牌创业实战策划人，GUIMI 闺蜜品牌创始人兼 CEO，云南青年创业协会执行秘书长。2014 年获得首届云南青年创新创业大赛涉农产业正式组二等奖，代表云南参加 2014 年中国青年涉农产业创业创富大赛。2018 年，公司整合有机养蜂场 18 个，线上营销团队 100 多人。

创业经历：曾经就职于张晓岚营销策划中心，师从中国十大品牌策划人、中国式营销教父张晓岚。从云南走到广州、从广州走向全国，以一个新锐策划人的创意和智慧，服务于全国大小知名品牌及企业。

2014 年 3 月开始自主创业，入驻盘龙区开设在西南林大校园内的创业园，专做蜂蜜产品的礼品盒包装销售。创业初期遇到资金困难，运用互联网开辟众筹融资①，3 个小时筹得 32 万元，开农产品众筹的先河。闺蜜蜂蜜品牌，便应运而生，邵登旭完成了从一个策划人到一个甜蜜品牌创始人的转变。

取得业绩：闺蜜蜂蜜，以甜蜜重新定义真情，以颠覆性的思维重新定义蜂蜜行业，独具特色的产品以及品牌，迅速受到市场的热捧。与闺蜜电影联合营销推广，奠定闺蜜的知名度和影响力。以参与感颠覆传统微商等，掀起了 2015 年微商破局的浪潮。有商家愿出资 1000 万元收购公司，但他不愿出售。2015 年两会期间，农业部专家及两会农业代表亲自点评"互联网＋蜂蜜"的模式，给予极高的评价，"蜂蜜哥"也被评为 2014 年度中国十大新农人之一。2018 年，闺蜜已经发展成为一家以蜂蜜加工生产、网络营销为主体的 O2O 电子商务公司，旗下还拥有广州闺蜜蜂业有限公司。

点评：依靠经营模式创新成功创业的典型，做过几年品牌策划人，积累了难得的企业策划经验；在互联网上开展众筹融资，具备敢为人先的品质；充分运用"互联网＋蜂蜜"，创新产品销售模式。

（五）丽江市纳美文化传媒董事长——和凤军

基本情况：和凤军，丽江市古城区人。2010 年 7 月毕业于红河学院广播电视新闻学专业。2014 年获得首届云南青年创新创业大赛二三产业三等奖。

创业经历：毕业后深知自己学问和经验不足，东奔上海、南京，南下广州、深圳，西跑陕北、甘肃，北至北京，一直在为创业求学深造。在亲历亲为的社会实践中，积累了一些创业经验和创业思路。

---

① 所谓众筹融资是"大众筹资"或"群众筹资"的简称，指通过互联网发布项目募集资金，并以实物、服务或股权等为回报的模式。2014 年"大众创业、万众创新"提出以来，互联网创业市场迎来全面爆发期。随着互联网各大巨头的加入，"众筹"两字已不再陌生。但也有人提出异议，担心众筹融资变成非法集资。2015 年 6 月 11 日，《人民日报》刊文《融资创新，助力创业》，为股权众筹点赞，认为股权众筹正在帮助越来越多的创业者融到资金，也就给众筹融资正了名。

2011 年底回到家乡后，首先学习了解大学生创业的相关政策，努力寻求政府部门的帮助；其次通过向家人、亲戚、朋友等筹借资金，于 2012 年 3 月注册成立大学生自主创业企业——丽江市古城区纳美文化传媒有限公司，专门制作民族特色动画短片。公司于 2012 年获得大学生创业扶持贷款 10 万元，2014 年 12 月获得人社部门云岭大学生创业二次贷款 50 万元。公司以纳西族建筑、雕刻、绘画、服饰、音乐、舞蹈及东巴象形文字、东巴古籍、纳西族民间经典故事为创作题材，设计制作具有深厚纳西文化韵味的动画影片，利用现代影视手段传播优秀的纳西文化，倡导具有纳西文化特色的"科学发展、和谐发展、可持续发展，生态，环保，绿色"新理念。

取得业绩：公司先后被评为"2012～2013 年度文明经营单位""2013 年度古城区思想文化工作先进集体""2014 年度丽江市优秀创业青年"。公司创业团队全部由刚刚毕业的大学毕业生组成，2018 年吸收大学毕业生 30 多人，公司已成长为专门从事纳西文化开发、保护传承、图文设计、动漫设计制作，文化信息咨询服务、文化艺术交流活动展示及传播；纳西文化工艺、艺术品销售；摄影摄像服务、影视策划服务的文化产业公司。

点评：创业项目选得好，动漫产业在我国发展滞后，做民族文化动漫片的就更少了；走南闯北积累创业经验，有股闯劲；获得大学生创业扶持贷款 10 万元和云岭大学生创业二次贷款 50 万元，解决了创业资金难题，保持良好的发展势头。

第六章　发挥人才创新创业的引领作用

人才是具有一定的专业知识或专门技能，进行创造性劳动，并对社会做出贡献的人，是就业人口中能力和素质较高的劳动者。统筹推进各类人才队伍建设，发挥好人才在创新创业中的引领作用，可以实现更高质量更充分的就业，为经济社会发展提供智力支撑。

第一节　云南人才创新创业蓬勃发展

为建设现代化经济体系，推动高质量发展，我国深入实施创新驱动战略和人才强国战略，先后印发了《关于深化人才发展体制机制改革的意见》《关于加强新形势下引进外国人才工作的实施意见》《关于分类推进人才评价机制改革的指导意见》等一系列政策文件，为着力破除阻碍人才发展的思想观念和体制机制障碍、构建具有国际竞争力的人才制度体系指明了方向。云南省委、省政府坚决贯彻落实中央文件精神，出台了相应的实施意见和一系列配套政策，极大地激发了人才创新创业的动力和活力，充分发挥了人才在创新创业中的引领作用。

一　创新创业人才规模日益扩大

云南省高度重视人才队伍建设，坚持高端引领，加强高层次人才和团队建设，培养和引进并重，专业技术人才和技术技能人才初具规模，基本形成推动新兴产业和创新创业发展的梯次人才队伍。截至 2016 年末，云南省人才总量达到 465.05 万人（本土人才 434.61 万人），占城乡总就业人数的比重达到 15.5%。在本土六支人才队伍中，党政人才 32.50 万人，占 7.48%；企业经营管理人才 67.86 万人，占 15.61%；专业技术人才 157.30 万人，占 36.19%；高技能人才 84.94 万人，占 19.54%；农村实用人才 86.42 万人，占 19.88%；社会工作专业人才 5.58 万人，占比 1.28%。①

（一）科技领军人才科研创新取得新成果

云南依托院士自由探索项目，为院士科研创新提供资金支持。院士自由探索项目，每人每年经费支持额度为 100 万元，享受高层次人才特殊生活补贴（每人每年 20 万元）。政府对高端人才的持续培养支持，取得重大成果，科技领军人才队伍不断成长壮大。特别是在 2017 年，云南有三人当选两院院士。截至 2017 年底，在滇工作院士共 12 位，其中，中科院院士 5 位、中国工程院院士 7 位。

按照省科技领军人才培养计划，扶持培养科技领军人才。进入计划培养的科技工作者，可以获得省政府的科研资助。领军人才培养周期为 5 年，培养目的为冲击两院院士、成为科技行业的领军人才；省科技厅为每名领军人才提供 1000 万元的专项经费，分年度拨款，用于开展科学研究、学术交流、进修培训、成果推介等，5 年期满不再享受资助。享受高层次人才特殊生活补贴，每人每年 5 万元。2017 年选拔培养科技领军人才 6 名，新增 52 名享受国务院政府特殊津贴专家，享受国务院政府特殊津贴人数达到 1666 人。云南省有突出贡献优秀专业技术人才达到 1795 人，新增 99 名享受省政府特殊津贴专家，享受省政府特殊津贴人数达到 1977 人。

---

① 数据来源：《2016 年度云南省人才发展统计公报》。

以云南特色优势产业——生物医药和大健康产业为例。围绕生物医药和大健康产业展开科研工作的共有6位，约占科技领军人才的24%。研究领域涉及植物医药、天然药物、神经性疾病、皮肤病以及茶叶产业等，主要研究领域和研究成果见表6－1。

表6－1　云南省生物医药和大健康产业科技领军人才研究成果情况

姓名	简介	主要研究方向和成果
朱兆云	云南白药集团有限公司创新研发中心研发总监、高级工程师	2015年全国劳动模范荣誉称号获得者。2000年5月，主持研发出痛舒胶囊、肿痛气雾剂、肿痛凝胶、伤益气雾剂5个精品系列新药，一举获得5个国家新药生产注册批件、6个已实施的国家发明专利，5个新药5年累计直接销售收入6.2亿元。
郝小江	药学博士，研究员，博士生导师	1995年获国家杰出青年科学基金，1996年入选国家"百千万人才工程"；1997~2005年任中国科学院昆明植物研究所所长；1999年主持新建了贵州省－中国科学院天然产物化学重点实验室并兼任主任。1978年起从事天然药物化学研究。
赖仞	中国科学院昆明动物研究所所长助理、研究员，博士生导师	首次发现了不带二硫键的线性抗菌多肽具有抗艾滋病毒活性；首次发现了基因编码的阴离子抗菌肽；首次从两栖类动物得到具有血小板集聚活性的蛋白质和具有饱食因子作用的多肽；首次发现了编码两栖类缓激肽的基因。
徐林	博士，研究员，博士生导师，中国科学院和云南省动物模型与人类疾病机理重点实验室主任	昆明动物所学术委员会主任，主要从事神经可塑性和神经环路功能及学习记忆机理研究，涉及创伤后应激障碍、老年痴呆、毒品成瘾及抑郁症等疾病机理和动物模型的基础和应用研究。
何黎	昆明医科大学第一附属医院皮肤科医疗美容科主任、云南省皮肤性病研究所所长	在损容性皮肤病及皮肤美容方面具有丰富的临床经验及深厚的理论基础，特别是在难治性痤疮、黄褐斑、敏感性皮肤等损容性皮肤病发病机制、皮肤屏障研究及临床防治等方面取得重大突破。
盛军	博士，教授，博士生导师，云南农业大学校长，兼任中国微生物学会副理事长	主要研究领域为茶叶，组织科研团队证明了普洱茶降脂降糖的功效和机理，并积极推进科技成果向市场转化，为普洱茶产业发展找到了新的突破点。

（二）高层次人才培养取得新成效

2018 年，云南省整合人才培养资源，改进高层次人才培养支持方式，实施省"万人计划"，分科技领军人才、云岭学者、产业技术领军人才、首席技师、教学名师、名医、文化名家、青年拔尖人才 8 个专项，分别制定了实施细则，对经济社会发展急需的高层次人才进行培养。培养期一般为 5 年，在科研经费、生活补贴、职称评定、成果应用、服务保障等方面给予支持。省"万人计划"培养支持力度之大、范围之广前所未有，必将对云南人才发展起到重要的推动作用。

（三）高层次人才引进取得新进展

2018 年，云南省实施省"千人计划"，分高层次人才、高端外国专家、人文社会科学人才、产业人才、青年人才和高层次创新创业团队 6 个专项，专门制定实施细则，引进经济社会发展急需的高层次人才，在科研经费、生活补贴、职称评定、成果应用、服务保障等方面给予支持。同时规定，引进云南特殊急需紧缺高层次人才（团队）的，可不受相关细则资格条件、申报时间、申报程序及支持待遇等限制，采取"一事一议"的方式办理。

二　创新创业人才结构不断优化

云南人才队伍素质能力大幅度提升，结构日趋合理。从学历构成来看，在企事业单位的人才中，研究生 0.96 万人，占比 3.33%；大学本科 9.68 万人，占比 33.61%；大学专科 9.04 万人，占比 31.39%；中专及以下 9.12 万人，占比 31.67%。在专业技术人员中，研究生人数和大学本科人数都比在经营管理人员和技能人员中的多，技能人员中的大学专科学历与中专及以下学历人数最多。

从年龄结构来看，在企事业单位的人才中，35 岁及以下年龄组 10.59 万人，人数最多，约占总人数的 36.87%；36 ~ 40 岁年龄组 4.48 万人，占比 15.60%；41 ~ 45 岁年龄组 5.32 万人，占比 18.52%；46 ~ 50 岁年龄组 4.56 万人，占比 15.88%；51 ~ 54 岁年龄组 2.75 万人，占比 9.58%；55 岁及以上年龄组 1.02 万人，是人数最少的一个组别，占总人数的 3.55%。[1]

从青年后备人才培养看，研究生、大学本科、专科职业教育的在校人数均实现增长，三者的比例结构也呈现均衡发展态势（见图 6 – 1）。

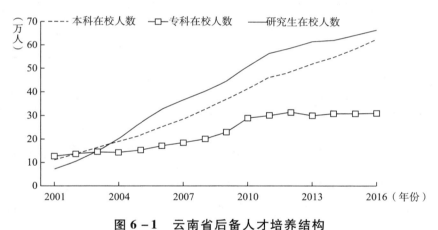

图 6 – 1 云南省后备人才培养结构

数据来源：2017 年《云南统计年鉴》。

三 人才创新创业平台建设扎实推进

人才创新创业平台建设是推动人才发展的重要途径。相较于 2015 年，2016 年云南人才创新创业平台载体建设扎实推进，成效明显（见表 6 – 2）。

---

① 数据来源：《2016 年度云南省人才发展统计公报》。

表 6-2 云南省创新创业人才载体建设情况

指标	2015 年 累计数（个）	2016 年 累计数（个）	增长 （%）
院士专家工作站	197	239	21.3
专家基层科研工作站	136	166	22.1
博士后科研流动站	84	84	0
高层次人才创新创业示范基地	21	21	0
国家重点试验室、 国家工程技术研究中心	10	10	0
国家级企业技术中心	19	20	5.3
国家级高新技术开发区、 经济技术开发区等各类园区	7	7	0
省重点实验室、省工程技术研究中心	161	168	4.3
省级企业技术中心	328	343	4.6
省级高新技术开发区、 经济技术开发区等各类园区	63	64	1.6

数据来源：《2016 年度云南省人才发展统计公报》。

院士专家工作站从 197 个增加到 239 个，增长 21.3%；专家基层科研工作站从 136 个增加到 166 个，增长 22.1%；博士后科研流动站 84 个，高层次人才创新创业示范基地 21 个，国家重点试验室、国家工程技术研究中心 10 个，国家级高新技术开发区、经济技术开发区等各类园区 7 个，与上年持平；国家级企业技术中心从 19 个增加到 20 个，增长 5.3%；省重点实验室、省工程技术研究中心从 161 个增加到 168 个，增长 4.3%；省级企业技术中心从 328 个增加到 343 个，增长 4.6%；省级高新技术开发区、经济技术开发区等各类园区从 63 个增加到 64 个，增长 1.6%。2017 年，全省博士后科研工作站和科研流动站达到 104 个，其中国家级博士站 84 个、省级博士站 20 个，新招收博士后人员 156 人，累计招收培养博士后人员 1059 人。

四　创新创业人才效能逐步提高

（一）人才效能明显提高

人才效能主要体现在三个指标上，包括人才贡献率、万人发明专利拥有量、PCT 国家专利申请量。《云南省人才发展统计公报》数据显示，2016 年，云南人才贡献率为 17.51%，万人发明专利拥有量为 1.9 件，PCT 国际专利申请量为 31 件。

（二）贡献突出的人才不断涌现

据《2016 年度云南省人才发展统计公报》数据，全省共有"两院"院士 8 人，国家"千人计划"入选者 26 人，国家"万人计划"入选者 35 人，全国杰出专业技术人才 6 人，新世纪"百千万人才工程"国家级人选 68 人，国家级有突出贡献中青年专家 63 人，享受国务院政府特殊津贴人员 1666 人，"长江学者"9 人，全国宣传文化系统"四个一批"人才 14 人，国家级非物质文化遗产项目代表性传承人 69 人，省委联系专家 651 人，省有突出贡献中青年专家 1795 人，享受省政府特殊津贴人员 1878 人，省科学技术突出贡献奖获得者 14 人，省科技领军人才 26 人，省云岭学者 58 人，省云岭产业技术领军人才 79 人，省云岭首席技师 129 人，省云岭教学名师 105 人，省云岭名医 58 人，省云岭文化名家 45 人，省中青年学术和技术带头人后备人才 994 人，省技术创新人才培养对象 677 人，省级创新团队 180 个，省宣传文化系统"四个一批"人才 173 人，省级非物质文化遗产项目代表性传承人 1016 人，"西部之光"访问学者 231 人，省"拔尖乡土人才"600 人。

五　人才环境明显改善

（一）人才领域改革深入推进

（1）破解高端引才瓶颈，逐步构建起柔性引智新机制。云南积极依托独有的资源、环境、区位、平台、民族文化等特殊优势，按照"不求所有、但求所用，不求所在、但求所为"和择天下英才而用之的思路，在不改变人事、档案、户籍、社保等关系的前提下，试点建立柔性引才基地、创建成果转化激励机制、开展科研项目服务外包、推动退休高端人才二次开发利用等方式，逐步构建起了"柔性引智"新机制，有针对性地邀请国内外高层次人才到云南来开展顾问指导、短期兼职、阶段式服务、课题研究（学术研讨）、技术入股、高层次人才二次开发、休假疗养、对口支援、挂职锻炼等，柔性引进云南发展急切需要的大批产业发展人才、科技创新人才、卫生教育专业人才和文化创意人才，使人才红利与改革红利、政策红利、环境红利叠加，更好地服务云南高质量跨越式发展战略。

（2）努力填补引智载体空白，积极搭建人才国际交流新平台。组织力量，认真学习当前国内具备国际影响力的人才交流平台——"三会一周"，并主动响应对接"一带一路"、长江经济带和辐射中心建设等重大战略机遇，积极抢占西部地区人才高地，搭建具有云南特色、具备一定国际影响力、辐射范围广的国际招才引智新平台。

（3）打通人才发展壁垒，构建人才培养新模式。出台了《拓宽技能人才成长上升通道实施办法》，在职业院校中全面推行"双证制"；依托产业发展，加快培养集聚一批精于自主创新的重点产业高端领军人才，深入实施省"万人计划"系列高层次人才培养工程，培养选拔"云岭学者""云岭产业技术领军人才""云岭首席技师""云岭教学名师""云岭名医"和"云岭文化名家"等"云岭"系列高端人才。针对云南省人力资源服务产业小、散、弱的现实状况，强调顶层设计、高位推动，着力建设中国（昆明）人力资源服务产业园（国际人力资源市场），充分利用园区产业聚集、企业孵化、业态拓展、市场培育、标准统一的优势，努力打造辐射南亚、东南亚的人力资源服务产业总部基地。

（二）招才引进项目落实落地

积极面向省外开展招商引才工作。重点引进一批拥有国内外领先技术和科研成果、能推动云南省重点产业技术突破、能带动高新技术产业发展的科研人才，能提升云南省外来投资企业经营绩效的创新团队、职业经理人，能推动金融、商贸流通等服务业发展的管理人才，以及其他懂经营、会管理、有专长的复合型、实用型人才。

建立"绿色通道"服务机制，更好地为招才引进项目服务。为让招才引进项目落实落地，云南省对引进的高层次人才给予表彰奖励和扶持培养，对事业单位、国有企业引进的博士、正高以上职称人才以及经审核的紧缺急需硕士和副高职称人才，简化来华签证审批事项，简化考试程序、招聘程序，在人才落地后，按规定享受项目扶持、科研资助、财税支持、居留、住房、家属探亲、子女教育、社会保障等方面的各项优惠政策。典型事例为1997年以来设立的"彩云奖"，截至2017年共计有160多位有突出贡献的国外专家获此奖项。

建立起"引商"与"引才"同步联动机制。各州市政府相关部门结合区域经济、行业特点和对人才引进的实际需求，瞄准境内外资金溢出型、技术溢出型、管理溢出型地区和人才高地，探索建立产业招商与产业引才同步推进机制；积极发挥园区产业聚集、资金聚集、技术聚集、人才聚集的优势，推动园区招商与园区引才同步实施；创新招商引资项目开发模式，在做好产业类项目开发包装的同时，实现产业项目与引才项目同步包装。

（三）人才特区相继建立

拓展国际化人才队伍建设新天地，"人才特区"落地开花。《国家中长期人才发展规划纲要（2010～2020年）》中提出"鼓励地方和行业结合自身实际建立与国际人才管理体系接轨的人才管理改革试验区"。云南省审时度势，勇于创新，2014 年中共云南省委、云南省人民政府出台了《关于创新体制机制加强人才工作的意见》，在滇中产业新区和瑞丽重点开发开放试验区建立人才特区，并且在人事管理、经费使用、税收、股权激励、成果转化、收益分成等方面进行创新试点，成效显著。

（四）人才公共服务体系逐步完善

云南着力为人才提供精准服务，不断增强人才服务意识，初步形成一套全面渗透、多方位、全天候、广覆盖的人才公共服务体系，包括人才资源配置公共服务、人才评价公共服务、人才管理公共服务、人才信息共享与人才权益保障公共服务等。

首先，在人才资源配置公共服务方面，已建立多层次、多渠道人才市场。网络人才市场方面有云南人才网和云南人才公共服务网，提供省内外人才资源配置服务；在高校就业方面，各高校建有自己的企业招聘信息平台，方便毕业生就业；在工业园区人才方面，园区通过自建平台和政府合作引进并建立院士工作站，提升企业核心竞争力；在高层次人才方面，政府搭建平台并通过宽松的政策环境和激励保障措施，引进外来人才和培育本土人才。

其次，在人才权益保障公共服务方面，依托现有的人事争议仲裁、劳动仲裁和劳动监察机构进一步保障人才在收入分配和社会保障上应享有的权利。政府层面开通网络平台发布最新的人力保障措施，同时开通"12333 公共服务"提供在线咨询、信息查询和办事指南；人才的医疗保障实现医保跨省结算，为从外省引进的人才提供方便的就医条件；上调有毒有害岗位津贴；公布 2017 年第一批重大劳动保障违法案件，对这类案件采取严管严惩态度。

再次，在人才管理公共服务方面，已初步建立完善的人才公共事务服务平台。依托云南人才网、云南人力资源和社会保障网、云南人事考试网提供政策信息、工作动态、网上审批、查询、缴费、办证、投诉和求助等人才公共管理服务；并已做到对政府人事任免进行公告；针对高层次人才，下放人才管理行政审批权限，精简人才行政审批事项，下放 12 所高校正高职称评审权、推行"人才绿卡"，给科研人员提供宽松研究环境；针对高校毕业生提供就业创业信息登记及就业指导、培训和推荐等项目。

最后，在人才信息共享和人才评价公共服务方面，在省级层面已经形成多层次人才信息共享体系，包括云南人才信息库、云南毕业生信息库、云南工业人才信息网、各州市的人才市场信息库。信息库旨在连接用人单位和求职者，为用人单位提供人才分类目录，为各类人才提供对口岗位。充分发挥行业协会在人才评价服务方面的作用，在生物医药和大健康产业领域，省医药商会、省医疗器械行业协会、省科技厅等多个单位提供人才职称和评价公告服务。

（五）创新创业社会氛围正在形成

建立创新创业支撑平台，大力推进大众创业、万众创新，通过"众创、众包、众扶、众筹"优化资源配置、实现资源共享、为产业发展提供新引擎。提升公共服务水平，完善创新创业扶持政策，加强知识产权保护，优化人才创新创业综合环境。建立 20 个省级创业园区，依托园区培育科技创新、文化创意、"互联网＋"等新业态，形成新的经济增长点。

建立网络众创平台，利用创客空间、创业咖啡、创新工场等新型众创空间，鼓励互联网企业通过网络平台向各类创新创业主体推广新的经营模式。降低创业门槛，加强创新资源共享和合作，促进创新成果及时转化。

企业积极与科研院所合作，通过引进专家工作站、研发任务外包等手段促进科研成果产业化。云南沃森生物技术股份有限公司积极开展技术创新，拥有 30 余项国际和国内发明专利；摩尔农庄生物科技开发有限公司与云南农业大学展开合作，目前拥有 50 项专利技术；不少企业积极培育内部创新机制，利用股权激励机制，鼓励人才创业开拓新的业务领域，开发新的产品。创新创业蓬勃发展，形成包括各类科技园、孵化器、创业基地、大学生创业园、农民工返乡创业园等的多层次创业体系。

第二节　云南人才创新创业的制约因素

一　创新创业领军人才紧缺

（一）高层次人才数量不足

高层次人才失衡，数量严重不足。2016 年云南省毕业研究生虽然达到 0.99 万人，但是具有高级专业技术职称且从事科研事业的这类高层次人才在云南省的人才队伍中只占很少的一部分。

导致这一现象产生主要有以下四方面原因：从行业上看，这类人才主要集中在教育、卫生等事业单位，而产业部门相对缺乏；从地域上看，这些人才主要集中在昆明市，而其他州市较为缺乏；从企业层面上看，这些人才主要集中在自主创新和科技研究相对突出的企业（如省能投、云南白药等），中小型企业则人才缺乏；四是从功能上看，最大的缺陷是创新型、复合型人才严重匮乏，尤其是创新型的企业家、大型攻关项目的科技领军人才严重缺乏。

（二）国际化人才严重短缺

云南缺乏具有国际视野、熟悉国际规则的高素质复合型人才。具体表现为以下方面。一是缺乏懂得国际惯例、熟悉 WTO 游戏规则的人才。如经营管理、金融、保险等领域的高级人才，诸如此类的精英人才是发展的动力源泉。二是缺乏一批取得国际化执业资格的专门人才。如注册会计师、注册设计师、律师等，具备在各自的岗位上应具备的专业知识和素养。三是缺乏一批熟练运用外语的国际经贸及管理人才。这是大力发展云南与周边国家的进出口贸易方面所必需的人才。四是缺乏一批计算机应用能力强的国际商务人才。如今正处于大数据、互联网时代，计算机应用能力强的人才必不可少。

以国际贸易专业的国际化人才缺失为例，云南省现有国际经贸人才的总体素质偏低。例如，在河口县调查的 96 个企事业单位及政府管理部门的国际经贸人才中，中专学历的占了近 60%，大专及以上学历的仅占约 40%。又如，在云南省国际经济合作公司的职工队伍中，懂外语的不懂技术、不懂管理，或者反之，懂技术、懂管理的又不懂外语，很难适应拓展国际承包工程发展劳务出口的需要。

二　人才供给与需求脱节

人才供给与人才需求应当相适应，但是，云南人才供需对接模式不健全、尚未建立精准引才机制以及国际化人才培养缺少一个长远的规划，导致人才培养机制与社会需求脱节，人才培养规格与社会需求不尽相符。

（一）人才供需对接模式不健全

从人才培养方面看，人才内部培养机制不完善。高校毕业生素质、能力与跨国公司要求不相符合的现象较为普遍。高校的专业设置、招生规模、人才培养的主要依据是教育行政主管部门的计划和规定，未能直接从经济社会的发展和需求出发，致使专业设置不尽合理，有些就业面狭窄的专业招生规模过大，课程设置与现实脱节，轻视了实践能力的培养等。

从人才引进方面看，人才外部引进机制不健全。目前云南亟须引进三类人才：一是科技创新人才，创新驱动实质上是人才驱动，需要引进高端人才和研发团队创新创业；二是新兴产业人才，包括生物医药和大健康产业、旅游文化产业、信息产业、现代物流产业、高原特色现代农业产业、新材料产业、先进装备制造业、食品与消费品制造业等重点产业人才；三是优势产业人才，云南拥有有色金属、烟草、水利水电等优势产业，目前，优势产业正处于转型升级的关键阶段，转型升级的动力来源于创新，来源于人才。

云南已经制定的人才政策在集聚人才方面发挥了作用，但还存在落实落地难的问题，有些人才政策相互"打架"，用人主体执行起来难度较大。比如高校和科研院所担任领导职务的专家学者兼职、科研经费劳务费不设比例限制等问题就很难落实到位。人才使用效益不高。以高校毕业生与企业双方人才对接为例，由于长期以来"家族式管理"模式在非公有制企业中根深蒂固，许多企业老板只用人、不用才，一些企业往往根据自己的意志、处事风格及阅历经验，任命那些曾经与自己同甘共苦的兄弟或亲戚担任企业的重要职务。不问能力大小，只凭关系远近。而对那些真正懂经营、会管理、有技术的人才，认为他们不可靠，从而不放权、不重用、不给他们发挥才能的空间。

（二）精准引才机制尚未建立

"精准引才"是指专业人干专业事，要做到"人尽其才，才尽其用"。各地政府和企事业单位要根据本地区的生产力发展等综合情况，结合本地区的产业集群规模，以及本地区的高校、科研单位、企事业单位详细的人才需求，运用科学发展的观念，利用互联网大数据的尖端先进技术，精准与相关组织接触，根据用人单位的需求，对人才进行精准选拔，达到精准引才的目的，从而避免"大才小用、小才大用、人才乱用"的现象。

但是就目前来看，云南省还未建立起精准引才机制。主要原因如下。一是政策文件关于引才的规定不够完善。例如，紧缺急需人才引进和服务的配套政策尚未完善，难以有效解决人才住房、医疗以及配偶就业、子女入学等实际问题。在党政人才队伍、企业人才队伍、专业技术人才和技能人才、社工队伍建设等方面，也不同程度地存在配套政策不完善、不统一、可操作性不强，及各有关部门和单位之间协调不够有力等问题。二是相关事业单位人岗不匹配。盲目引进、招非所用，造成留之不用、才企不适、岗能不配的情况，增加了人才的引进成本和替代成本，极大地削减了人才效益。三是缺少与之相关的政策。部分省份已陆续出台了柔性引进人才政策文件，云南省广大用人单位也以自身需求为导向，开展了大量柔性引才工作。但是在具体实践中，还应当遵循人才资源的市场规律、价值规律，根据本地区产业发展、重大项目急需紧缺人才情况，实事求是加以把握，制定更适合本土的引才机制。

（三）引进外国人才政策体系不完善

中共中央、国务院印发《关于加强新形势下引进外国人才工作的意见》后，云南结合辐射中心建设的人才需求，出台了实施意见。但是，实施意见落实落地还需要相关的配套政策，才能形成一个完善的政策体系。目前，云南省的外国人才政策体系仍存在不足之处。

1. 引智项目跟踪服务和绩效考核不到位

云南引智工作以被动的嵌入式为主，这种模式导致引智项目的战略性、针对性和持续性有所不足，难以精准聚焦在云南目前经济社会发展过程中最迫切需要的领域。由于疏于有效的绩效考核机制，特别是在财力有限、转化机制缺失的情况下，引智成果不能及时最大限度地服务经济社会发展。主要体现在以下三个方面。一是"精准引智"机制不健全。对引智项目落实落地还没有形成科学的论证机制，引智项目落地在哪里，哪个地区最适合这个项目，目前还是拍脑袋而定，随意性较大。二是对项目缺乏跟踪服务。引智项目落地后，还面临土地、资金、市场信息、人力资源等诸多方面的问题，需要当地政府和外专局跟踪服务，帮助协调解决项目运行中遇到的各种问题，目前，这种跟踪服务尚未形成机制，对推进项目造成不利影响。三是绩效考核机制不健全。引智项目落地后，缺乏对项目的年度考核和综合考核，对项目运行的情况、存在的问题、解决的措施掌握不准确，也就难以提供精准服务，致使项目的绩效难以达到预期的目标。

2. 外国人才社保体系不健全

社会保险一般遵循属地原则。因此，外国人才在云南基本上还没有参加当地的社会保险，享受不到相关的福利待遇。"社保大门向外籍人士打开是大势所趋，平等对待劳动者不分国籍。"外国人才社保政策方面存在的缺陷，对引进外国人才也是一个不利因素。

一是国际社会保险合作机制尚未形成。随着来华工作外国人才日益增多，我国对开展国家之间的社会保障合作进行了探索，与德国、韩国等国家签订了社会保障合作协议，使来华工作的德国人、韩国人可以任选在本国或中国参加社会保险，避免重复参保，并且社保手续可以在两个国家之间转存接续，极大地方便了外国人才的流动。但云南还没有实行这方面的试点探索。二是外国人才还不能缴纳"五险一金"。在云南工作的外国人才目前还不能参加我国的养老保险、医疗保险、工伤保险、失业保险、生育保险和住房公积金，缺乏社会保险制度保障的外国人才临时思想比较严重，缺少归属感，这对吸引外国人才是非常不利的。三是外国人才动态管理机制不健全。外国人才流失报告制度不健全，用人单位不能及时跟踪了解他们的思想、工作和生活情况。若发现有外国人才流走意向，难以及时向各级人才工作领导小组办公室和有关职能部门进行通报。

3. 外国人才服务政策不配套

一是绿色通道不完善。人才绿色通道一般包括出入境和居留服务、户籍办理、"三证合一"登记服务、配偶随迁、子女入学、住房服务、社会保险、医疗保健等内容。但是绿色通道服务还不够完善。例如，配偶随迁服务，原则上是指由用人单位根据相关政策规定妥善安排其工作；无法安排的，用人单位可参照本单位相关人员平均工资水平，以适当方式为其发放生活补贴。但是在实际实施过程中，落实力度不足，无法很好地保障外国人才配偶的生活。所以应重视绿色通道的建设与完善，这关系云南省能否很好地留住人才。

二是外国专家服务体系建设滞后。由于对外开放程度还不高，云南省引才吸引力不强，以至于出现服务平台工作不足、社会服务不健全、公共服务不到位、社会化服务体系不完善、服务价格较高、服务质量有待提高等一系列问题。

三是缺少外国专家的政策指导和外国专家供给、需求等信息。对"一带一路"沿线国家和地区的政治、经济和社会文化、宗教信仰的认识不足，导致东道国对中国"走出去"的企业产生误解和不信任，某些社会舆论也可能导致中国企业国外工程的停工或延期；缺乏对东道国社会治安管理规章制度的了解，难以有效地管理外籍员工甚至是本地员工。

四是外国专家数量不足、质量不高的问题依然存在。外国人才服务政策需要合理制定、严格落实，但如今并未顺利进行，缺乏专业的"一对一"跟踪服务，从而出现外国人才理应受到的待遇、福利、优惠无法得到满足，人才政策与国际接轨还有很长的路要走。

第三节 优化人才创新创业的综合环境

人才竞争归根结底是人才综合环境的竞争。云南区位优势明显，自然资源丰富，生态环境优美，政策红利潜力巨大，具备招才聚才的有利条件。人才创新生态环境好不好，要听取人才特别是高端人才的意见。在今天的信息时代，高端人才与海内外人才联系十分密切，人才说云南创新创业环境好，比政府做多少宣传都管用。因此，将自身优势转化为招才聚才的竞争优势，需要着力优化创新创业有平台、生活服务有保障、智力资本受尊重的人才生态环境，把云南打造成人才创新创造创业的沃土。

一 优化人才创新创业工作环境

人才最关注的是自己能不能出科研成果，自己的科研成果能不能转化为现实生产力。深化人才发展体制机制改革，要花大力气搭建人才创新创业平台、优化人才工作环境。

一是大力支持研发创新平台建设。"十三五"期间，对国家重点实验室、国家工程（技术）中心等创新平台，省委、省政府决定给予特殊支持。

二是构建产业技术创新战略联盟。支持产学研用紧密合作，建立技术研发、专利共享和成果转化的一体化推广平台。

三是支持人才自主创新。鼓励人才自主选择科研方向、组建科研团队，开展原创性基础研究和面向需求的应用研发。

四是建设一批高层次人才创新创业基地和众创空间。引入国内外知名创业服务机构，促进技术研发与人才孵化，完善人才创新创业服务网络。

二　优化人才创新创业生活环境

安居才能乐业。人才工作的一个重要方面就是为人才做好服务。推动人才公共服务体系社会化、市场化发展，完善高层次人才服务绿色通道，设立"一站式"人才服务窗口，为海内外高层次人才提供快捷高效优质服务。

2016 年 5 月，省外国专家就医服务"绿色通道"在昆明医科大学第一附属医院揭牌，今后凡在滇工作的外国专家凭外国专家证即可享受就医绿色通道服务，这是云南首个省级就医服务"绿色通道"，是进一步优化人才生活环境、解决引进的海外专家看病就医难问题的一项重要举措。要学习借鉴发达地区"不叫不到、随叫随到、服务周到"的人才服务经验，健全引进人才任职、社会保障、户籍、子女教育等工作生活配套政策，营造"拎个包"就可以在云南创新创业的生活环境，切实解决高层次人才生活中的实际困难，确保人才无后顾之忧，努力使人才引得进、留得住、留得动、用得好。

三　优化人才创新创业社会环境

云南各民族千百年来和睦相处、和衷共济、和谐发展，蕴含着丰富的包容性文化基因，有条件摒弃嫉才、贬才、轻才、弃才的观念和做法，在全社会培育形成尊重人才、开放包容、敢为人先、宽容失败的创新文化，积极营造识才、爱才、敬才、用才的社会环境。

要尊重人才，充分发挥人才在经济社会发展中的引领作用，努力让一切创新创业成果得到应有的保护；要开放包容，完善人才公共服务体系，努力让所有人才创新创业活动享有公平竞争的环境和土壤；要鼓励创新，支持人才站在创新第一线，努力使勇于创新成为一种品格、一种风尚；要宽容失败，健全激励机制和容错纠错机制，给创新人才撑腰鼓劲，努力减少创新人才的心理压力和社会压力。

四 优化人才创新创业制度环境

制度建设具有根本性、长期性和稳定性。深化人才发展体制机制改革，是党和国家制度建设的重要组成部分。2016 年 8 月，云南省委、省政府出台《关于深化人才发展体制机制改革的实施意见》（以下简称《实施意见》），目的就是确定人才发展制度建设的总体框架，为制定相关细则提供基本遵循。因此，《实施意见》具有以下几个特点，需要准确理解。

一是开放性。人才发展体制机制改革是一个不断完善的过程，出台了《实施意见》和相关配套政策，并不意味着改革的终止，还需要不断学习借鉴其他地区的经验做法，吸取各州市、各部门的特色亮点，充实完善人才治理政策体系。

二是联动性。在《实施意见》框架下，出台相关配套政策往往涉及多个地区、多个部门，需要各地区各部门上下联动、协调配合，特别是组织部门要发挥好牵头抓总的作用，人才工作领导小组成员单位要相互配合，出台相关政策该报备的要报备，该上人才工作领导小组会的要上会，不能各行其是，造成政出多门，相互"打架"。

三是系统性。人才发展体制机制包括人才管理体制以及人才培养、引进、评价、使用、流动、激励 6 个机制，是一项复杂的系统工程，不能"头痛医头、脚痛医脚""东一榔头、西一棒子"，搞一两个单项政策来支撑，要处理好重点突破和整体推进、政策创新和落实落地的关系，构建系统的人才政策体系。

第七章　加快发展云南人力资源服务业

人力资源服务业是现代服务业新的增长点，是国家确定的生产性服务业重点领域。在推进经济转型升级、实施创新驱动和人才强省战略的背景下，加快发展云南人力资源服务业，有利于产业结构调整升级，有利于优化人才发展综合环境，有利于减少摩擦性失业。

第一节　云南人力资源服务业的发展现状

一　人力资源服务业发展呈良好态势

（一）人力资源服务业营收稳中有升

近年来，云南省紧紧围绕把加快服务业发展作为调整经济结构重要突破口的总体思路，大力发展人力资源服务业，人力资源服务业的营业收入不断增加（见表7-1）。①

---

① 鉴于云南人力资源服务业的产值统计工作始于 2013 年，本书仅考察 2013～2017 年云南人力资源服务业营业收入情况。

表 7 - 1　云南省 2013～2017 年人力资源服务业营业收入情况

单位：亿元，%

年份	人力资源服务业营收	GDP	第三产业产值	占 GDP 的比重	占第三产业产值的比重
2013	28.62	11720.91	4897.750	0.24	0.58
2014	21.69	12814.59	5541.60	0.17	0.39
2015	26.88	13717.88	6169.41	0.20	0.44
2016	25.98	14869.95	6875.57	0.17	0.38
2017	45.75	16531.34	7833.08	0.28	0.58

数据来源：由 2013～2017 年《云南省国民经济和社会发展统计公报》《云南省人力资源服务业发展年报》整理得到。

　　数据显示，2013 年，云南人力资源服务业实现营业收入 28.62 亿元，2014 年为 21.69 亿元，2015 年为 26.88 亿元，2016 年为 25.98 亿元，2017 年达到 45.75 亿元。整体看，云南省人力资源服务业的营业收入呈现波动上升态势。由于观察年限仅有 5 年，此态势并不能代表云南人力资源服务业营业收入变化的长期趋势，短期内波动印证了人力资源服务业受经济新常态影响明显，且起步较晚，发展尚不成熟。进一步观察，2013～2017 年，云南人力资源服务业营收占 GDP 的比重分别为 0.24%、0.17%、0.20%、0.17%、0.28%，占第三产业产值的比重为 0.58%、0.39%、0.44%、0.38%、0.58%。据此可以推断，云南人力资源服务业尚不能成为第三产业发展的中坚力量，对经济增长（GDP）的贡献率较低。

　　分机构类别观察云南省人力资源服务业营收情况。通过 2016 年、2017 年数据对比，可以发现：其一，民营性质的服务企业、国有性质的服务企业全年营收远超其他机构，2017 年合计占比达 90.62%；其二，相较于 2016 年，2017 年综合性公共就业和人才服务机构、民营性质的服务企业、外资性质的服务企业、民办非企业等其他性质的服务机构的营收分别增加了 2191.45 万元、40990.03 万元、188.15

万元、17656.03 万元，而公共就业服务机构、人才公共服务机构、行业所属服务机构（事业单位）、国有性质的服务企业的营收总额呈现下降趋势，分别下降了 2508.72 万元、1227.55 万元、564.16 万元、4882.14 万元。

（二）政策法规体系建设与资源整合取得成效

按照国家推动人力资源服务业发展的战略部署，以人社部和省政府的相关文件精神为指导，从经济社会发展的实际出发，全面把脉云南人力资源服务业发展的需求，不断出台相关政策文件，完善人力资源服务业的扶持政策体系，逐步健全市场管理机制，加大人力资源市场的整合力度。主要政策及法规文件见表7-2。

表7-2 云南省人力资源服务业发展的主要政策文件

文件名称	内容摘要	来源
《关于加快推进人力资源市场整合的意见》	健全统一规范灵活的人力资源市场，推进人力资源市场整合；强化管理制度，加强市场监管，统一服务标准，完善公共就业与人才服务体系；进一步理顺市场与政府的关系等	人社部发〔2013〕18号
《关于加快发展人力资源服务业的意见》	发展各类人力资源服务机构，增强人力资源服务的创新能力，推进人力资源服务业集聚发展，加强人才队伍建设与行业管理，推动公共服务与经营性服务分离改革，在财政、税收、拓展融资渠道上给予支持，强调政府购买、对外交流、健全法律法规等	人社部发〔2014〕104号
《云南省人才市场条例》	对各类人才交流场所、人才中介组织进行人才流动的有关活动提出了政策规定，是云南省培育和发展人才市场的基本法规	1995年云南省第八届人民代表大会常务委员会公告第40号，2004年第4次修正
《云南省人才流动管理规定》	对县（市）属单位设立人才中介组织、举办大型人才交流服务活动等做出了规定	1999年云南省人民政府令第85号

续表

文件名称	内容摘要	来源
《云南省人民政府关于实施加快服务业发展3年行动计划的意见》	发展人力资源服务业，鼓励开发新型服务业态，发展行业性、专业性人力资源服务机构。稳步扩大法律服务业从业人员数量，全面提高从业人员素质，拓宽服务领域和服务方式，完善管理体制机制	云政发〔2013〕75号
《云南省人力资源和社会保障事业发展"十二五"规划》	建立统一规范的人力资源市场，加强公共就业服务等	云南省人力资源和社会保障厅（2012年）
《关于加快人力资源服务业发展的意见》	提升人力资源服务业的专业化、信息化水平，强调推进产业化、国际化进程；同时强调做好行业监管工作，推进地方立法工作，规范人力资源服务业市场秩序等	云人社发〔2014〕96号
《关于加快推进人力资源市场整合的指导意见》	加强对人力资源市场的统筹管理，完善公共就业与人才服务体系，加快公共服务与经营性服务分离改革等	云人社发〔2015〕188号

注：资料文件由云南省人社厅提供，并参照《云南省"十三五"人力资源市场规划前期研究》（验收稿）整理。

（1）逐步完善政策体系。通过相关政策文件、法律法规的出台，初步形成了一个形式多样、层级清晰的政策法规体系，进一步规范了云南人力资源服务业的市场环境，有力保障了人力资源服务业的快速健康发展。

（2）改革力度不断加大。诸多政策文件均指向完善公共服务体系，推动公共服务与经营性服务分离改革，在财政、税收、融资等方面支持人力资源服务业的发展，强调政府购买、对外交流（国际化）、产业化集聚发展，建立统一规范的人力资源市场，充分发挥市场在人力资源服务业资源配置中的决定性作用。这些政策文件明晰了市场导向，释放了政策红利，形成了工作合力，推进了人力资源市场整合。

（3）着力破解重点难点问题。尽管从中央到省出台各类相关政策、法规文件以支持人力资源服务业的健康发展，但将政策红利转变为人力资源服务业的发展红利仍需要一个市场化过程。

在此过程中，加强政策导向、监管作用，协调政府行政之手与市场无形之手，仍是云南省人力资源服务业发展面临的重要命题。此外，人力资源服务业的快速发展将对现有的政策、法规提出新的要求，法规建设和政策创新发展将是一个长期化、动态化过程，加强政策研究和制度设计仍是需要关注的重点问题。

（三）人力资源服务业市场化程度不断提高

通过观察云南人力资源服务机构数、从业人数及从业人员素质结构，可以窥视云南人力资源服务市场化发展程度。

（1）2013～2017年，云南人力资源服务机构总数呈现"N"形走势：先升后降再升（见表7-3）。2017年机构总数为671个，较2013年下降2.19%，较2016年增加1.98%。

表7-3　云南省2013～2017年人力资源市场发展状况

年份	机构总数（个）	从业人员总数（人）	服务设施情况（个）
2013	686	6081	911
2014	736	8717	818
2015	721	7565	857
2016	658	15397	854
2017	671	17367	986

数据来源：2013～2017年《云南省人力资源服务业统计年报》。

按照类别进一步观察服务机构内部的数量变化情况（见图7-1）。人力资源服务机构数的变化具有两个显著特征：一是专业类公共服务机构数逐年减少，综合类逐年增加；二是民营性质的服务企业数较为稳定，民办非企业等其他性质的服务机构数略有增加。具体来看，相较于 2014 年，2016 年综合性公共就业和人才服务机构（＋48）、行业所属服务机构（事业单位）（＋10）、民营性质的服务企业（＋13）、外资性质的服务企业（＋2）、民办非企业等其他性质的服务机构（＋9）数量均有所增加，其中综合性公共就业和人才服务机构数量增幅为 171.43%、民办非企业等其他性质的服务机构数量增幅为 30%、民营性质的服务企业数量增幅为 3.71%；而公共就业服务机构、人才公共服务机构、国有性质的服务企业数量分别减少 81个、75 个、4 个，降幅为 51.92%、60.98%、12.12%。可见，2016年云南省人力资源服务业机构总数的减少，主要是因为专业类公共服务机构数整合成为综合性公共就业和人才服务机构。这就形成了资源整合效应，提升了相关机构的服务与市场效率。据此推断，云南省人力资源服务市场化程度提高，资源整合初见成效，也表明"N"形走势体现的是"数量"到"质量"的转换。

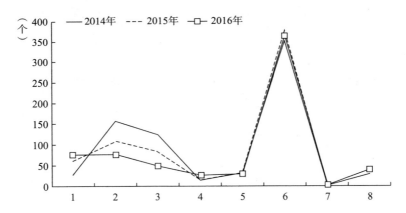

图 7 - 1　2014～2016 年按机构类型划分的人力资源服务机构数

注：考虑到制图的美观性，横轴机构类别以数字指代，具体为：1 = 综合性公共就业和人才服务机构，2 = 公共就业服务机构，3 = 人才公共服务机构，4 = 行业所属服务机构（事业单位），5 = 国有性质的服务企业，6 = 民营性质的服务企业，7 = 外资性质的服务企业，8 = 民办非企业等其他性质的服务机构。

数据来源：2014～2016 年《云南省人力资源服务业统计年报》。

（2）从业人员总数总体呈现增长态势。统计数据显示，2013年云南省人力资源服务业从业人员总数为6081人，2017年为17367人，增加185.59%。

考察云南省人力资源服务业从业人员的素质结构变化情况，可以看出，从业队伍缺乏高学历人才，素质结构亟待优化（见图7-2）。

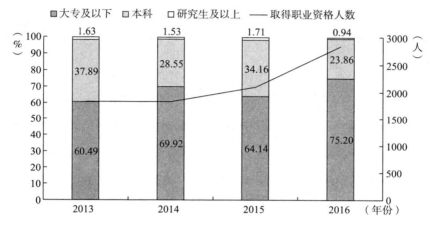

图7-2　2013~2016年云南省人力资源服务业从业人员素质结构

数据来自：2013~2016年《云南省人力资源服务业统计年报》。

统计数据表明：其一，取得职业资格人数不断上升，从2013年的1826人增加至2016年的2834人，增加了55.20%，年均增长率为15.78%；其二，研究生及以上学历从业人员占比从2013年的1.63%下降至2016年的0.94%，下降了0.68个百分点；其三，大专及以下学历从业人员占比从2013年的60.49%上升至2016年的75.20%；本科学历从业人员占比从2013的37.89%下降至2016年的23.86%。

（四）人力资源服务业信息化建设不断推进

实现人力资源服务业的信息化既是国家的政策导向，亦是"互联网＋"浪潮下的时代主题。近年来，人力资源服务业的信息化水平不断提升。

首先，信息网站数量稳步增加。人力资源服务网站个数从2013

年的 152 个增加至 2017 年的 433 个，年均增长率为 29.92%。其次，数据库数量持续增加。人力资源数据库个数从 2013 年的 372 个增加至 2015 年的 438 个，年均增长率为 8.51% （如图 7 - 3 所示）。最后，依托"金保工程"城域网搭建信息平台。伴随着人力资源和社会保障事业的快速发展，云南省借力"金保工程"，稳步推进信息化建设，实现"金保工程"城域网覆盖率达到 96%，地级以上人力资源社会保障部门普遍建立了数据中心，多数地区实现了业务数据在市级的集中统一管理。

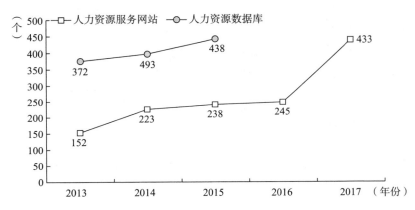

图 7 - 3　2013 ~ 2017 年云南省人力资源服务业信息化发展情况

数据来源：2013 ~ 2017 年《云南省人力资源服务业统计年报》。

部、省、市三级网络进一步贯通，基本覆盖了各类公共就业服务机构，并延伸到大部分街道、社区、乡镇、定点医疗机构和零售药店，初步形成了人力资源社会保障信息网络框架。政府网站、12333 电话咨询服务系统、基层信息服务平台使人民群众可以就近享受便捷的人力资源服务。

二　推进人力资源服务业发展的成效经验

（一）完善人力资源市场服务体系

建立"二级联动"的人力资源市场服务格局，进一步健全了人力资源市场服务体系。目前，云南省已初步建立"县区及以上＋街道（乡镇）"、覆盖城乡的人力资源市场服务格局，其中县区及以上主要为"公共就业和公共人才交流服务机构"，而街道（乡镇）则为"基层服务窗口"。与此同时，引导、鼓励发展社会职业介绍、就业培训、创业服务等服务实体类人力资源服务机构，形成了比较完备的人力资源市场服务体系（见图7-4）。

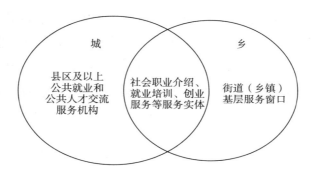

图7-4　云南省人力资源市场服务体系格局

（二）优化人力资源市场环境

强化市场监管，开展专项治理，规范市场秩序，优化了人力资源市场环境。建立日常巡查制度，探索多部门协同执法机制，会同工商、公安等部门开展专项清理整顿活动，有效维护了人力资源市场环境；积极推行诚信服务制度，实施"诚信档案制"，并积极探索人力资源市场诚信大数据库，以此督促人力资源服务机构恪守诚信准则，依法经营、诚信服务。近年来，先后有云南外服、普洱宝力、云南高创、昆明西山等人力资源服务企业获得"全国示范性诚信服务人力资源服务机构"称号。

（三）增强服务供给能力

丰富人力资源服务业产品，增强了服务供给能力。不断拓宽产品服务领域，拓展产品业态。目前，云南人力资源服务业中包括现场招聘会服务、网络招聘服务、劳务派遣服务、人力资源管理咨询、人力资源外包服务、培训服务、测评服务、猎头服务等产品业态，产品结构形态日趋合理，能够根据人力资源服务需求，提供差异化、定制化服务。同时，在测评服务、猎头服务等高端服务业方面亦有所发展。为适应经济社会发展新形势的需要，不断推动供给侧结构改革，以此提升服务供给能力。

统计数据（见图7-5）显示，2013～2017年，云南人力资源服务业服务对象总人数、帮助实现就业和流动人数等服务能力指标均呈现增长态势，增幅分别为105.70%、36.72%，年均增长率为19.76%、8.13%。但是，服务用人单位数指标呈波动下降趋势，与2013年相比，2017年下降幅度为15.01%。

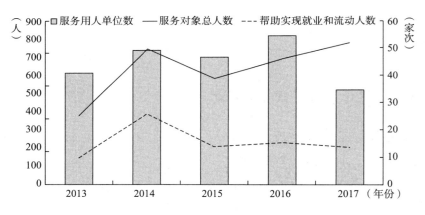

图7-5　云南省人力资源服务供给能力

数据来源：2013～2015年《云南省人力资源服务业统计年报》。

（四）推进市场化改革

推进政府"放管服"改革，进一步释放了政策红利。厘清政府职能定位，简政放权。取消、下放了"设立中介服务机构及其服务范围审批""职业介绍机构资格认定""台港澳人员在内地就业许可""劳动就业服务企业性质认定""人才招聘广告审批"等一批审批权限。深化行政许可制度改革，降低市场"门槛"。推动工商登记改革，由前置审批改为后置审批，由"先证后照"转为"先照后证"，规定对已取消的行政审批项目不得以任何方式继续替代、变相审批，已下放的行政审批项目省级不得继续行使审批权；取消流动人员档案收费，降低企业尤其是小微企业的人力资源成本。通过这些改革措施，明确了政府职能部门在人力资源服务业发展过程中的角色定位，实现了政府主管部门从"重审批"向"重服务"的转变，充分发挥了市场在资源配置中的决定性作用。

三　云南人力资源服务业发展的制约因素

（一）行业发展水平低，缺乏龙头品牌企业

（1）云南人力资源服务业发展起步晚、产值规模小，与东部发达省市相比，仍存在巨大差距。2013 年云南省人力资源服务业营收为 28.62 亿元，同期北京为 353 亿元、上海为 500 亿元、广州为 400 亿元，差距分别为 12.33 倍、17.47 倍、13.97 倍。2014 年云南省人力资源服务营业总收入是苏州市的 1/4、杭州市的 1/10、江苏省的 1/50。[①] 即便是截至 2017 年，全省也仅有 671 家人力资源服务机构，年营业收入仅为 45.75 亿元，占全省 GDP 的比重为 0.28%，占全省服务业产值的比重为 0.58%，差距不仅没有缩小，反而是在扩大。

（2）通过表 7-4 中数据观察，2015 年云南省分机构类别的人力资源服务机构的平均营收水平非常低，将其与其他省份人力资源服务机构营业收入进行对比，不难发现：单个机构营收水平低、缺乏本土化的龙头品牌企业。

[①] 2014 年数据差距表达引自云南省人社厅厅长（2015 年）在全省人力资源市场建设工作会议上的讲话《优化环境、服务大局，推进人力资源市场建设科学发展》。

表 7 - 4　2015 年云南省分机构类别的平均产值情况

机构类别	云南企业营业收入（亿元）	机构个数（个）	平均营收（亿元/个）	数据比较
综合性公共就业和人才服务机构	0.2876	61	0.0047	2014 年，上海外服 948 亿元、中国国际技术智力合作公司 405 亿元、北京外企服务集团公司 315 亿元；2013 年，广东智通人才连锁有限公司 6.3929 亿元、上海蓝海人力资源股份有限公司 0.4869 亿元
公共就业服务机构	0.0424	109	0.0004	
人才公共服务机构	0.0168	84	0.0002	
行业所属服务机构（事业单位）	0.0168	16	0.0010	
国有性质的服务企业	4.6771	31	0.1509	
民营性质的服务企业	19.6765	377	0.0522	
外资性质的服务企业	0.1550	3	0.0517	
民办非企业等其他性质的服务机构	2.0031	40	0.0501	

数据来源：2015 年《云南省人力资源服务业统计年报》、人力资本管理网站（网址：http://www.hroot.com/hcm/242/312869.html）等。

（3）云南人力资源服务企业辐射能力弱。在对企业进行走访调研的过程中发现，有 51.49% 的调研企业业务主要集中在省内，24.68% 的在市内，业务范围辐射全国、南亚东南亚及其他地区的仅分别为 17.02%、3.40%（见图 7 -6）。表明云南人力资源服务企业

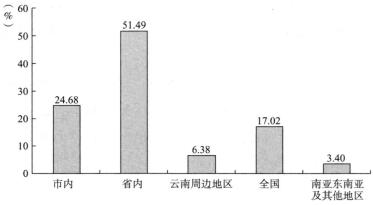

图 7 -6　云南省 2016 年人力资源服务企业业务覆盖区域

数据来源：课题组抽样调查数据。

难以"走出去"、国际化能力薄弱。

（二）从业人员素质不高，职业技能缺失

（1）课题组通过人力资源服务业从业者抽样调查发现，61.70%的从业者为大专/本科学历，其中主体部分为大专生，硕士及以上仅为0.43%，高中/中专、初中及以下合计占比为37.87%（见图7-7）。

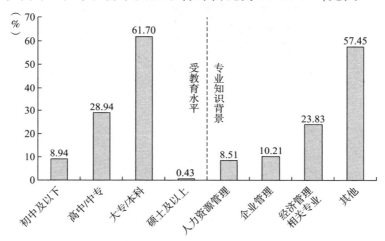

图7-7 云南省人力资源服务业从业人员素质

数据来源：调研数据汇编。

此外，通过专业知识背景观察，人力资源相关专业毕业从业人员合计占比仅为42.55%，有过半数（57.45%）的从业人员没有专业知识背景。据此可见，云南省人力资源服务业高端人才稀缺，从业人员素质不高。

（2）职业技能培训力度不够，技能缺失。如图7-8（a）所示，对于参加职业培训的情况，参加过从业资格培训的占32%，参加过入职培训的占25%，参加过职业能力提升培训的占24%，参加过使用网络培训的占8%，总体职业培训参与率不高，且尚有11%的人力资源服务业从业人员没有参加过任何培训，可见，职业技能培训力度不够。与此相对应，从业资格证书获得率较低，仍有31.91%的人没有获得职业资格证书 ［见图 7 - 8（b）］。

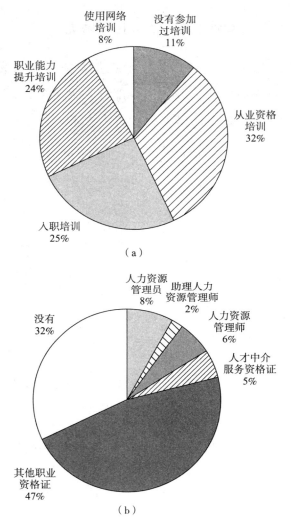

图 7 - 8　云南省人力资源服务业从业人员职业
培训与取得资格证书情况

数据来源：课题组 2015 年调研数据汇编。

（三）业态结构不合理，高端服务稀缺

目前，云南省人力资源服务的业态结构以现场招聘、劳务派遣、流动人员档案管理等传统业务为主，而教育培训、人力资源外包服

务、测评服务、猎头服务等高端服务总量较小，发展不充分，普遍不具备提供高端服务的能力，不能够满足客户初、中、高全套解决方案的需求。

（四）地区发展不均衡，产业集聚效应难以凸显

云南人力资源服务业发展长期存在区域布局不合理，"小、散、无"特征较为明显。"小"——州（市）级人力资源市场面积普遍偏小，比如怒江州人才市场只有 30 平方米。区域布局不合理集中表现在州市之间、城乡之间，例如昆明市人才市场面积最大，为 2831 平方米，而文山州人才市场最小仅为 40 平方米，两者倍差为 70.78；州（市）一级就业服务中心文山州面积最小，仅为 20 平方米，昆明市最大，为 5297.5 平方米，两者倍差高达 264.88。"散"——公共服务机构地点分散，省级服务机构分散在 5 个地点办公，11 个州（市）级的服务机构分布在 3 个以上的不同地点，只有 4 个州（市）集中办公。"无"——部分州（市）长期以来没有固定服务窗口，借用、租用服务场所情况普遍。同时，尽管云南省人力资源服务机构大多集中在州市及县市区的城市，但同城多家机构却往往散布于城市各处，形成了"相对集中、绝对分散"的困境，难以发挥产业集聚效应。

第二节　云南人力资源服务业的发展趋势

云南加快发展人力资源服务业，既具有区位优势、资源优势、环境优势和文化优势等重大机遇，也面临经济社会发展滞后、对人才吸引力不强、体制机制不活、供需对接不畅等严峻挑战。只有发挥优势、直面挑战，才能扎实推动人力资源服务业市场化、产业化、专业化、国际化发展。

一　云南人力资源服务业发展的机遇与挑战

（一）云南人力资源服务业的发展机遇

云南作为"一带一路"的重要枢纽，是中国—东盟自由贸易区、大湄公河次区域、泛珠江三角洲经济圈、孟中印缅经济走廊的交汇点，独特的区位优势、丰富的资源优势、宜居的气候条件和优惠的政策环境为人力资源服务业发展带来了前所未有的战略机遇期。

（1）区位优势为发展人力资源服务业带来极大便利。云南具有肩挑"两洋"、面向"三亚"、通江达海的独特区位，是我国扩大沿边对外开放条件优、环境好、面向国家较多、联系市场最大的地区，是我国连接南亚、东南亚和西亚的国际大通道，战略位置十分重要，区位优势十分明显。云南地处中国经济圈、东南亚经济圈和南亚经济圈的结合部，与越南、老挝、缅甸三国接壤，陆上能够沟通太平洋、印度洋，是对外开放的前沿；背靠西南腹地，北连陆上丝绸之路经济带，南接海上丝绸之路，东融长江经济带，是中国—东盟自贸区连接点、大湄公河次区域合作机制的主要参与者，也是构建孟中印缅经济走廊的重要起点。近年来，云南主动服务和融入"一带一路"，加快建设面向南亚、东南亚的辐射中心，破瓶颈、补短板、强支撑，着力打造航空网、路网、能源保障网、水网、互联网等基础设施网络，进一步夯实了人才集聚的基础条件，拓宽了引才育才用才的空间，为人力资源服务业发展提供了极大便利。

（2）资源优势为人力资源服务业发展提供了有利条件。云南具有丰富的自然资源和绚丽多彩的人文财富。在自然资源方面，云南素有"动物王国""植物王国"和"有色金属王国"的美誉，既是动植物种类数最多的省份，也是地质种类繁多，矿产资源丰富，水能、煤炭资源储量较大，地热能、太阳能、风能、生物能开发前景较好的地区。在人文景观资源方面，民族性已成为云南多元人文资源的基本特征。云南有世居少数民族 25 个，占西部民族的 65% 以上；特有民族 15 个，约占西部特有民族的 40%。^① 由于山脉、河流纵横阻隔，各民族逐渐形成各具特色的饮食、建筑、服饰、节日、宗教信仰等人文景观，如纳西族"东巴文化"、白族"建筑文化"、彝族"火文化"、傣族"水文化"、哈尼族"梯田文化"等。丰富多样化的资源优势，为人力资源服务业发展拓展了广阔的空间、创造了有利条件。

（3）生态优势为招才引智提供了良好的宜居环境。按照习近平总书记考察云南时提出的"一定要像保护眼睛一样保护生态环境，坚决保护好云南的青山绿水，蓝天白云，努力使云南成为生态文明建设的排头兵"的要求，近年来先后推进"森林云南"和"美丽云南"建设，着力推进九大高原湖泊治理，在促进循环经济、绿色经济发展的基础上，营造了宜居、易以养生的人居环境。昆明市连年被评为我国十大宜居城市之一，并且荣获了"2016 亚洲旅游红珊瑚奖"，成为亚洲最受欢迎的旅游城市之一。同时大理、腾冲、普洱等地的人居环境越来越好，它们也逐渐成为各类人才尤其是高端人才的疗养和度假胜地，进一步增强了对人才的吸引力，为各类人才的引进尤其是柔性引进高层次人才创造了重要条件，有助于促进人力资源服务业向高端化方向发展。

（4）优惠政策为人力资源服务业发展提供了强有力的支撑。随着我国人力资源市场的兴起与发展，人力资源服务已经被纳入国家现代服务业的发展规划当中，政策法规体系逐步形成。如：《关于加快发展人才市场的意见》对培育和发展人才市场提出了鼓励性政策；《劳动法》从国家基本法律层面确定了职业介绍机构的合法地位；《人才市场管理规定》对人才服务机构提出了规范性要求；《就业服务与就业管理规定》对公共就业服务机构和职业介绍机构的设立和

___

① 《云南领导干部手册（2016）》（云南出版集团、云南人民出版社出版）。

服务等进行了规范；《全国性人才交流会审批办法》《关于规范人才招聘会管理改进人才招聘服务的通知》等则针对人力资源专项服务制定了管理规定。《国务院关于加快发展服务业的若干意见》首次将人才服务纳入国家服务业的组成部分；《国家中长期人才发展规划纲要（2010～2020年)》提出要"大力发展人才服务业"；人社部《关于加快推进人力资源市场整合的意见》就加快推进人力资源市场整合改革提出了意见；人社部、国家发改委和财政部联合下发的《关于加快发展人力资源服务业的意见》提出"加强人力资源服务产业园的统筹规划和政策引导，培育创新发展、符合市场需求的人力资源服务产业园，形成人力资源公共服务枢纽型基地和产业创新发展平台"。云南在贯彻落实国家相关法律法规和政策的基础上，先后出台了《云南省人才市场条例》《云南省人才中介组织管理办法》《云南省人才流动管理规定》《关于加快云南人力资源服务产业园区建设发展的意见》等政策法规，对促进和规范人力资源服务业健康发展提供了强有力的政策支撑。

（二）云南人力资源服务业面临的挑战

人力资源服务业发展面临着前所未有的发展机遇，但由于云南是一个集山区、边疆、多民族和贫困于一身的欠发达省份，经济社会发展的底子较薄，人才的综合集聚效应较弱，体制机制障碍还不同程度地存在，人力资源服务业发展也面临巨大挑战。

（1）经济社会发展滞后，对高层次人才的吸引力较弱。经济社会发展水平的高低在很大程度上决定了对人才尤其是高层次人才吸引力的强弱。总体来看，云南省的经济总量规模不大，发展质量不高，发展速度不快，产业竞争力不强，现代服务业发展不充分，市场主体规模较小，经济结构调整进展较慢，对人才的吸引力尤其是对高层次人才的吸引力不强。高级人才匮乏，人才结构不合理，承载顶尖人才、领军人才的大型企业、项目和平台建设不足，高层次、创新型、外向型和复合型人才较少。云南人才资源总量不足、结构不优、高端人才紧缺的现实，对高层次人才吸引力不强，也直接制约了人力资源服务业的发展。

（2）产业发展滞后，信息化与国际化服务能力较低。云南人力资源服务业发展较为滞后，机构较为分散、规模普遍较小，信息化与国际化程度较低，难以有效发挥规模集群效应。各类人力资源服务机构较为分散且规模较小，缺乏有效的市场整合，难以形成集中优势，加之从业人员中有近1/3的没有职业资格证书，人员结构和产业布局不合理，难以形成具有区域特色的人力资源服务品牌，服务区域经济社会发展的能力较弱。人力资源企业的信息化意识普遍不强、信息化程度较低，密切跟踪人力资源市场供需信息变化的能力弱，难以提供高品质、及时的人才服务。此外，人力资源服务机构国际化意识不强，追踪国际人才供需变化的能力较弱，难以提供双向、多向的国际人力资源服务，对跨国人才的住房、医疗、教育、就业、签证等保障服务能力较弱，难以有效引进高端国际人才。

（3）体制机制不活，制约了行业的快速发展。受多方因素制约，不论是政府、企业还是社会各层面，对发展市场化、产业化、专业化、国际化的现代人力资源服务业的认知还存在不足，对人力资源服务的定位、功能、目标、方向、发展模式等还缺乏清晰的认识，人力资源市场体系、服务标准等建设滞后。同时，瞄准国际前沿、加快人力资源国际合作的意识较为淡薄，主动"走出去"的能力较弱，开拓国际市场、深化国际合作方面的方式方法不多，与国际接轨程度低，难以适应国际发展潮流。此外，由于市场化服务和公共就业服务之间关系模糊，政府和行业部门的公共就业服务机制不灵活，公共服务经费投入不足，"公共产品"内容单一，服务质量不高，难以提供有效的公共就业服务；公办人力资源服务机构对人力资源供求、市场价格及变动趋势等信息的灵敏性不够，而私营人力资源服务企业则普遍规模较小、经营能力较弱，多处于"一间门面、几张桌子、两三个工作人员"的状态，难以提供多样化、多层次、及时和有效的人力资源服务。在一些发展滞后的州市，人力资源服务业的市场化程度较低，仍存在管人力资源服务业的和从事人力资源服务的是同一个机构、同一班人马的状况，制约了人力资源服务业的健康有序发展。

（4）供需对接不畅，招工难与就业难并存。虽然招工难与就业难并存的主要原因在于就业的结构性矛盾，但人力资源的供需对接机制不畅也是重要的影响因素。高校毕业生"就业难"与农民工"用工荒"并存，技能型人才严重短缺，但部分技能型人才短期内难以实现就业或最大限度地达成人岗相配。这在一定程度上是由于人力资源服务业发展滞后，人力资源的供需对接机制不畅，尚未建立企业空岗信息库和城乡劳动力信息库并实行动态更新，就业服务网建设不够完善，没能及时更新"就业 e 图"，难以为城乡劳动者尤其是年轻的求职者提供全天候网上求职服务。

二　云南人力资源服务业发展目标

加快人力资源服务业发展，云南应当基于自身已有的发展基础，参考我国人力资源服务业发展的整体水平，确定具有科学性、战略性和前瞻性的发展目标，形成产值快速增长、从业机构和人员稳定增加、业务发展向中高端迈进的现代服务业新业态，为实现创新驱动战略和人才强省战略提供优质高效的服务保障。

（一）产业产值

云南人力资源服务业总产值年均增长 20% 以上，到 2020 年实现总产值 53.76 亿元，比"十二五"末翻一番。按照省委、省政府确定的经济年均增长目标 8.5% 计算，到 2020 年全省 GDP 应达到 19548 亿元，人力资源服务业总产值占 GDP 的 0.275%，比 2015 年的 0.20% 有所提高。

确定这样一个产值增长目标，主要参考了以下几个指标：一是"十二五"期间我国人力资源服务业总产值年均增长率超过 20%，2015 年总产值达到 9680 亿元，占 GDP 的 1.43%；二是按照云南 GDP 占全国 GDP 的比重计算（2015 年云南 GDP 占全国 GDP 的 2%），云南人力资源服务业总产值应当达到 193.6 亿元，差距还很大；三是云南八大重点产业之一的现代物流业（同属现代服务业）年均增长速度只定为 13%。由于缺乏川黔桂渝周边省区市相关数据，参照全国平均值，综合各种因素，增速定在 20% 以上是比较切合实际的。

（二）机构数量

到 2020 年，云南人力资源服务机构数达到 1100 家，从业人员达到 15000 人，服务设施达到 1100 个。从 2015 年的数据看，全国各类人力资源服务机构共 2.7 万家，平均每个机构产值为 3585 万元，从业人员 45 万人，人均产值为 215 万元，而云南平均每个机构产值为 372.8 万元，只有全国平均值的 1/10 左右，人均产值为 35.5 万元，约为全国平均值的 1/6。参考 2013~2015 年云南人力资源服务机构数和从业人员数的倒"V"形增长情况，综合现有资源整合和人员专业技能提升等因素，制定这样一个发展目标应该是适度和可行的。

（三）服务能力

培养 8~10 家产值超亿元的人力资源服务本土企业，打造具有较强实力的人力资源服务业知名品牌，引进 3~5 家国内外人力资源服务业知名企业入滇，形成 12~15 家人力资源服务业龙头企业。加大行业高端人才引进力度，引进10名（个）人力资源服务产业领军人才（团队）；加强职业技能培训，每年培训从业人员1000人，到2020年取得职业资格人数达到7500人，占从业者的50%以上，提高从业者专业化水平；加快信息化建设，充分利用"互联网＋"拓展业务范围。通过企业培育和人才培养引进，推动人力资源服务业从招聘、培训、劳务输出等低端服务向人才测评、人事代理、人力资源管理咨询等中高端服务迈进。

（四）政策体系

政府职能部门深化商事改革，简政放权，建立人力资源服务业管理的权力清单和责任清单，清理已经出台的支持人力资源服务业发展的政策文件，综合云南省已经印发的关于人才发展、创新创业、重点产业发展等方面的优惠政策，制定务实管用、切实可行的扶持政策。研究制定人力资源服务业行业标准和服务规范，出台人力资源服务业监督管理办法，加强行业监管和行业自律。通过政策创新，形成支持加快人力资源服务业发展的政策体系。

三　云南人力资源服务业发展方向

（一）加快市场化发展

从国内外人力资源服务业的发展历程来看，市场主体越活跃、市场化程度越高的地方，现代服务业的发展程度也越高，其中人力资源服务业扮演的角色也越重要（韩树杰，2008）。作为经济欠发达省份的云南，须遵循社会主义市场经济发展规律，按照区域产业发展规划，以市场为导向，加快人力资源服务业的市场化进程，大力培育市场主体，充分发挥市场在资源配置中的决定性作用，跟踪国外国内市场发展动态，创新服务模式、管理方式，促进人力资源服务业健康有序发展。

（二）加快产业化发展

产业是人才发展的重要支撑和有效载体，随着产业发展的延伸，各行各业的产业化程度将持续加强，人力资源服务业产业化程度将进一步加强，产业链条也将趋于完整。作为重要支撑，随着云南省经济社会的持续深入发展，人力资源服务业产业化进程必将进一步加快。今后一段时期，云南需紧紧围绕八大主导产业，着力打造产业集群，以主导产业的集聚带动人力资源服务业的产业化、集群化发展，形成产业规模效应递增，使之成为促进区域经济社会发展的重要支撑和联动南亚、东南亚的重要产业链条，以使产业发展能力和整体竞争力进一步提升。

（三）加快专业化发展

从国外国内人力资源服务业发展趋势来看，人力资源服务业专业化发展主要表现在两个方面。一是在人才服务业总量目标达到较高程度后，人力资源服务业专业化进程将逐步实施。二是人力资源服务业发展的必然趋势是人力资源供应商的专业分工体系不断细致及完善，使它们更加侧重客户的需求，更多地提供高质量的服务产品，在提高人力资源服务质量的同时，显著地降低客户企业的经营成本（韩树杰，2008）。与国外国内人力资源服务业发展相对应，云南人力资源服务业也必然要走专业化的发展道路，即以市场需求为导向，根据服务对象的发展变化，为不同类型的企业提供多样化、专业化的人力资源服务。

（四）加快国际化发展

随着全球化进程的加快，人力资源服务的全球化已成为时代潮流。作为面向南亚、东南亚的辐射中心，同时也是中国—东盟自由贸易区、大湄公河次区域、泛珠江三角洲经济圈、孟中印缅经济走廊的交汇点，云南人力资源服务业发展的国际化已成为必然趋势。云南人力资源服务业应按照"共建、共享、共赢"的要求，充分发挥毗邻南亚、东南亚的地缘优势，全方位开放创新，多渠道拓展合作，有效利用国内国外两种人力资源、两个人才市场，形成内外联动良性循环，提高人力资源服务业的国际竞争能力，把云南打造成为国际化人才的汇集高地。

第三节 加快云南人力资源服务业发展的政策措施

实现云南人力资源服务业发展规划确定的目标任务，必须大胆改革，勇于创新，采取强有力的措施。

一 建立人力资源服务业产业园

积极借鉴国内人力资源服务业产业园和人才市场发展的成功经验，以经济社会发展对人力资源服务多元化、多层次需求为导向，加大人力资源服务业发展模式的改革力度，推动人力资源服务业向市场化、产业化、专业化、国际化方向发展。

（一）加快建立中国·云南国际人才市场

在功能定位和布局上，人力资源服务业产业园与中国·云南国际人才市场实行"一个机构，两块牌子"，把发展人力资源服务产业和推进人力社保公共服务事业有机结合起来，整合资源，合理布局，努力打造一个多功能产业园区。具体来说，它应当包括以下功能：规范化的人力资源要素市场、多功能的社会保障服务平台、统筹城乡的人力社保信息平台、多元化的人力资源服务产业基地、综合性的公务员考试测评基地、专业技术人员继续教育基地和现代化的行政办公中心。实行一系列优惠政策：税收减免优惠、产业扶持资金、引进人才奖励、大型招聘会补助、租金补贴、装修补助、停车费减免、高管购房契税补助、政府购买公共服务优先、"一事一议"个性化优惠等。引进50家优质人力资源服务企业和35家配套服务企业，力争构建经营性人力资源服务、政府购买公共服务、信息技术服务、金融服务以及其他配套保障服务五大产业。组建业务代办服务中心，提供"一门式、一站式、一条龙"服务，为入驻企业办理社会保险、注册登记、证照审批、纳税申报等事项。探索一区多园发展模式，在发展基础较好、具备条件的州市，建立人力资源服务产业分园或由它们自行建立园区。

（二）大力引进国内外人力资源服务知名企业

瞄准欧美等发达国家、南亚和东南亚辐射区域内、港澳台的人力资源服务机构，重点引进一批具有国际先进水平的人力资源服务高端企业和高端项目，鼓励它们与省内企业合资合作，放宽外资控股比例，吸引已在国内落户的人力资源合资企业在云南独资经营。建立支持省内人力资源服务企业"走出去"的服务平台，扶持和培育一批具有国际竞争力的人力资源服务机构，鼓励承接国际人力资源服务外包业务。促进省内人力资源服务企业与国外同行形成战略联盟，推动人力资源服务离岸外包业务和国际交流业务的发展。鼓励有国际化经验的人力资源服务企业实现海外直接投资，建立海外人力资源服务网络，扩大互利合作空间。积极拓展面向外资企业、留学人员、外来务工人员的人力资源服务业务，为外资企业和"走出去"投资的国内企业提供定制化、有针对性的人力资源服务一条龙解决方案。

（三）支持人才和就业公共服务事业单位发展

以建设面向南亚、东南亚的辐射中心核心区为载体，充分利用中国（昆明）国际人才交流会、柔性引才基地等平台，加大面向南亚和东南亚的企业家交流中心、职业技能培训中心、人力资源产业园创新中心、人力资源信息网络智能服务平台等的建设力度，强化与国外专家、友人的交流合作，为国内外知名高层次人才、服务机构、大型企业集团等提供国际化平台和发展空间，吸引更多国际化的人才、机构和企业入驻，从而促进园区逐步走向全球。

（四）提高国际化人才引进水平

健全与国际接轨的人力资源流动、配置、使用、评价和激励机制。积极培育海外人才市场，定期举办海外人才交流活动，建立完善海外高层次人才信息库，定向委托社会机构引进紧缺急需的国际化人才。实施海外高层次人才"居住证"制度，统筹国际化人才服务工作，在市、县（区）建立上下贯通、高效便捷的组织、人社与外事、侨务、科技、招商等部门协同服务的工作平台。协助办好"中国（昆明）国际人才交流会"，提升国际化人才综合服务能力。

（五）加大小语种人才培养力度，积极推动国际劳务输出

以整合省内小语种技能培训、劳务输出技能培训为契机，引入面向南亚、东南亚涉外人力资源服务企业，既满足云南企业"走出去"的需要，又服务于进入云南投资创业的外资企业。

（六）加大人力资源服务业从业人员培训力度，打造国际化人才服务队伍

加快引进一批具有国际背景、国际视野、通晓国际规则的行业人才。每年选派部分人力资源服务业人才赴北大、清华等国内知名高校和国外著名高校、跨国公司进行培训，建立人力资源服务业海外培训基地和实训基地，规范境外培训工作，提高境外培训水平。

二　推进人力资源服务业资源整合

按照政企分开、政事分开、事企分开、管办分离、同类合并、做大做强、适度集聚的要求，理顺和转变政府的人力资源综合服务职能，推动机构、职能、人员、业务和网络整合，达到权责明确、合力增强、效率提高的目的。

（一）加快人才和就业公共服务职能整合

促进人力资源服务机构、人才等要素的集聚，实现资源要素的优化重组，着力培育服务业新业态，不断延伸服务产业链，形成多园互补、多盟联合，服务多元、产品多样，联动省内、辐射周边的人力资源服务产业群。

（二）鼓励多种所有制共同发展

充分发挥市场在资源配置中的决定性作用和更好发挥政府作用，通过市场化手段，支持通过兼并、重组、第三方参与等多元方式，形成国有、民营、外资、混合所有等多种经营模式，充分发挥资源聚合的功能，提升各类人力资源服务机构的竞争能力和内生发展能力。

（三）做大做强人力资源服务龙头企业

鼓励和支持云南人力资源开发集团公司通过兼并、收购、重组、联盟等方式，建立健全现代企业制度，打造成为实力雄厚、影响力大、核心竞争力强的人力资源服务企业集团。鼓励人力资源服务企业跨省、跨国经营，扩大经营规模。对于新引进的世界500强企业中人力资源服务企业总部或地区总部和全国100强企业中人力资源服务企业的总部或其研发中心，由省人才发展专项基金分别给予重奖。

三　构建人力资源市场供需对接模式

推进人力资源服务业的改革创新，加快云南人力资源市场供给侧结构性改革，缓解就业结构性矛盾。

（一）加强人力资源调查统计和需求预测

以政府购买服务的方式，承接政府人力资源调查统计和需求预测职能，建立人力资源供求信息发布制度，定期发布人才统计公报，编制人才供求目录，为政府重大项目、重点产业人才支撑提供决策咨询服务。

（二）搭建人力资源供需对接平台

以人力资源综合开发服务平台、专业化信息服务平台、供需信息共享交流平台等建设为抓手，开发不同类型的服务产品，针对不同的客户提供多样性、个性化的解决方案，实现人力资源供需双方线上的自动交互、比对、匹配和交易。

（三）拓展人力资源服务范围

不断提升传统人力资源服务业务水平，拓宽人力资源服务机构服务渠道，加强与各人才培养机构的联系，及时跟踪市场信息，提升供需信息挖掘分析研究能力。根据不同类型企业的需求，定期组织小型化、专业化的人才交流会和招聘会，实现线下招聘服务的常态化、机制化，构建线上线下有效互补、良性互动的人力资源服务格局。

四　创新人力资源管理服务方式

从思想观念转变与制度创新入手，树立人力资源服务业发展的新理念，不断深化人力资源市场体制改革，创新人力资源管理服务方式。

（一）推行规范化管理服务

开展人力资源服务标准化建设，建立行业标准和服务规范，引导行业规范化、标准化经营。加快人力资源服务机构等级、服务产品、服务行为、服务程序等标准的制定、实施与推广进程，鼓励行业协会和龙头企业制定服务标准，推行服务承诺、服务公约、服务规范等制度，引导人力资源服务行业公平竞争、诚信服务。

（二）加快人力资源服务业信息化建设

制定人力资源公共服务信息化发展规划，按照数据网络化、信息社会化、流程自动化、管理电子化的要求，加快人力资源信息公共服务网络建设。推进政府及其所属人力资源服务机构的人力资源服务网站的联网贯通，形成以"云南公共就业服务网""云南人才网""云南众创网"等为引领，以市、县（区）、乡镇（街道）服务网络为支撑的全面覆盖、互联互通的全省人力资源服务信息网络体系。

（三）建立人力资源市场预测监测机制

加强市场动态监控系统建设，鼓励开展云计算和 SAAS 服务，推进人力资源服务软件产品认定和人力资源流向监控工作。大力开发人力资源供求信息查询系统、人才测评系统、职业指导系统、远程面试系统等，提高社会化服务能力。鼓励经营性人力资源网站建设，培育发展网上人力资源市场。

（四）强化人力资源服务业的行业自律

成立云南省人力资源服务业行业协会，建立行业业务培训与交流合作机制，强化人力资源服务企业的自律性，提高其规范化服务水平。

五　加大人力资源服务业政策扶持力度

成立云南省人力资源服务业发展工作领导小组，挂在省人社厅人才工作领导小组名下，办公室设在人力资源市场处。清理国家、省现有各相关政策，强化与国家相关优惠政策的对接，充分发挥现有优惠政策的最大激励作用，废止不适应发展需要的老政策、旧政策，积极借鉴发达地区促进人力资源服务业发展的好政策、好做法，适时制定有利于激励云南省人力资源服务业发展的良策，以政策红利推动人力资源服务业快速发展。

（一）设立人力资源服务业发展专项资金

在省人才发展专项基金名下，设立人力资源服务业发展专项资金，对开展人力资源服务业标准建设、行业高端人才培养和引进、骨干企业培训等给予资金支持。对批准建设的国家、省和市级人力资源服务产业园区，分别一次性给予不低于200万元、100万元和50万元的开园补贴。从第二年起，各地还可根据实际情况给予运营补贴。支持符合条件的人力资源服务企业通过银行贷款、发行股票债券等多渠道在境内外资本市场筹措资金，改善企业的投融资环境。

（二）制定鼓励服务创新的政策

支持新技术、新理念在人力资源服务中的运用，促进人力资源服务业与重点产业深度融合，拓展人力资源服务领域。完善政策咨询、就业和创业指导、就业援助、就业失业登记、职业介绍、职业培训、信息网络、人力资源社会保障事务代理、高校毕业生就业、人才招聘、人才公招公选、区域人才开发合作等基本公共就业服务和人才服务产品；大力发展高级人才访聘、人才测评、人力资源服务外包、人力资源管理咨询、网络招聘、人力资源派遣、信用调查、心理援助、薪酬管理、人事诊断等新兴业态和产品。

（三）制定行业发展优惠政策

借鉴国内外产业园区相关经验，探索制定税收、行政审批、投资准入、负面清单等相关政策，并制定出台相关财政奖补、金融扶持、领军企业和杰出优秀人才特殊扶持等优惠政策，吸引海内外高层次人才、机构和企业参与人力资源服务业发展。

（四）支持人力资源服务企业开展品牌建设

鼓励企业注册和使用自主人力资源服务商标，带动人力资源服务品牌推广。加大品牌宣传推介力度，举办和参加各类人力资源服务业推介说明会、博览会、交易会等，着力打造一批国际化、全国化、区域化、专业化的服务品牌。加大品牌创建奖励力度，对新获得国家驰名商标的企业，给予一次性100万元的奖励；对新获得省著名商标的企业，给予一次性10万元的奖励。

（五）引导和鼓励人力资源服务消费

加大政府购买人力资源服务力度，制定公开的政府购买人力资源服务目录。加强人力资源服务业推广宣传，引导用人单位树立核心竞争力的观念和服务外包的意识，鼓励用人单位购买或使用优质人力资源服务产品。

六　加强人力资源服务业人才培养引进

坚持人力资源服务业专业人才的培养与引进并重，提高专业化水平，以人才集聚促进产业集聚，提高专业化水平。

（一）引进一批产业领军人才或团队

按照刚性引进和柔性引进并举的思路，引进一批熟悉行业规则、处在行业前沿、具有国际视野的知名企业和人才或团队。利用引进高层次人才绿色服务通道，对引进的国内外人力资源服务业高层次人才，在职称评聘、住房保障、子女入学、配偶就业、看病就医等方面，参照省政府确定的八大重点产业引进高层次人才的相关优惠政策执行，优先纳入云南省"千人计划"系列人才引进工程。

（二）加快培养本土高层次人才

以深化人才发展体制机制改革为契机，实施人力资源服务业人才培养工程。依托滇沪合作、省院省校等合作机制，每年选送一批人力资源服务业专业人才到发达地区进修培训。在云南国际人才交流会名下，设立"互联网＋人力资源服务"分论坛，加强人力资源服务业人才培养的国际交流合作。对专业水平高、业绩贡献突出的人力资源服务业高层次专业人才，优先纳入云南省"万人计划"系列人才培养工程。

（三）加强职业技能培训

整合人社、扶贫、农业、工会、妇联、共青团等部门的现有培训资源，制订人力资源服务业从业人员培训计划，确定培训机构、培训规模和师资力量，对承担培训任务的机构给予优惠的补助，对培训合格的从业人员发给职业资格证书。

（四）强化高层次人才激励

完善职业经理人制度，在人力资源服务企业开展年薪制、协议工资、股权、期权等试点，探索实行职业集合年金计划，让人力资源服务业高层次人才实现事业和名利双丰收。

第八章　加强云南技术工人队伍建设

破解劳动力市场"招工难、就业难"的困局，缓解就业的结构性矛盾，实现更高质量、更充分的就业，必须加强技术工人队伍建设。技能人才是技术工人队伍的骨干力量，推进技能人才评价体制机制改革，是加强技术工人队伍建设的着力点和突破口。改革技能人才评价体制机制有利于弘扬大国工匠精神，培养造就规模宏大的技能人才队伍，为产业结构调整升级提供人才支撑；有利于更好地适应国家推进职业能力建设、职业资格鉴定等方面改革的新要求，形成有云南特色的技能人才评价指标体系；有利于强化技能人才评价导向，为技工院校、职业院校、培训机构等提供可以借鉴的培养目标。

第一节　云南技能人才队伍建设的基本现状

一　云南技能人才队伍建设成效显著

近年来，云南先后通过开辟职称评审直聘渠道、对特殊人才实行特殊评价、下放职称职级评审权限、实施乡镇基层卫生职称评价制度和推进会计、技工院校教师正高级职称评审等改革措施，对现行技能人才职称职级制度进行改革创新，技能技术人才队伍得到了长足发展。

（一）技能人才总量稳步增长

（1）技能人才数量快速增长。技能人才是指掌握专门知识和技术，具备一定的操作技能，并在工作实践中能够运用自己的技术和能力进行实际操作的人员。他们是我国人才队伍的组成部分，是技术人员队伍的骨干。截至 2016 年底，云南高技能人才有 84.94 万人，占人才总量的 18.26%。各州市积极贯彻国家技能人才建设相关政策措施，加大投入力度，在为企业培养急需的技能人才等方面取得了显著成果。以曲靖市为例，截至 2017 年末，共有技能人才 35 万人（含机关事业单位技术工人 10603 人），其中高级技师 175 人、技师 3730 人、高级工 57745 人、中级工 166618 人、初级工 121754 人。以丽江市为例，2010~2017 年共新增技能人才 36800 人，其中高技能人才 8480 人，高技能人才占技能人才的比例从 2010 年的 8.9% 增加到 2017 年的 14.5%，"十三五"末预计新增技能人才 38000 人，高技能人才占比达到 17%。以大理州为例，通过人才强州战略的实施，技能人才队伍不断发展壮大，现已拥有技能人才 270155 人，技能人才占劳动者比例为 15% 左右。

（2）高技能人才数量逐年增加。高技能人才是指在生产、运输和服务等领域岗位一线，熟练掌握专门知识和技术，具备精湛的操作技能，并在工作实践中能够解决关键技术和工艺的操作性难题的人员。在大力倡导提升企业自主创新能力、建设创新型国家的时代背景之下，更多更快地培训高技能人才，被视为中国提升国家核心竞争力的战略举措，同样地，也是加快云南省经济社会发展的重要资源和有力支撑。

省委、省政府高度重视高技能人才培养工作，将高技能人才工作纳入人才强省战略规划，不断创新高技能人才培养体制机制，畅通高技能人才上升通道，并将高技能人才放到与其他 5 类人才同等重要的位置，同谋划、同部署、同推进、同落实、同考核。全省高技能人才总量呈现快速增长的势头。"云岭首席技师"、技能大师工作室从无到有，已建成国家级高技能人才培训基地 11 个、省级高技能人才培训基地 6 个、国家级技能大师工作室 15 个、省级技能大师工作室 114 个[①]，高技能人才总量快速增长，一支分布在各行各业、数量庞大的高技能人才队伍正在发挥着重要的引领作用。以曲靖市为例，2017 年新增高技能人才 6463 人，完成省厅下达高技能人才培养 4000 人目标的 162%，高技能人才数量由 2010 年的 2.51 万人增长到 2017 年的 6.2 万人，年均增长率达 13.79%，高技能人才占技能人才者的比例由 19.07% 增长到 20.37%。云南高技能人才数量呈上升趋势，为打造一支有理想守信念、懂技术会创新、数量充足的高技能人才队伍奠定了基础。

（二）职业技能教育培训体系基本形成

职业技工教育是国民教育体系和人力资源开发的重要组成部分，承担着为经济社会发展培养高素质技能人才的重要任务。近年来，云南省先后出台了《关于加快云南省技工院校与技能人才队伍建设的实施意见》《关于印发云南省"云岭首席技师"培养工程实施办法的通知》等文件，旨在建立一个较为完善的职业技能培训体系，大力推进技工院校、职业院校以及培训机构的管理和改革。

（1）技工院校加快发展。技工院校是技能人才培养的主阵地，为国家和云南省经济建设培养输送了大批高素质的技术工人。一是办学特色日趋明显、办学实力显著增强。技工院校是培养具有相应专业知识和较强实际操作能力的技能型人才的主阵地，也是为工业企业培养技术工人的摇篮。据了解，在云南省现有的大型工业企业

---

① 《云南以"工匠精神"锻造高技能人才队伍培育能工巧匠》（云南网，2017 年 7 月 14 日）。

中，如云南锡业有限公司、昆明钢铁公司等企业集团，约1/3的职工是技工学校毕业生。目前，他们大多已成长为企业生产技术骨干。因此，技工教育极其鲜明的办学特色，使技工院校实质成为第二产业的"第一车间"。众所周知，技工教育的办学成本高，投入大。为培养具有较强实际操作能力的现代技能型人才，技工院校必须紧跟产业发展进程，不断购置先进的实训设备，而且在学生实训期间还将使用大量耗材。例如，为培养一名合格的中级焊工，两年实训期间就得消耗焊条约80公斤，仅此一项成本就高达800多元。二是教育规模以及毕业生就业率大幅提高。5年来，全省技师学院增加到8所，在校生规模保持在10万人以上。2017年，全省技工院校年共招收学生51890人，在校生人数140760人，比上年末增加8595人；毕业生就业25625人，就业率达95.98%。[①] 三是服务社会功能日渐完善。云南省坚持以高技能人才为引领，不断改革完善技能人才评价体系，通过全面推行由初级工、中级工、高级工、技师和高级技师5个技能等级构成的国家职业资格证书制度，形成了面向社会劳动者的职业培训体系和职业技能鉴定体系，为劳动者岗位成才、自学成才开辟了一条成长通道。[②]

此外，云南省委、省政府领导多次强调要高度重视技能人才培养和技工队伍建设，初步形成了主动服务地方经济、基本满足社会需求、各类技工院校共同发展的新格局。当前，全省上下正全力以赴围绕"三个战略定位目标"，探索跨越式发展的道路，技能人才发展正迎来千载难逢的重大机遇，技工教育也将迎来发展的春天。

（2）职业院校改革逐步推进。对职业院校毕业生实行"双证"制度，鼓励他们参加全国、全省统一职业资格培训鉴定。也就是说，对职业院校的毕业生，要求他们在取得毕业证书的同时，通过参加

---

① 《2017年云南省人力资源和社会保障事业发展统计公报》。
② 《云南：培育技能人才 打造云岭工匠》（《云南日报》2017年8月15日）。

职业培训鉴定取得至少一本职业资格证书，以促进他们就业。

以构建"产教融合""工学结合"的人才培养模式为目标，制定专业建设标准和课程标准。精心设计"基于工作过程，以就业为导向的课程体系"，改革教学内容，形成专业特色。以云南工程职业学院建筑工程学院为例，为培养适应建筑业发展，能力素质与工作岗位相匹配的高素质技术技能型人才，该院积极探索了"一专＋综合"型人才培养模式。"一专"是指每个专业的学生毕业时必须具备一项非常娴熟的技能，且此项技能水平要高出同类院校同专业学生。云南工程职业学院相关负责人介绍，工程造价专业学生对造价软件应用这项技能要相当熟练，考核时随机抽出一套图纸，学生就能精准快速应用软件进行计量和计价；建筑工程技术专业学生应对编制施工组织设计方案这项技能较精通，随机给出一个工程概括，学生需要能够又快又好地完成一套完整的施工组织设计方案。而"综合"则是指各专业学生在毕业时除具备一项非常娴熟的技能外，还应具有一定的思品素质、文化素质、身心素质、职业素质等综合能力素质。

不搞"一刀切"，分类培养、分层教学助学子成长成才。民办院校的学生，学习基础参差不齐，教学切不可"一刀切"，"分类培养、分层教学"是因材施教的有效措施。职业院校以培养新型技术技能型人才为目标，将国学教育融入职业教育，对接产业，结合行业、企业的需求及学生的资质禀赋，按照"分类培养、分层教学"的理念，灵活设置同类专业提高班及跨专业特色班，采用"多元共生"的途径，培养多种类型的、专长各异的应用型人才，形成人才培养特色。

（3）培训机构管理日益规范。为规范职业培训机构管理，提高培训质量，促进本省职业培训健康发展，云南根据《中华人民共和国职业教育法》、省政府颁布的《关于加快我省社会力量办学的若干意见》，并结合自身实际制定了以下办法。

一是职业培训机构必须遵守国家的法律法规和有关政策，积极开展工作。培训结束后，应按照《云南省职业技能鉴定管理条例》组织参训人员参加职业技能鉴定（考核）。对鉴定（考核）合格者，由人力资源和社会保障行政部门核发《中华人民共和国职业资格证书》。为保证职业培训教学质量，维护国家职业技能鉴定的统一性，职业培训机构要严格执行统一教材、统一标准、统一试题的规定，在批准的专业（工种）和培训等级范围内，按照国家职业资格等级标准和与之相适应的教学计划、教学大纲开展具有针对性、实用性的职业培训。

二是职业培训机构的布局和设置，实行全省统筹规划、总量控制的办法。省人力资源和社会保障厅负责确定各地职业培训机构的数量，各地、州、市负责在省厅核定的控制数内，统筹规划、合理布局当地的职业培训网点。全省职业培训机构的名称按批办规范统一规范为："×××职业培训学校"或"×××职业培训站"。

三是职业培训机构实行社会力量办学许可证制度。经行政主管部门审批后颁发的《中华人民共和国社会力量办学许可证》（以下简称《许可证》），是职业培训机构办学的合法凭证。职业培训机构必须在《许可证》规定的办学范围、办学层次与办学地点开展职业培训工作。省外单位和个人到云南省开展职业培训的，统一由行政主管部门批准，并在核发办学《许可证》后方可开展工作。

近年来，随着对技能人才与高技能人才的需求越来越旺盛，培训机构的设立和发展越发值得关注，云南省采取相关有力措施确保培训机构的管理日益规范。

（三）技能人才政策环境逐步优化

在破除技能人才成长成才体制机制障碍方面进行大胆突破，建立起以企业行业为主体、以职业院校为基础、政府推动、部门协作、个人参与、企校联合的技能人才培养体系。技能人才政策环境正在逐步优化，省委、省政府出台了一系列促进技能人才培养、使用、竞赛选拔和表彰激励政策，为有技能、有梦想的青年搭建了成长成才的平台。

（1）技能人才培养投入加大。技能人才是产业转型升级的重要支撑，云南省要始终把技能人才队伍培养摆在突出位置，加大投入力度，助推技能人才快速成长。20世纪80年代，学徒工每月工资仅13元，现在技能大师可以同总经理一样拿年薪，原因在于政策好、待遇高、有奔头。主要体现在以下三方面。

一是入读技工院校学生可享受政府优惠政策。与其他中等职业学校学生同等享受国家3年2000元/人·年的学费和贫困学生2000元/人·年的助学金，以及政府奖学金等政策；对入读指定技工院校的怒江、迪庆农村户籍学生，还可再享受2500元/人·年的生活补助；对入读技工院校的建档立卡贫困家庭子女，还可凭技工院校在读证明，到户籍所在地领取3000元/人·年的生活补助（谢军，2012）。

二是建立人才培养联动机制。省委、省政府高度重视人才培养工作，将技能人才队伍建设作为整个人才队伍建设的重要组成部分，整体规划、统一部署。以曲靖市为例，明确工作目标和具体工作措施，将高技能人才培养的重要性提升到了前所未有的高度，并在人社局职业能力建设科加挂"高技能人才工作办公室"，成员由市委组织部、财政局、教育局等部门相关人员组成，建立多部门联动、全方位协调的责任机制，多次召开专题会议，研究安排高技能人才培养工作，建立了高技能人才培养联动机制。

三是大力开展就业技能培训。根据各州市产业结构调整及优势特色产业发展需求，有针对性地开展培训。如大理州重点选择了家畜饲养、核桃种植、苹果种植、花椒栽培等工种对农民进行了培训，面向城乡各类有就业要求和培训愿望的劳动者开展多种形式的就业技能培训。指导支持各高等院校、职业学校大力开展职业技能和就业能力培训，加强就业创业教育和就业指导服务，促进大中专毕业生就业。对连续缴纳失业保险三年以上，取得初、中、高级职业资格证书的人员，给予1000元、1500元、2000元职业培训补贴。对参加技师和高级技师培训取得相应职业资格证书的企业职工分别给予2000元和3000元的一次性职业补助。

（2）技能人才发展平台逐步建立。通过健全职称制度体系、完善职称评价标准、创新职称评价机制和改进职称管理服务方式等举措，推进云南省深化职称制度改革工作，进一步拓展专业技术人才职业发展空间，释放和激活专业技术人才创新创造创业活力，全面提升云南省专业技术人才的供给水平和队伍整体素质。通过对现行职称制度进行了机制创新和政策完善，专业技术人才队伍得到了长足发展，为云南跨越式发展提供了人才智力支持，力争在3年内基本完成工程、卫生、农业、会计、高校教师、技工院校教师、科学研究等职称系列改革任务，通过5年努力，全面完成深化职称制度改革任务。

开展并完善技能在线学习平台。该平台利用现代信息技术和远程教育手段，对云南各类人才和社会劳动者进行教育培训。据介绍，云南开放大学依托人社厅的统筹规划和组织协调，发挥自身在远程开放教育、师资与体系办学、网络信息技术、专业学科建设及学习成果认证与学分积累转换等方面的优势，建设了云南省技能在线学习平台。目前，该平台已具有五大功能，即新闻资讯、个人中心、在线考试、支持服务、培训资源。

抓协调合作，搭建高技能人才培养平台。从场地、资金、人才、税收等方面提供便利，积极搭建校企合作桥梁。政府有关职能部门从各自的工作职责出发，深入职业技工院校适时指导，帮助学校规范合作行为，丰富合作内容，解决合作中遇到的问题，方便学校充分利用企业的设施设备、生产经验和产品信息进行技能人才培训，保证培训的知识技能与社会发展的实际需要相一致，企业也在获得技能人才的同时获得了经济效益，实现校企合作互利双赢。此外，建立"前校后厂"技能培养模式，将技工学校与部分企业联合起来，企业为学校提供实习场所以培养优秀技能人才。

（3）各类技能大赛广泛开展。技能人才的培养，主导在政府，重心在社会。为了营造尊重技能人才的浓厚氛围，建立选拔人才、培养人才的常态机制，云南省每年都会组织很多职业技能大赛，为全省经济社会发展提供了有力的技能人才支撑。积极与旅发委等相关部门组织各类竞赛活动。2017 年 12 月，云南省职业技能大赛决赛丽江分赛区决出手工刺绣、中式烹调、花艺、茶艺、手工银器制作、手工木器雕刻、导游等项目的冠军。丽江文化底蕴深厚，又拥有一大批珐琅银器、东巴刺绣、木雕等能工巧匠，同时又是著名的旅游城市。因此，把与旅游产业和手工艺制作紧密联系的几个项目的决赛放到了丽江，通过在丽江举办技能竞赛，弘扬了劳动光荣、技能宝贵、创造伟大的时代风尚，进一步推动全省旅游业技能人才和能工巧匠队伍建设，助力丽江旅游、文化事业的发展。[①]

积极支持企业开展岗位练兵和举办行业技能大赛。2018 年，先后组织开展世界技能竞赛云南省选拔赛、中国技能大赛云南省选拔赛、全省职业技能大赛等系列竞赛活动，全年组织各类技能大赛 40 项以上，参加人员上百万人次。如配合指导曲靖应用技术学校、一汽红塔、昆明冶研新材料股份有限公司以及旅游餐饮服务等单位开展焊工、汽车维修工、冲压工、餐厅服务员、客房服务员等项目的职业技能竞赛，评选出 34 名"曲靖市技术状元"，68 名"曲靖市技术能手"。通过各级各类职业技能竞赛活动，各行业企业将职工技能

---

① 《丽江市技能人才工作情况汇报》（2017 年 9 月 12 日）。

竞赛、岗位练兵活动变成企业的自觉活动，形成班组比、车间比、企业比、集团比、同行业比的热潮，激发了广大技能劳动者勤练技术、争当技术能手的热情，在职工中形成学技术、赛本领、展风采，创先争优、比学赶帮超的良好风气。

对获奖选手给予破格晋升相应证书。对竞赛胜出的所有选手按照规定破格晋升技师或高级工，并给予奖励。通过政府表彰进一步激发广大职工的劳动热情和创造活力，营造技术比武、技术创新的良好氛围。同时，提高了高技能人才的影响力，为广大技能人才树立了学习的榜样，也在社会上引起了强烈的反响。

（4）技能人才成长通道逐渐拓宽。拓宽公务员来源渠道，允许技工院校毕业生报考公务员。明确"技工院校学生毕业后获得的毕业证书属中职学历"，与中专、高中学历具同等效力。也就是说，所有等级的技工院校毕业生均相当于中专或高中学历，可以在除学历外其他条件均满足岗位要求时，报考所有要求中专（高中）学历的岗位。这有助于拓宽基层公务员来源渠道，改善基层公务员队伍结构，激发技能人才活力。考虑到基层对高技能人才的需求，经研究决定，2016年公务员考录时，乡镇公务员岗位对取得高级技工、预备技师职业资格证书的人员不设学历及学位的限制，比如某乡镇岗位拟招一个博士研究生，但未设专业需求，取得高级技工、预备技师职业资格证书的人员在满足该岗位其他条件要求时，可以报考这一岗位（但若该岗位设置了专业需求，取得高级技工、预备技师职业资格证书的人员则应按"未在专业目录里的专业"的做法，填写相应信息后由人工审核判定是否符合岗位条件）。

将技工院校招生纳入云南省中职学校统一宣传、统一招生、统一录取平台，完善了技能人才与专技人才成长互通的"立交桥"。技工院校毕业生可参加专业技术职称申报评审；破格晋升一批高级工、技师或高级技师；技师学院高级工、预备技师班毕业生比照大专、大学本科毕业生享受同等求职创业补贴待遇。

二　云南技能人才队伍建设存在的问题

云南技能人才队伍的建设，与发达国家和国内其他省份相比，无论是在数量上还是在素质上都存在很大的差距和很多不可忽视的问题。其中，高技能人才匮乏，与经济社会发展需要仍有许多不相适应的地方；技能人才供需脱节，总量不足，结构和分布不合理，领军人才匮乏；技能人才成长通道不畅，高技能人才仍然面临发展渠道窄等问题；技能人才评价指标体系不健全，指标选取有偏差；民族工艺人才青黄不接，人才专业结构不够合理，民族工艺等技术领域的人才紧缺。对于这些问题，需要不断改革创新，多方施策，协同发力，努力破解。

（一）高技能人才匮乏

在云南技能人才队伍中，高技能人才比例偏低，与发达地区相比仍有一定差距，云南省技能劳动者总量不足、结构不合理、人才短缺的问题还很突出，特别是高层次人才资源严重不足。统计数据显示，截至2016年末，云南省高技能人才84.94万人，占技能劳动者的比例为26.2%，占就业人员总量的比例仅为2.83%。其中最突出的当属云南省在医疗方面的人才。以云南少数民族传统中医药人才为例，据中国科协会同曲靖医学高等专科学校调查，在民族医疗机构中，仅有近20%能够提供民族医诊疗服务。中医类别医疗机构提供的民族医诊疗服务约占全部中医诊疗服务量的22%。在云南少数民族地区医疗服务机构及人才数量少，少数民族医药人才队伍整体素质不高，高职称医药卫生人才比例较低，领军人才严重匮乏，年龄结构偏大，民族医诊疗水平尚不令人满意。无论是数量、结构还是质量，云南高技能人才都无法满足当前加快发展先进制造业、战略性新兴产业和现代服务业的要求。企业对技能人才的素质结构也不断提出新要求，云南省技能劳动者需求保持不断增长的趋势，技能型工人数量短缺和素质结构问题越来越突出。近年来，云南省就业人员参加的职业技能鉴定级别大多是初、中级，参加高级以上技能鉴定的人数较少。许多企业和行业高技能人才的短缺，直接影响着云南省产业转型升级和经济社会的发展。

（二）技能人才供需脱节

技能人才一头连着产业和发展，一头连着就业和民生，是服务民生的中坚力量。近年来，随着经济发展方式转变、产业结构调整、技术革新步伐加快，云南省高素质劳动力供需不匹配的结构性矛盾日益突出，与全国相比，云南省对教育的投入相对较少，人口素质水平不够高，绝大部分人口文化程度处于初高中水平，高素质人口比例偏低，劳动力市场上高技术人才严重稀缺，导致高科技高技术人才的供需脱节。其中技师、高级技师仅占技能劳动者的4%，而企业需求是14%，相差10个百分点，缺口达14.7万人。高技能人才的匮乏已经成为人力资源发展的瓶颈，大规模的"技工荒"在困扰着人才市场。此外，高技能人才队伍"老龄化"现象也比较严重，目前省内近一半的高技能人才年龄在45岁以上。高技能劳动力供求缺口日益扩大，对高技能劳动力的需求不断上升。"就业难"与"招工难"并存的现象愈加凸显。技能人才的数量和质量与社会发展的需求差距还很大，高技能人才占技能劳动者的比例较低。把劳动者打造成一支高素质的产业工人队伍，对于促进就业创业、增加城乡居民收入、提高劳动密集型企业竞争力、提升产业结构等方面都具有积极的促进作用。

（三）技能人才成长通道不畅

长期以来，云南对高技能人才的认识仍有偏差，重学历文凭、轻职业技能的观念还未从根本上得到扭转，技术工人的地位还较低，经济待遇偏低、社会地位不高、发展通道狭窄，导致人们不愿意从事技能工作（李英娟，2014）。技能人才成长通道不畅，社会地位和工资待遇偏低的状况没有从根本上得到改变，很难对高技能人才产生足够的激励作用，也很难调动技能人才主动提升能力的积极性。从当前来看，云南省普遍重视学历教育，忽视职业教育。学历教育中"千军万马过独木桥"，而职业教育却因生源不足而陷入困境，高技能人才的价值普遍未得到社会应有的认同。不仅社会对高技能人才的职业缺乏认同感，甚至高技能人才对自身职业的认同度也比较低。高技能人才职业普遍不受重视，所以仍然面临发展渠道窄、待遇偏低等问题。

（四）技能人才评价指标体系不健全

目前，云南省的技能人才评价指标体系不健全，制度创新不够，尚未形成健全规范、公平合理的高技能人才评价制度。据统计，评价指标仅从性别、专业、年龄、地域分布方面进行分析，并且选取的数据及范围不够全面。在性别方面，选取的云南省男女比重悬殊较大，选取的男性比例是女性比例的5.95倍，对于云南省发展产业的实际情况来说，男性应该占大部分，除了某些行业和特殊专业，符合云南经济社会发展方向需求的行业和领域，可以适当放宽对女性创新人才的选拔条件。在专业方面，云南省的调查统计分析涉及五大学科，工学、农学、医学所占比重较大，比重高达87.12%，这与云南省的支柱产业相关，但管理学、理学所占比重较少，这两种类型的创新人才也是急需的，评价时不应该予以忽略。在年龄方面，评价数据较多集中在36～45岁，46～50岁的仅占13.64%，虽然不同学科领域有其自身的发展规律，个人的创新能力的年龄峰值也会不尽相同，但由此看出评价指标选取的数据不够全面，得出的结果也较难客观。在地域分布方面，"云岭首席技师"中有104人分布在昆明市，占总数的78.79%，其他州市由于基础条件限制，经济科技发展水平较低，入选人数仅为28人，占总数的21.12%，地域分布不均衡。

（五）民族工艺人才青黄不接

根据云南省培育支柱产业、发展高新技术和优势产业的需要，目前遴选技术创新人才的重点领域为生物医药、矿业、电力、烟草产业、农业等，这些领域的创新人才数量较多，而在民族工艺方面，高技能人才严重短缺，且培养难度大。对于民族工艺这种传统工艺活而言，需要祖辈相传，讲究工艺，同时它也是个精细的粗活，而现存的许多独具少数民族特色的优秀手工技艺，如"钨铜走银""皮影""油纸伞""彝族刺绣""傣族织锦""民族刀具"等，都面临相对困窘的市场境遇，愿意从事这些手艺的人越来越少，传统工艺人员缩减，人才青黄不接。同时地方的民族工艺人也已经普遍存在老龄化问题，培养民族工艺人才的相关学校和机构不甚广泛，民族工艺人才的培养仅靠一些民间非专业化的培养，这样就影响了年轻一代对民族工艺知识、功力和基础的掌握。再者，民族工艺人才与高技能人才相比，工资待遇偏低，报酬与付出不相称，导致其经济地位持续走低，收入期望值跌破预期后，许多青年工人会谋求改变职业身份，加入待遇高、风险小的管理者行列或专业技术人员行列。因此，便出现愿意从事工艺创作的人才渐少，人才资源流失，民族工艺人才青黄不接的现象。

三 技能人才队伍建设存在问题的原因

对于技能人才队伍建设中存在的一系列突出问题，究其原因，可以从思想观念滞后、企业培养技能人才动力不足、行业协会作用发挥不充分、职业资格鉴定改革滞后这几个方面来分析。

（一）思想观念滞后

目前，云南省仍存在片面人才观，不少人一提到人才，想到的是专家、教授、工程技术人员、经营管理人员等，而把技术工人排除在人才之外。"技术工人也是人才"的观念，还没有得到社会的普遍认可，人们的观念未根本转变，技术工人的地位还较低。企业对技能人才队伍建设也不够重视，重学历、轻技能，重使用、轻培训的问题突出。这些陈旧观念使得技能人才在社会上不能够得到有力的支持，技术技能型人才培养滞后，不少地区和部门没有从思想深处认识到高级技能人才对企业生存与发展的重要作用。因此，相对于后备技术干部和后备领导干部培养而言，对于技能型人才的重视程度低，财政支持技能人才培养力度不够。绝大多数企业，至今尚未形成一套有效的高级技能人才培养制度。

（二）企业培养技能人才动力不足

企业对高技能人才的激励制度不健全，引进高技能人才缺乏制度保障，高技能人才的引进主要靠市场行为。在企业分配中技术工人的工资收入相对降低，分配向厂长、经理、销售人员和工程技术人员倾斜，尚未把技能纳入生产要素参与分配，投入提高技能的人力资本回报率几乎为零。近几年，云南省对高级技能人才的激励政策陆续出台，规定聘用的技师享受工程师待遇，对聘用的高级工、技师、高级技师，比照助理工程师、工程师、高级工程师享受相应待遇，对高级技工学校和技师学院毕业、持有高级职业资格证书的，比照大专生享受相应待遇。对持有高级工、技师、高级技师职业资格证书的企业在岗职工，可分别享受每月 50 元、60 元、80 元的技能津贴。但这项政策在经济效益差的企业还难以执行，一些有支付能力的企业也不认真落实，致使高级技能人才留不住，面临流向沿海发达地区的挑战。比如，陆军四十三医院护理部主任提前办理退休手续，被上海一家医院以年薪 30 万元外加 5 万元住房补贴的条件挖走。再者，高级技能人才培训经费在企业也难以得到保障。近年来，随着政府机构改革和国有企业改制，传统的企业职工培训受到了较大冲击，在管理体制、运行机制等方面出现了一些新情况、新问题。国家规定的企业工资总额的 1.5% 作为职工教育和培养经费，在云南省相当多的企业得不到落实，一种情况是提取的比例达不到 1.5%，另一种情况是经费使用缺乏监督，真正用到职工培训上的不多。

（三）行业协会作用发挥不充分

行业协会作为众多企业、技术性组织和高等院校的联合体，在技能人才培养方面发挥了重要作用。但是也存在不少问题，使得行业协会作用发挥不充分。首先，行业协会组织助推技能人才培养的相关法律体系不健全，缺乏相应的权威，没有有力的外部环境支持。虽然行业协会的法律环境有所改善，但是还没有针对技能人才发展的法律依据，相应配套的单行条例和实施细则至今尚未出台。其次，行业协会对于技能人才队伍的建设缺乏配套的相关政策、管理人才以及资金保障。从目前云南省行业协会的发展现状来看，其工作人员基本上都没有编制，只有少数行业协会通过主管部门获得了几个事业编制。行业协会的人事管理没有相应的政策与之匹配，对于技能人才的培养和扶持也缺乏相应的政策支持。最后，资金不足是制约行业协会发展的最大瓶颈，限制了行业协会的健康发展，也制约了它们在技能人才队伍建设中的作用发挥。目前，行业协会的资金来自政府拨款、会员缴纳的会费、经营性收入和服务性收入。然而，政府拨款具有不固定性，会员缴费的标准较低，经常出现拖欠的情况，甚至部分协会只能通过收取咨询费、培训费等手段维持自身的正常运行，这些都表明了行业协会资金来源没有可靠保障，从而对技能人才队伍的建设和扶持也造成了一定的影响。

（四）职业资格鉴定改革滞后

在技能人才队伍建设的过程中，职业资格鉴定改革不够及时，技能人才多元评价体系不够完善，无法很好地打通高技能人才与工程技术人才之间的职业发展通道，高技能人才职业资格认证率低。技能人才的职业资格鉴定存在证书太多、考试太滥的问题。导致技能人才都疲于赶考，负担很重。再者，职业资格鉴定改革滞后，导致人才评价机制无法实现多元化。目前的职业资格鉴定仍然有唯学历、唯论文等倾向，将论文等作为评价应用型人才的限制性条件，而不是凭能力、实绩和贡献评价人才。调查数据显示，目前云南地区高技能人才职业资格鉴定率仅为54%，高技能人才职业资格鉴定不及时，使用不到位，缺少职业晋升通道。因此，在高技能人才使用上存在严重浪费的现象。

第二节　构建科学的技能人才评价指标体系

改进技能人才评价方式是技术工人队伍建设的重要抓手，构建公正全面的技能人才评价指标体系，是改进技能人才评价方式的关键。技能人才的鉴定与评价不能局限于技能、职业道德、安全生产等要素的简单叠加，而应从岗位实际出发，从基本素质、专业知识、技能水平、工作业绩和可持续潜力5个方面来全面评价，并科学确定各项指标的权重，合理使用评价结果，以建立具有长效机制的技能人才评价体系。

一　技能人才评价指标的构成

（一）基本素质

技能人才的基本素质主要应包括思想政治素质、职业道德素质、组织纪律素质、团队精神和责任意识等 5 个方面。

（1）思想政治素质。思想政治素质主要体现在拥护党的领导，热爱祖国，坚持唯物论，实事求是，树立正确的价值观、学习观和工作观，正确对待集体利益和个人利益等方面。

（2）职业道德素质。职业道德是技能人才在职业活动中应遵循的行为准则，主要包括在工作中的思想意识、行为态度和操作规范。

（3）组织纪律素质。组织纪律素质是指技能人才履行职责、顾全大局、服从安排、恪尽职守、遵章守法等素养。

（4）团队精神。团队精神能够使团队成员齐心协力，拧成一股绳，朝着同一目标努力。团队精神的核心是协同合作，最佳状态是向心力、凝聚力的高度集中，以保障团队高效率运转。

（5）责任意识。责任意识是一种自觉意识，只有尽到对企业的责任，才是好员工。责任是能力的体现、制度的执行。能够、善于和勇于承担责任的技能人才是促进企业健康发展的重要力量。

（二）专业知识

技能人才尤其是高技能人才的专业知识主要应包括受教育程度、专业理论知识、专业英语水平和计算机水平等 4 个方面。

（1）受教育程度。受教育程度是指技能人才受教育的年限、取得的学历、从事全日制学习的时间、脱产学习的时间等。一般来说，受教育的年限越长，取得的学历越高，从事全日制学习和脱产学习的时间越长，则受教育程度越高。

（2）专业理论知识。一名合格的技能人才应该掌握足够的专业基础理论，及时熟知专业领域所涉及的新知识、新技术，善于通过不同渠道不断拓宽专业知识领域、调整专业知识结构，并在工作中不断总结提高。

（3）英语和计算机水平。对于大多数技能人才，可能不需要评价考核其英语和计算机水平。但如果技能人才特别是高技能人才从事的工作岗位与英语和计算机密切相关，需要查阅相关的英文技术文件、维修手册等，需要熟练应用计算机处理技术文件，会使用相关专业的应用软件进行资料的录入与管理等，则应当将英语和计算机水平纳入评价指标体系范围。

（三）技能水平

技能人才的技能水平主要体现在问题解决能力、技术创新能力、所获得的技能等级证书以及参加各类比赛获奖情况等4个方面。

（1）问题解决能力。在技能水平方面，技能人才首先需要具有解决问题的能力，能在规定的时间内完成指定的任务，能在平时工作过程中及时进行总结，不断提高解决技术难题的能力。这种能力体现在：一个人在遇到问题时，能自主地、主动地谋求解决，能有规划、有方法、有步骤地处理问题，并能适宜地、合理地、有效地解决问题。对问题的解决一般需要四个阶段：①理解和表征问题阶段。这一阶段主要是确定问题到底是什么，需要找出相关信息而忽略无关的细节，并准确地表征问题。②寻求答案阶段。如果表征能够使问题解决者联想起一个顿悟式的解决方案，就能使问题被有效解决；反之，就只能遵循寻求解答的路线。③执行计划或尝试某种解答阶段。当表征某个问题并选好某种能够解决的方案之后，就开始计划和尝试解答问题。如果解答方案主要涉及某些算法的使用，要能够在使用算法的过程中避免产生系统性的错误。④评价结果阶段。评价结果的方法之一就是寻找能够证实或证伪这种解答的证据，对解答进行核查。

（2）技术创新能力。技术创新是指改进现有或创造新的产品、生产过程或服务方式的技术活动，包括开发新技术，或者将已有的技术进行应用创新。技术是产业之源，重大的技术创新会导致社会经济系统的根本性转变。苏塞克斯大学科学政策研究所根据创新的重要性，将技术创新划分为：①渐进性创新，渐进性的、连续的小创新，②根本性创新，开拓全新领域、有重大技术突破的创新；③技术系统的变革，这类创新将产生具有深远意义的变革，通常出现技术上有关联的创新群；④技术 - 经济范式的变更，这类创新将包含很多根本性的创新群，又包含很多技术系统变更。对于技能人才而言，主要是渐进性创新。它要求建立畅通高效的创新服务体系，为技术与产品研发提供最贴近市场和用户需求的信息，推动应用创新。

（3）技术等级。技术等级是国务院各相关部门依法制定的，用以衡量技术工人技术业务水平和工作能力并据以确定其技术等级的统一尺度。它根据各工种的技术复杂程度、劳动繁重程度和责任大小，规定技术等级的数目以及各个等级具体的技术要求。工人的职称由低至高，分为初级工、中级工、高级工、技师和高级技师五级。高技能人才一般应具有高级工或以上技术等级，并取得职业资格证书。

（4）技能获奖。技能获奖主要是指参加各种技能竞赛或比武，并能获得较高等级的奖项。职业技能竞赛应坚持以社会效益为主和公开、公平、公正的原则，与职业技能培训、职业技能鉴定、业绩考核、技术革新和生产工作紧密结合。职业技能行业可在职业技能鉴定的基础上开展职业技能竞赛。职业技能竞赛可以反映技能人才的实际技能水平，体现出他们的高超技艺，也可以使人才脱颖而出。

（四）工作业绩

工作业绩是技能人才评价的重要指标，它主要包括完成工作任务情况、安全生产环保、提出合理化建议及 QC 成果、培养后备技能人才等方面。

（1）完成工作任务情况。技能人才按照企业要求，运用所掌握的专业能力独自完成本岗位所要求的任务，并通过提高劳动效率以及产品质量来为企业经济效益的提高服务；在降低企业生产成本方面能独立提出有效的措施。

（2）安全生产环保。技能人才在企业的生产工作中，能够严格执行岗位操作规范，杜绝事故的发生或者在遇到安全隐患时能够及时排除隐患。

（3）提出合理化建议及 QC 成果。技能人才发现现行办事手续、工作方法、工具、设备等，有改善的地方而提出建设性的改善意见或构思。

（4）培养后备技能人才。高技能人才传授徒弟相应的专业理论和操作技能，使徒弟成为技能人才，或在企业技能竞赛中取得优异成绩。

（五）可持续潜力

技能人才的可持续潜力主要体现在身体素质、组织管理能力和发展潜能等 3 个方面。

（1）身体素质。身体素质的发展对增强技能人才的体质和健康有重要意义，只有健壮的体魄才能更好地工作。一般情况下，身体素质好的技能人才，体质强健，精力旺盛，持续工作能力强；能适应在艰苦环境与条件下的工作，能够在自己的岗位上创造更多价值。

（2）组织管理能力。现代社会是一个庞大、错综复杂的系统，绝大多数技能工作需要多人协作才能完成。因此，从某种角度讲，技能人才也是组织管理者，承担着一定的组织管理任务。组织管理能力强的技能人才，能通过合理的安排或协调提高工作效率。

（3）发展潜能。发展潜能是指思维敏捷，学习能力、适应能力强，接受新技术、新工艺、新流程、新方法、新理论的能力强。如果技能人才能够做到内心平和、有效利用各种资源，就能比较充分地发挥个人潜能。

二　技能人才评价指标的权重

技能人才评价指标的权重体现着测评者的意图导向和价值观念，

对测评结果有重大影响。它和测评指标体系相互配合使用，可以引导技能人才测评行为，而且会灵敏地反映整个指标体系的综合测评结果，对技能人才的培养、使用和评价、激励具有十分重要的作用。

（一）指标权重确定原则

技能人才评价指标权重的确定应遵循以职业技能为导向、以工作业绩为重点的原则，具有科学性、系统性、可操作性，注重评价项目的层次性和可区分度。技能人才评价应突出业绩评价，使评价结果更具客观性、准确性。评价过程应注重参评对象的业绩和贡献，突出考核参评对象的工作表现、工作成果、技术创新等职业活动。在评价中应确保业绩材料的真实准确，进而确保评价结果的公正，使具有真才实学的能工巧匠脱颖而出。技能人才评价应以职业技能为导向，进一步突破年龄、资历、身份等的限制，加大"技能水平"评价指标的权重，引导技能人才不断提高自身技能水平。

（二）指标权重确定方法

指标权重是一个相对的概念，是针对具体指标而言的，而具体指标的权重是指该指标在整体评价中的相对重要程度。本章技能人才评价指标权重的确定主要通过层次分析法筛选重要指标，进行指标排序，再根据其他省份的经验数值、专家模型测算来确定评价指标的具体权重数值。

（1）层次分析法。层次分析法是将与决策有关的元素分解成目标、准则、方案等层次，在此基础之上进行定性和定量分析的决策方法。该方法由美国运筹学家匹茨堡大学教授萨蒂于20世纪70年代初提出，该方法的优点在于把定性与定量结合起来，可以通过决策者的经验进行目标实现与否以及是否重要的判断，并能对指标权重进行确定。它是对无法用定量的复杂系统做出决断的最好替代方法。

该方法确定指标权重的实施步骤为如下。

首先，建立递阶层次结构，先把目标 A 和评价因素集 U 确定下来。

其次，构造两两比较判断矩阵（即 A－U 判断矩阵）。把 A 作为表示目标，$U_i \in U$（$i=1，2，3，\cdots，n$），U_{ij} 的取值按表 8－1 进行。

表 8－1　判断矩阵标度及其含义

标度	含义
1	表示两个因素相比，重要性是一样的
3	表示两个因素相比，一个因素比另一个因素稍微重要些
5	表示两个因素相比，有一个因素在重要性方面比另一个因素明显
7	表示两个因素相比，有一个因素的重要性比另一个强烈
9	表示两个因素相比，一个因素的重要性比另一个极端
2，4，6，8	上述两相邻判断的中值
倒数	因素 i 与 j 比较的判断为 a_{ij}，则因素 j 与 i 比较的判断 $a_{ji}=1/a_{ij}$

根据上述各符号的意义，得到判断矩阵 P。

$$P = \begin{bmatrix} u_{11} & u_{12} & \cdots & u_{1n} \\ u_{21} & u_{22} & \cdots & u_{2n} \\ \vdots & \vdots & \ddots & \vdots \\ u_{n1} & u_{n2} & \cdots & u_{nn} \end{bmatrix} \begin{bmatrix} u_1 \\ u_2 \\ \vdots \\ u_n \end{bmatrix}$$

再次，通过结果得出各层指标的重要性排序。

①根据 A－U 判断矩阵，把最大特征根所对应的特征向量求出来。它的特征向量就是我们所需要的权重，而这也就是所说的权数分配。具体求法就是计算判断矩阵每一行元素的乘积 M_i。

$$M_i = \prod_{j=1}^{n} u_{ij}(i,j = 1,2,\cdots,n)$$

②计算 M_i 的 n 次方根：

$$\overline{W}_i = \sqrt[n]{M_i}$$

③对向量 $\overline{W} = \left[\overline{W}_1, \overline{W}_2, \overline{W}_3, \cdots, \overline{W}_n\right]^\mathrm{T}$ 做归一化处理，即：

$$W_i = \overline{W}_i / \sum_{j=1}^n \overline{W}_j$$

则 $W = \left[W_1, W_2, W_3, \cdots, W_n\right]^\mathrm{T}$ 即为所求向量。

④根据结果来计算判断矩阵的最大特征根：

$$\lambda_{max} = \frac{1}{n} \sum_{j=1}^n \frac{(pw)_i}{w_i}$$

式中 $(pw)_i$ 表示向量 PW 的第 i 个元素。

$$PW = \begin{bmatrix} (pw)_1 \\ (pw)_2 \\ \vdots \\ (pw)_n \end{bmatrix} = \begin{bmatrix} u_{11} & u_{12} & \cdots & u_{1n} \\ u_{21} & u_{22} & \cdots & u_{2n} \\ \vdots & \vdots & \ddots & \vdots \\ u_{n1} & u_{n2} & \cdots & u_{nn} \end{bmatrix} \begin{bmatrix} w_1 \\ w_2 \\ \vdots \\ w_n \end{bmatrix}$$

最后，对结果进行一致性检验。从上面的步骤中得到的特征向量就是所求权数，看权数分配是否合理，就要对所得到的判断矩阵进行一致性检验，使用公式：$CR = CI/RI$。其中，CR 被称作判断矩阵随机一致性的比率；而 CI 是判断矩阵的一个一般的一致性指标，是从下面的公式得到的：

$$CI = \frac{1}{n-1}(\lambda_{max} - n)$$

RI 是判断矩阵平均随机一致性的指标，对于 $1 \sim 9$ 阶判断矩阵，RI 值从表 $8-2$ 中取出。

表 8 - 2　1 ~ 9 阶判断矩阵的 RI 值

n	1	2	3	4	5	6	7	8	9
RI	0.00	0.00	0.58	0.90	1.12	1.24	1.32	1.41	1.45

当 CR 的取值小于 0.10，或者当出现 $CI = 0.00$ 时，就可以认为判断矩阵的一致性是可以接受的，其权数的分配也是可以接受的；如果结果不是这样，就要对判断矩阵进行调整，一直到最后得到满意的结果为止。

（2）经验借鉴法。近年来，技能人才评价体系改革已逐渐成为热点问题，一些省份和地区先行先试，也有部分专家对企业、行业高技能人才评价指标体系构建进行了深入的研究。本章借鉴了一些地区的改革经验和部分专家的研究成果，结合层次分析法的研究结论，结合调研情况进行了指标权重的设计。

（三）指标权重分配情况

在综合运用层次分析法、经验借鉴法后，得出了云南技能人才评价指标权重分配情况（见表 8 – 3）。从表 8 – 3 中可以看出，评价的一级指标有 5 个，即基本素质、专业知识、技能水平、工作业绩、可持续潜力。技能人才评价最看重的一级指标是工作业绩和技能水平，二者比重之和达到 0.62，其次是可持续潜力和专业知识，二者比重分别为 0.15 和 0.13。

表 8 – 3　技能人才评价指标权重分配情况

一级指标	一级指标权重	二级指标	二级指标权重	
			二级指标权重	从属一级指标权重
基本素质	0.10	思想政治素质	0.15	0.015
		职业道德素质	0.15	0.015
		组织纪律素质	0.25	0.025
		团队精神	0.30	0.030
		责任意识	0.15	0.015
专业知识	0.13	受教育程度	0.38	0.05
		专业理论知识	0.62	0.08

续表

一级指标	一级指标权重	二级指标	二级指标权重	
			二级指标权重	从属一级指标权重
技能水平	0.28	问题解决能力	0.34	0.10
		技术创新能力	0.28	0.08
		技术等级	0.26	0.07
		技能获奖	0.12	0.03
工作业绩	0.34	完成工作任务情况	0.28	0.10
		安全生产环保	0.25	0.09
		提出合理化建议及 QC 成果	0.32	0.11
		培养后备技能人才	0.15	0.05
可持续潜力	0.15	身体素质	0.15	0.02
		组织管理能力	0.45	0.07
		发展潜能	0.40	0.06

从技能人才评价二级指标权重看，工作业绩指标中的"提出合理化建议及 QC 成果"权重排在第一位，工作业绩指标中的"完成工作任务情况"、技能水平指标中的"问题解决能力"权重并列第二位，这符合技能人才评价应以职业技能为导向、以工作业绩为重点的原则。

第三节　推进技能人才评价机制改革

2018 年 2 月，中共中央办公厅、国务院办公厅印发了《关于分类推进人才评价机制改革的指导意见》，着力破解我国人才评价机制存在的分类评价不足、评价标准单一、评价手段趋同、评价社会化程度不高、用人主体自主权落实不够等突出问题，为云南推进技能人才评价机制改革指明了方向。

一 健全技能人才评价标准

（一）完善技能人才评价指标体系

技能人才是产业工人中拥有一技之长的骨干力量，对他们的评价要做到客观反映技能人才的德能勤绩廉等各方面的真实情况。技能人才的评价指标体系具有导向作用，对技能人才的培养和使用至关重要。从目前情况看，一些单位技能人才的评价指标体系不完善，普遍存在定性评价指标多、定量评价指标少，重学历和资历、轻业绩贡献和问题解决能力的情况，不利于技能人才的发展。各企业和行业部门应当结合实际，制定涵盖基本素质、专业知识、技能水平、工作业绩、可持续潜力等要素的技能人才评价指标体系，并合理确定各指标的权重，做到评价内容和程序客观公正，增强技能人才评价指标体系的有效性和可操作性。

（二）突出技能人才能力和业绩评价

在技能人才多类别、多因子的评价指标体系中，要合理确定各类评价指标的权重，突出技能人才能力和业绩评价。

适应工程技术专业化和标准化程度高、通用性强等特点，分专业领域建立健全工程技术人才评价标准，着力解决评价标准过于追求学术化问题，重点评价工程技术人才掌握必备专业理论知识和解决工程技术难题及技术创造发明、技术推广应用、工程项目设计、工艺流程标准开发等方面的实际能力和业绩。

（三）注重评价指标与职业标准的衔接

支持和鼓励行业或企业结合自身实际建立切实可行的技能人才评价标准，实行评价标准与国家职业标准、地方考核规范、专项职业能力标准和行业（企业）标准的有机衔接。企业应在国家、地方及行业标准下结合自身实际情况制定符合企业与岗位特点的评价标准。充分利用云南着力建设面向南亚、东南亚辐射中心的重大发展机遇，探索推动本省与周边国家工程师技能等级国际互认，提高工程教育质量和工程技术人才职业化、国际化水平。

二 改进技能人才评价方式

（一）发挥多元评价主体的作用

多元化评价机制是优化技能人才评价方式的一个重要方面。按照社会和业内认可的要求，建立以同行评价为基础的业内评价机制，注重引入市场评价和社会评价，发挥多元评价主体的作用。技能人才评价要突出市场评价，由用户、市场和专家等第三方评价。同时，评价方式也要多元化，应当包括考核评价、业绩评价、竞赛评价和技能学分认定等评价方法，企业可选用合适的方法及程序进行评价，使技能人才评价方式多样化。打造"一个企业、一种方案"的多元化技能人才评价体系，使对人才的评价更加真实、客观、符合实际，可以通过评价结果更具针对性地对人才进行技能培训，以促进技能人才的成长发展和能力提升。

（二）科学设置技能人才评价周期

遵循技能人才的成长规律和行业发展的特点，科学合理设置评价考核周期，注重过程评价和结果评价、短期评价和长期评价相结合，既要克服评价考核过于频繁的倾向，也要改进长期疏于考核评价的弊端。探索实施聘期评价制度，突出中长期目标导向，适当延长青年技能人才的评价考核周期，鼓励持续创新和长期积累。

（三）推进工作考核与技能评价的有机结合

客观公正评价技能人才，必须把平时考核、年终考核与技能考核有机结合起来。建立技能人才平时工作考核制度，突出技术技能创新过程考核；以平时考核为依据开展年终考核，对技能人才的年度工作业绩做出考核评价；以平时考核和年终考核为基础，在职称、职业等级晋升时，开展职业技能评价考核。

三　强化技能人才评价结果应用

（一）评价结果与技能人才激励挂钩

加强对技能人才评价结果的运用，创新技能人才评价激励机制。技能人才的评价结果要与职业等级、职称职务晋升和评优授奖等挂起钩来，真正让那些品德优良、技术过硬、业绩突出的技能人才受到激励和褒奖。一是评价结果与职称、职业等级晋升挂钩。把技能人才评价作为他们职业等级和职称评定的必经程序，对评价结果特别优秀的高技能人才，可以破格晋升为专业技术人员。二是评价结果与职务晋升挂钩。借鉴大理力帆骏马车辆有限公司的做法，可以规定评价结果特别优秀的高技能人才有资格进入管理岗位。三是评价结果与薪酬待遇挂钩。根据企业的实际情况，可以设置技能人才工资系列，把技能人才分为若干技术等级，每个技术等级对应相应的工资级别，对评价结果特别优秀的技能人才，可以越级晋升，并享受相应的工资待遇。在龙头企业建立首席技师制度，设立技能大师工作室，政府和企业给予资金支持。试行年薪制和股权制、期权制等激励办法。四是评价结果与评优授奖等挂钩。提升高技能人才在技术创新中的话语权，在评选推荐劳动模范、三八红旗手、先进工作者等方面适当向技能人才倾斜。举办职业技能大赛，支持优秀技能人才参加国家级和国际性相关职业技能大赛，对在国家级和国际性职业技能大赛中取得优异成绩的，应当直接晋升职业技能等级或技术职称。

（二）畅通技能人才成长通道

以技能人才评价结果为重要依据，破除论资排辈、重显绩不重潜力等陈旧观念，重点遴选支持一批有较大发展潜力、有真才实学、堪当重任的优秀青年技能人才。加大人才工程项目对青年技能人才的支持力度，在"万人计划"中设立青年技能人才专项，促进优秀青年技能人才脱颖而出。同时，对长期在车间一线和艰苦边远地区工作的技能人才，加大爱岗敬业表现、实际工作业绩、工作年限等评价指标的权重，着力拓展基层技能人才职业发展空间。

四 完善技能人才评价管理服务制度

（一）保障和落实用人主体的自主权

尊重用人单位主导作用，支持用人单位结合自身功能定位和发展方向评价技能人才，促进技能人才评价与培养、使用、激励等相衔接。合理界定和下放技能人才评价权限，推动具备条件的企业、科研院所自主开展评价聘用工作。防止人才评价行政化、"官本位"倾向，充分发挥用人主体技术技能评价机构的作用。对开展自主评价的单位，人才管理部门不再进行资格审批，通过完善信用机制、第三方评估、检查抽查等方式加强事中事后监管。

（二）健全技能人才市场化社会化管理服务体系

进一步明确政府、市场、用人主体在人才评价中的职能定位，建立权责清晰、管理科学、协调高效的人才评价管理体制。推动人才管理部门转变职能、简政放权，强化政府人才评价宏观管理、政策法规制定、公共服务、监督保障等职能，减少审批事项和微观管理。建立由政府部门宏观调控、市场主体公平竞争、中介组织提供服务、人才自主择业的人力资源流动配置机制，发挥市场、社会等多元评价主体作用，积极培育发展各类人才评价社会组织和专业机构，逐步有序承接政府转移的人才评价职能。

（三）营造全社会尊重技能人才的良好氛围

大力弘扬大国工匠精神，牢固树立技能人才也是人才的思想观念，坚决摒弃那种轻视技能人才培养、评价、使用的错误做法。改善技能人才的工作环境、生活环境和社会环境，完善高层次人才服务绿色通道，设立"一站式"人才服务窗口，将高技能人才纳入绿色通道服务范围，提供快捷高效优质服务，解决高技能人才生活中的实际困难。充分利用广播、电视、互联网等媒体，加大对技能人才创新创业先进事迹和先进个人的宣传力度，在全社会形成尊重技能人才、爱护技能人才的良好氛围。

第九章 化解过剩产能失业职工的就业安置

我国传统制造业，特别是钢铁、煤炭、水泥等高耗能、高污染行业，存在严重的产能过剩问题，制约着经济结构的转型升级。推进供给侧结构性改革，实现经济高质量发展，必须化解产能过剩问题。云南资源型经济特征明显，化解过剩产能导致一批企业"关停并转"，造成大量就业岗位流失，稳定就业形势严峻。化解过剩产能企业失业职工作为产业工人的特殊群体，正面临再就业、自主创业的严峻挑战，妥善安置分流失业职工成为化解过剩产能工作的重中之重。

第一节 云南化解过剩产能任务艰巨

一 过剩产能的行业分布和规模

云南长期以来推行重工业发展战略，实施了一系列推进重化工产业发展的重大项目，经济发展主要依靠传统工业，工业化中期特征明显。在经济新常态下，云南过去对钢铁、煤炭、水泥等高污染、高耗能产业的盲目投资、过度开发、重复建设等问题充分暴露，产能过剩行业呈现分布广、规模大，涉及职工多，失业职工分流安置难度大等特征，化解过剩产能任务十分艰巨。统计数据显示，2015

年云南煤炭行业产能约为 11800 万吨，过剩产能达 4800 万吨以上，去产能目标为压减到 7000 万吨以内；钢铁行业产能约为 3000 万吨，过剩产能达 500 万吨以上，去产能目标为压减到 2500 万吨以内；水泥行业产能为 9000 多万吨，去产能目标为到 2020 年水泥熟料去产能 1000 万吨以上，去产能达 11.11% 以上。①

（一）钢铁行业产能过剩

作为云南支柱产业之一，钢铁行业已形成较为完整的产业体系。受 2008 年金融危机后产业刺激政策影响，云南粗钢产能增速较快，年均增速达 16% 以上，显著快于全国平均水平，至 2013 年总产能已超过 3040 万吨，占全国粗钢产能的 2.6%。近两年来，随着市场需求下降、国际大宗商品价格下跌，云南钢铁产能过剩问题日益突出。2015 年，云南粗钢产量下降 16%，主营收入下降 30%，行业亏损达 48.4 亿元，龙头企业亏损达 58 亿元，吨钢亏损比全国高 5 倍，产能利用率为 50%。2013～2015 年，云南粗钢产能利用率逐年下降，分别仅为 62.0%、55.6%、46.6%，远低于全国同期 74.9%、72.0%、69.0% 的平均水平，更低于全球 78.1%、76.7%、69.7% 的平均水平，云南钢铁行业产能过剩情况十分严重（王春桥，2016）。

2016 年 2 月，国务院出台了《关于钢铁行业化解过剩产能实现脱困发展的意见》。鉴于钢铁行业产能过剩的严峻形势，云南也相应地出台了《关于钢铁行业化解过剩产能实现脱困发展的实施意见》，明确钢铁行业化解过剩产能的目标是：在 2018 年前压减粗钢产能 453 万吨以上，粗钢产能控制在 2500 万吨以内，压减炼铁产能 125 万吨，淘汰全部落后产能。②

---

① 数据来源：《云南省煤炭、钢铁、水泥行业发展情况报告和去产能目标任务》（云南招商网）。
② 《云南省人民政府关于钢铁行业化解过剩产能实现脱困发展的实施意见》（云政发〔2016〕51 号）。

　　为此，云南采取了一系列有效措施。第一，严禁新增产能。禁止任何地方政府、任何职能部门以任何名义、任何方式备案新增产能的钢铁项目，禁止办理土地供应、能评、环评审批和新增授信支持等业务。第二，着力淘汰落后产能。云南工信委、发改委联合出台了《关于继续深入推进钢铁行业淘汰落后产能专项行动工作的通知》，明确要求各地方政府对在摸排中发现的落后产能，须立即断水、断电、停产，拆除冶炼设备、生产线，并严禁异地转移产能。第三，推进智能制造。着力提升品质、研发高端产品，发展钢结构建筑，整体推动行业升级。第四，落实配套政策支持。省直各职能部门抓好财税、金融、职工安置、国土、环保、质量、安全等专项政策的贯彻落实，加大财政支持力度，按照1:1的比例配套奖补资金，配套资金省级财政和州（市）财政各承担50%。第五，实施专项行动。开展违法违规清理、淘汰落后产能和联合执法专项行动，对环保与能耗不达标、不具备安全生产条件的企业依法查处，限期整改与退出。经过多方努力，2016年全省压减粗钢产能376万吨、生铁产能125万吨，其中昆明钢铁控股公司拆除120吨转炉1座、32吨转炉3座，共压减粗钢产能280万吨，封存1080m³高炉1座、510m³高炉2座，共压减生铁产能125万吨；玉溪华盛钢铁公司拆除35吨转炉1座，压减粗钢产能96万吨。[①] 2017年云南压减炼铁产能31万吨、粗钢产能50万吨，其中大理大钢钢铁公司退出258m³高炉1座，化解生铁产能30.5万吨，玉溪合力机械铸造公司则淘汰30吨转炉1座，化解粗钢产能50万吨。[②]

（二）煤炭行业产能过剩

　　受经济下行压力加大、非石化能源快速发展、煤炭产能过剩和

[①] 《2016年云南省钢铁行业化解过剩产能任务完成情况公告》（云南省发改委，2016年11月18日）。

[②] 《我省今年钢铁去产能要啃"硬骨头"》（《云南经济日报》，2018年1月18日）。

国外省外煤炭产品涌入的影响，云南煤炭行业供求关系失衡，煤炭价格下滑，效益下降，亏损面持续扩大，煤炭行业经济运行形势日益严峻，产能严重过剩。2015 年，云南关闭 116 处煤矿，生产原煤4884.45 万吨，同比增加 10.23%，但原煤产销率仅约为 50%，煤焦化和尿素的产能利用率约为 60%。

2016 年 2 月国务院出台《关于煤炭行业化解过剩产能实现脱困发展的意见》以后，鉴于煤炭行业产能过剩的严峻形势，云南出台了《关于煤炭行业化解过剩产能实现脱困发展的实施意见》《云南省煤炭行业供给侧结构性改革去产能实施方案（2017～2020 年)》等，明确到 2018 年煤炭产能总量控制在 7000 万吨以内，到 2020 年煤炭有效供给量控制在 5000 万～5800 万吨，煤矿百万吨死亡率力争控制在 0.138 以内，全面完成化解煤炭行业过剩产能任务。

为完成化解煤炭行业过剩产能的目标任务，主要采取了以下措施。第一，控制新增产能。停止审批煤炭行业的新建项目、新增项目和产能核增项目。第二，着力淘汰落后产能。依法淘汰落后小煤矿、重点区域煤矿、年产能小于 30 万吨且发生重大及以上安全事故的煤矿、年产能 15 万吨及以下且发生较大及以上安全事故的煤矿，以及采煤方法、工艺落后的煤矿。第三，严格开采标准。着力化解安全生产、质量和环保、技术和规模、资源等方面不达标的过剩产能。第四，严控超能力生产。重新核定煤矿生产能力，实行煤矿生产能力公告和依法依规生产承诺制度，对超能力生产煤矿责令停产整改。第五，落实配套政策支持。按照 1∶1 的比例配套国家奖补资金，配套资金省级财政和州（市）财政各承担 50%。细化行业政策，停止审批煤矿建设项目，严控改扩建和机械化改造煤矿项目，鼓励支持煤矿项目转型升级。多措并举化解煤炭行业过剩产能，取得实效。2014 年，云南关闭煤矿 285 个、淘汰落后产能 1233 万吨；2016年，关闭退出煤矿 128 个、去产能 1896 万吨，其中曲靖市、昭通市、大理州分别关闭退出煤矿 42 个、21 个、14 个，占全省的 60%[1]；2017 年，关闭退出煤矿 15 个，淘汰落后产能 169 万吨，其中成都地奥集团镇雄公司熊洞煤矿淘汰产能 60 万吨，宣威来宾光明公司来宾煤矿祥源矿井淘汰产能 23 万吨[2]。

（三）水泥行业产能过剩

"十二五"期间，云南水泥产量年增长率达 9.97%，增速持续保持在较高水平，导致近年来水泥行业产能全面过剩，同质化竞争严重，效益持续大幅下滑。据统计，2014 年云南新增了 13 条生产线，增加产能 1479 万吨，利润总额却较同期下降了 3.69 亿元；2015 年云南又投产了 400 万吨新增产能，水泥产量达到 9205 万吨，产品获利由 2013 年的 12.5 元/吨下降到 1.8 元/吨，下降幅度高出全国平均水平 21%，水泥行业亏损面达 80%[3]，产能过剩问题十分突出。

2017 年 4 月，云南省政府办公厅出台了《关于严格落实产能置换着力化解水泥行业产能过剩矛盾的实施意见》，明确 2020 年前水泥熟料去产能 1000 万吨以上，严禁建设扩大产能项目，并要求采取一系列有力措施化解过剩产能。一是严控产能。2020 年底前，严禁建设扩大产能的水泥熟料项目，严控水泥熟料新（改、扩）建项目建设，妥善处理在建项目，坚决淘汰落后产能，对达不到环保、能耗、质量、安全生产等法律法规和标准要求的水泥产能，坚决关停、退出。引导、支持企业调整发展战略，联合重组，优化产能布局，主动退出、压减缺乏竞争力的产能。二是实施奖励支持。到 2020 年，省财政每年安排 2000 万元淘汰落后产能资金，按照企业自愿和"谁

---

[1] 《云南省 2016 年关闭退出煤矿 128 个 去产能 1896 万吨》（中国煤炭资源网，2017 年 3 月 24 日）。

[2] 《云南省 2017 年计划退出煤矿 15 家 产能 169 万吨》（云南省人民政府官网，2017 年 11 月 16 日）。

[3] 《云南水泥行业打响去"僵尸产能"攻坚战》（《云南日报》2016 年 8 月 25 日）。

受益，谁付费"原则，支持和激励落后产能、过剩产能和缺乏竞争力产能的退出。三是严格执法监管。强化环保、能源消耗、产品质量管理、安全生产执法检查，依法关停不达标企业。四是严格差别价格政策。对能耗、电耗达不到强制性标准的落后产能，严格落实差别、阶梯和惩罚性电价，以及超定额用水累进加价等差别化能源资源价格政策。五是依法处置土地等资产，加大产能指标统筹与核定大度。依法收回、处置产能退出企业涉及的国有土地，统筹已淘汰并获得财政奖励资金支持的产能，严格产能数量核定，规范产能置换程序，坚决淘汰置换产能。在各方的共同努力下，2016 年，全省水泥熟料去产能 622 万吨，其中淘汰退出 2 条小型新型干法窑、7 座机立窑，批准产能置换项目 9 个，等量置换产能 885 万吨[①]；2017 年，全省水泥行业淘汰落后和压减过剩产能 811 万吨[②]。

　　云南化解钢铁、煤炭、水泥等行业过剩产能的政策措施力度不小，取得了一定成效，但还没有达到化解过剩产能的既定目标。从 2016 年 9 月开始，钢铁、煤炭等产品价格上涨，部分产能过剩企业扭亏为盈，使职工、企业和政府产生一种错觉，认为钢铁、煤炭、水泥等行业的严冬已经过去，会像 2008 年金融危机时一样，再熬一熬经营情况就会好起来。其实，钢铁、煤炭等产品价格上涨，归结起来有三个方面的原因。首先，推进供给侧结构性改革、化解过剩产能上升为国家战略，全国大规模地"去产能、去库存、去杠杆、降成本、补短板"，钢铁、煤炭等资源型产品产量大幅度减少，供求关系发生了很大变化，才使生存下来的钢铁、煤炭行业保留了一定的利润空间。其次，市场机制发挥了资源配置的决定性作用。进入经济新常态，过剩产能行业跌入低谷，在经济形势总体向好的环境

---

① 《云南省水泥行业 2016 年度结构调整情况通报》（云南省工业和信息化委员会官网，2017 年 2 月 14 日）。

② 《12 月底前全面完成 2017 年水泥去产能任务》（云南省工业和信息化委员会官网，2017 年 8 月 30 日）。

下，过剩产能行业的产品价格具有一定的反弹。最后，云南推进跨越式发展客观上增加了市场需求。就云南的具体情况而言，推进辐射中心建设、实现"五网五通"、打赢脱贫攻坚战等重大举措，使固定资产投资规模进一步加大，导致需求增加。尽管如此，从总体上看，云南过剩产能行业的经营状况远未实现根本好转，在资产重组、社保欠费、职工安置等遗留问题还没有得到妥善解决的情况下，又出现了投资增长与产业增长不匹配、资源瓶颈与环境约束加剧、行业转型发展滞后与经济社会发展需求脱节等新矛盾、新问题，化解过剩产能仍然势在必行、任重道远。

二 云南过剩产能企业职工的特点

去产能成为云南钢铁、煤炭、水泥等产能过剩行业实现脱困发展的必然选择，如何安置分流去产能过程中的失业职工，涉及广大失业职工的切身利益，事关云南改革、发展和稳定大局。为准确掌握云南化解过剩产能失业职工的实际情况，本书研究开展了问卷调查，向失业职工发放调查问卷 400 份，收回有效问卷 345 份。

（一）去产能失业职工的规模数量

云南钢铁、煤炭和水泥等过剩产能行业企业有 130 家，牵涉面较广，共涉及职工 10 万余人，目前，待分流安置 6.1 万人。其中，钢铁 3 万余人、煤炭 3.1 万人、其他 4 万余人。

去产能失业职工在年龄结构、性别结构等方面呈现显著特点。（1）失业男职工较多。云南经济社会发展滞后，尚处于工业化发展中期，工业基础较为薄弱，机械化水平还比较低，钢铁、煤炭和水泥等产能过剩行业的绝大多数岗位对体力劳动要求比较高，高耗能企业多以男职工为主，造成去产能过程中男性失业职工比例高于女性职工。（2）去产能大龄失业职工较多，结构分布不均。表 9 - 1 中数据显示，在去产能失业职工中，中年职工占比较大，41～50 岁占比达 46.09%，51 岁及以上占比达 7.83%。受年龄因素和受教育程度的限制，大龄失业职工技能较为单一，缺乏再就业优势。

表 9 - 1　云南去产能失业职工的年龄、学历和就业技能分布

单位：%

年龄	占比	学历	占比	就业技能	占比
18～30 岁	15.36	初中以下	28.41	有职业技能	46.38
31～40 岁	30.72	高中/中专	19.42	有技术职称	32.75
41～50 岁	46.09	大专/本科	52.17	有管理经验	15.36
51 岁及以上	7.83	硕士及以上	0	无一技之长	19.42

注：本表数据由课题组深入煤炭产能过剩企业发放调查问卷并对问卷做整理得出；"就业技能"在问卷中对应的是多项选择题。

（二）去产能失业职工的就业技能

鉴于钢铁、煤炭和水泥等产能过剩行业的特殊性及经济、教育、文化等发展滞后，云南产能过剩失业职工呈现就业技能单一、再就业能力差等特点。去产能失业职工大多受教育程度较低、文化水平不高，专业技能有限。钢铁、煤炭、水泥等行业具有特殊行业特征，对就业人员学历、技能等要求较低，造成失业职工学历偏低，缺乏再就业技能。调查问卷统计数据显示，去产能失业职工学历在高中及以下的占比高达 47.83%，无一技之长职工占比达 19.42%（见表 9 - 1），学历、技能等水平限制了失业职工的再就业竞争力。

（三）去产能失业职工的再就业选择

解除合同再就业和自主创业是解决钢铁、煤炭和水泥等行业去产能失业职工就业问题的重要途径。表 9 - 2 中数据显示，云南去产能失业职工分流安置意愿主要集中在企业内部退养和继续聘任留用

两个方向，自主创业占比最低，其中选择"企业内部退养"的占比最高，达41.16%；"继续聘任留用"占比第二，达27.54%；"解除合同再就业"占比为23.19%，"自主创业"占比仅为11.01%，自主创业意愿较低。

表9-2 去产能失业职工分流意愿调查统计

单位：%

分流意愿	男职工占比	女职工占比	合计
继续聘任留用	25.47	31.06	27.54
企业内部退养	33.96	53.03	41.16
解除合同再就业	32.55	8.33	23.19
自主创业	13.68	6.82	11.01

数据来源：课题组调研数据；"分流意愿"在问卷中对应的是不定项选择题。

究其主要原因，在于钢铁、煤炭和水泥等行业去产能失业职工年龄普遍偏大、健康状况不佳、已有技能单一、学习新技能新知识的能力较差，对原岗位有较强的心理依赖性，再就业缺乏竞争优势，自主创业能力不足。

第二节 促进去产能失业职工再就业实践探索

在化解过剩产能失业职工安置过程中，云南省政府职能部门出台了一系列政策措施，支持和鼓励企业通过内部潜力挖掘、转岗就业创业、允许内部退养、扶持下岗创业、公益性岗位托底等多种渠道分流安置失业职工，对失业职工就业安置起到了积极的帮扶、引导作用。

一 挖掘企业内部潜力

挖掘企业内部潜力，即大力鼓励企业依托原有资源、市场、人员和技术，挖掘产业发展新潜力，拓展形成新的就业岗位，通过转岗培训分流安置一批过剩产能岗位人员。在此过程中，政府通过援企稳岗补贴、缓缴保险等措施进一步激活企业活力，增强企业挖潜能力。在挖掘企业内部就业潜力的过程中，企业需发挥自身能动性，认真梳理自身发展潜力，清理劳动用工情况，优化劳动组织，清理空缺岗位，鼓励现有职工竞争上岗。如东源煤电公司后所煤矿在化解过剩产能过程中，在清理优化所属企业劳动岗位的基础上，采取成建制转移、劳务输出等方式，在集团内部挖掘就业潜力，实现职工的转岗安置，并依法协商一致变更劳动合同，按规定办理社会保险关系转移接续手续。

二　转岗再就业

转岗再就业，就是完善就业政策体系，实施再就业帮扶活动，开展转岗技能培训、再就业培训和实用技能培训，免费提供就业指导、职业介绍、政策咨询等服务，增强过剩产能企业下岗职工再就业能力，以帮扶一批失业人员再就业。

实施转岗再就业的，一般由企业成立再就业服务中心，根据实际需要再成立就业指导工作组，对暂时难以分流安置的职工进行再就业指导、培训和管理，强化就业援助，向其他行业、企业等进行分流安置，努力开辟灵活就业新渠道。进入再就业服务中心的职工，未有效就业前可以领取基本生活费，并由再就业服务中心代缴养老、医疗、工伤、生育、失业保险费。其中基本生活费一般按照企业所在地当期最低工资标准的90%发放；养老保险、工伤保险和生育保险以全省上年度在岗职工平均工资的60%为基数缴纳；医疗保险、失业保险以当地上年度在岗职工平均工资的60%为基数缴纳。

三　允许内部退养

内部退养就是对距离法定退休年龄时间较短、年龄大且技能缺乏的再就业"困难户",遵循职工自愿、企业同意的原则,采取内部退养模式。这部分职工由企业发给生活费,缴纳职工基本医保和养老保险费,待其符合退休年限要求时再正式办理退休手续。一是养老保险缴费年限达 15 年以上,符合退休条件的,可以依法申请办理退休(含特殊工种提前退休、因病提前退休)。二是距法定退休年龄 5 年以内,符合条件的,职工本人自愿申请,经单位同意可实行内部退养。内部退养职工由企业缴纳养老保险和医疗保险费,并一次性补发拖欠工资,补缴五险及住房公积金,企业年金暂停缴费,退休后由企业结算个人账户累计储存额,职工再选择领取方式。

四　扶持下岗创业

鼓励去产能失业人员下岗创业,可以享受与高校毕业生、返乡农民工等特殊群体创业的扶持政策,通过扶持去产能失业职工创业,形成新的就业增长点,带动就业。一是实施"贷免扶补",鼓励创业带动就业。即对创业者提供小额贷款,由各级财政对创业小额贷款实行全额贴息,免收登记类、证照类和管理类行政事业收费,减免其他税收,提供创业咨询、项目评审、小额贷款、创业导师和跟踪服务等帮扶措施,进行场租、水电费、吸纳就业等补贴。二是合伙创办或领办劳动密集型企业,符合条件的,可享受大额创业担保贷款,财政部门给予适当贴息支持。三是在领取失业保险金期间创业的去产能职工,可领取剩余应享受的失业保险金,自主创业并招用其他去产能失业人员就业的,可给予创业补贴支持。

五　公益性岗位托底

公益性岗位托底就是结合"脱贫帮扶"计划,对过剩产能企业下岗的"4050"再就业困难群体尤其是零就业家庭人员建档立卡,提供"一对一"就业帮扶,实在没有其他出路的以公益性岗位托底。

加强公益性岗位管理。建立公益性岗位人员基础台账，健全公益性岗位人员档案，清理认定去产能失业再就业困难人员，加大政府购买公益性岗位力度，统筹管理应用好公益性岗位。继续清理整顿，未按规定招用去产能再就业困难人员的，及时清退；对出现顶岗、雇岗现象的公益性岗位，一旦发现即停发岗位补贴，取消用人单位用岗资格。建立健全管理机制，强化定期检查与不定期抽查，确保公益性岗位的合理使用。

做好公益性岗位再就业托底工作。全面掌握化解过剩产能解除劳动关系人员情况，摸清底数，有针对性地制订就业困难人员再就业帮扶计划，对通过市场难以实现就业的大龄就业困难人员和零就业家庭人员，实行公益性岗位托底帮扶。2016 年，全省安排就业困难人员就业 11.04 万人，实现了零就业家庭动态清零的目标。

第三节　去产能企业失业职工安置的困境

化解过剩产能的职工分流安置涉及面广、影响程度大，情况错综复杂，在实施过程中还在诸多问题，可以从失业职工自身、产能过剩企业和政府主管部门等多维进行分析。

一　去产能失业职工再就业能力不强

（一）就业形势依然严峻

经济新常态下，我国就业形势正在发生显著变化，各种矛盾相互交织，就业的主要矛盾正在转换，部分行业、地区形势严峻（刘燕斌，2016）。随着钢铁、煤炭等行业去产能工作的推进，失业人员数量不断增加，且社会新增就业人数也逐步增加，失业人员间及失业人员与新增就业人员间将形成激烈的就业竞争。产能过剩行业在产业结构调整过程中，工业基础薄弱、机械化程度低的局面将得到逐步改善，这使低技能员工面临失业压力，造成失业职工数量较多，导致再就业形成相互竞争。同时，云南新增就业人数不断加大。据统计，2017 年云南城镇新增就业人数 49.02 万人，比上年增加 9.44%。普通高校毕业生 18.8 万人，技工学校毕业生 26698 人，各类职业技能培训机构共培训结业 72.05 万人次。新增就业人数、高校毕业生及参与技能培训人数不断增加，给产能过剩企业失业人员再就业造成极大的竞争压力，使失业职工在再就业过程中处于劣势地位。

（二）就业观念滞后

去产能失业职工对经济转型认识不足，导致对再就业认知产生一定偏差，同时严峻的就业形势也会影响他们对再就业形势的判断，从而导致他们失去了更多的再就业机会。因此，对于失业职工来说，积极转变就业观念，准确把握市场对求职者的需求，是解决自身再就业问题的根本保障。不少下岗职工就业观念落后，失业职工思想观念转变困难，"等靠要"思想严重。依赖政府安排就业，自己主动寻求工作的思想意识较弱，宁愿每月领取国家和单位发放的基本生活费，也不愿意自己通过就业市场的竞争来谋求一份收入更高的职业。比如，曲靖市煤化工园区失业职工基本生活费为 750 元/月，这已经是属于很低水平的生活补贴了，维持生计困难，但即便如此，失业职工基本上都不愿到本市经济开发区平均工资 2000～3000 元/月的民营企业务工。

云南省去产能失业职工就业观念陈旧，存在"家乡宝"观念，竞争意识不强，不愿离开云南到沿海发达地区打工。比如，煤化工园区企业千方百计为失业职工寻找就业机会，曾经联系劳务输出，承诺保留失业职工国企职工身份，组织失业职工到沿海地区务工，结果报名者寥寥无几，只能不了了之。很多下岗职工存在侥幸心理，希望等待经济好转，能重新回归原来的工作岗位，期望政府重新为自己安排工作，眼高手低、挑肥拣瘦等劣习导致缺乏自主学习、提升自己知识技能的意识，也不愿意做新的改变与尝试。这些落后的观念在很大程度上造成了下岗职工再就业困难的局面。

（三）就业技能单一

失业职工缺少与当前人才市场需求相匹配的必备技能。很多下岗人员由于文化、年龄等条件的限制已无法适应高新技术企业的需求。基于粗放型产业发展特征，钢铁、煤炭行业对就业技能要求较低，导致失业职工技能单一，但当前经济发展对缺乏一技之长的劳动力呈逐渐排斥的趋势，对技能型人才的需求日益增加。现代企业人才招聘对象多为高素质、高技能专业化人才，对就业人员职业技能要求较高，同时失业职工缺乏相关专业技能培训，难以适应企业转型和新兴行业岗位需求，失业职工自身素质与当前人才需求不匹配，难以满足新就业岗位的技能需求，依靠自身能力实现再就业十分困难。很大一部分人容易对社会竞争感到难以适应，从而不愿参与就业市场竞争。

二　去产能企业安置能力不足

（一）去产能企业经营困难

在去产能的过程中，中央和地方政府向一些企业拨付了部分去产能奖补资金，这些资金主要用于失业职工的欠发工资、欠缴社保、解除劳动合同补偿金等支出。据调查测算，昆明钢铁、后所煤矿等产能过剩企业，每安置1名失业职工所需费用为8万～10万元不等，实际到位的奖补资金只有3万多元，职工安置资金还存在较大缺口。钢铁、煤炭等行业的产能过剩企业从2014年1月至2016年底，经营一直处于亏损状态，加上去产能前企业拖欠的工程款、材料款、设备款等，企业压力很大。从2016年9月起，钢铁、煤炭涨价，产能过剩企业才能够开展正常的经营活动，但大多数企业还是在填补前几年的亏空，根本无力负担庞大的失业职工安置费用。

（二）欠缴社保金额巨大

在过剩产能行业不景气的情况下，过剩产能企业欠缴社保费用金额巨大。比如，从 2014 年 4 月至 2017 年 12 月，曲靖市越钢集团共欠缴养老、医疗、工伤、失业和生育五项社会保险费 15000 万元。其中，养老保险费 10100 万元、医保费 4040 万元、工伤保险费 280 万元、失业保险费 410 万元、生育保险费 170 万元。造成了在职职工无法就医、到龄职工退休难、解除合同职工因无法转接社保关系再就业难等问题，职工意见较大，反映较为强烈。因职工还没有到退休年龄，并且养老保险金缴费可以采取个人一次性缴清的办法办理退休手续，欠缴养老保险金，职工还没有切肤之痛。但医疗保险金就完全不同，现行制度规定从欠缴的次月起，一律停止享受医疗保险待遇，欠缴期间一旦职工生大病，医疗费动辄几万元、几十万元，就完全陷于求助无门、穷困潦倒的境地，生活十分悲惨，欠缴医疗保险费已成为制约和影响去产能企业职工切身利益的最现实、最直接、最迫切需要解决的一大难题。

（三）职业技能培训不足

（1）企业培训职工动力不足。云南企业包括产能过剩企业对职工进行培训的内生动力不足已经成为一种普遍现象，导致企业职工职业技能较低。调查问卷数据显示，产能过剩企业下岗职工中没有一技之长的普工占比高达 37.1%，没有职业资格证书的占 38.55%。究其原因，主要是钢铁、煤炭等产能过剩企业工作条件较差，劳动强度大，担心职工通过培训掌握一技之长后会跳槽，企业不愿为别人做嫁衣，企业的培养主体作用难以充分发挥。鉴于技能人才培养周期较长，文化程度相对较高、年纪相对较轻、技能等级相对较高的技师和高级技师作为稀缺资源而十分抢手，部分企业更愿意"挖人而非培养人"，从而导致企业为降低技能人才的培养和工资成本，对生产操作一线的技能劳动者参与技能大赛或职称评聘缺乏主动性，未能形成鼓励技能人才钻研业务、不断提高自身技能素质的培养机制。

（2）技能培训经费不足。产能过剩企业经营状况急剧恶化，首要的是保证公司的生存，职工培训费用与发放工资、缴纳社保等相比较起来，处于不重要的位置。调研中发现，产能过剩企业近三年来基本上没有开展过培训。其实，职工对培训的需求极为强烈，有70.1%的下岗职工希望参加技能培训。政府就业管理部门掌握一部分失业职工培训经费，但这是杯水车薪，难以给产能过剩企业下岗职工开展普惠性的再就业技能培训。

（3）技能培训针对性、实效性不强。影响技能培训效果的因素是多方面的，但培训的针对性和实效性不强是主要因素。开展技能培训的各级机构和企业对当地经济结构、行业用工状况、社会需求等缺乏足够的调查研究，分析了解得不够充分，技能培训机构制订的培训计划缺乏针对性、实用性，培训内容和质量大打折扣，导致参加技能培训的下岗职工无法学以致用，不能完全满足用工企业的实际需求，造成再就业和自主创业的困难。

三　创业扶持政策不完善

（一）奖补资金不到位

（1）政府资金扶持不足。中央的专项资金拨付给云南17亿元，云南省和州市两级地方政府按照1∶1的比例配套，即省政府和州市政府各配套25%，由于一些地方财政困难，目前中央专项资金和省级配套资金已经全部到位，但部分州市配套资金难以到位，化解过剩产能职工安置经费得不到保障。云南钢铁、煤炭等过剩产能行业企业区域分布极不均衡，去产能失业职工安置的情况差异性也很大，在分配专项资金时，搞"一刀切"，往往造成"会哭的孩子有奶吃"，资金分配使用不尽合理。对于怎样保障资金到位，用好专项资金，加大资金支持，减轻去产能企业职工安置负担，需要进一步改进完善。

（2）财政压力和安置成本较大，导致建立再就业服务体系资金缺乏。钢铁、煤炭等行业对 GDP 增长具有巨大的拉动作用，地方政府为确保 GDP 的高速增长，采取地方保护主义，化解过剩产能内生动力不足（仇智，2013）。在失业职工安置分流方面，具体表现为技能培训资金不足、专门扶持政策缺失、再就业公共服务不完善。由于钢铁、煤炭等行业失业职工规模较大，妥善解决失业职工再就业问题，需要对职工进行再就业专门技能培训，以适应当前企业人才招聘的实际需求。这要求政府投入一定数量的培训资金，但当前云南对失业职工再就业的培训资金投入还缺乏统筹安排，失业保险基金预防失业的功能还没有发挥出来，仅靠现有的中央专项资金难以支持大规模的失业职工技能培训。钢铁、煤炭行业产能过剩企业土地、房屋、设备等资源空置率很高，资源整合不力，未能充分发挥资源效益，利用企业现有资源促进失业职工再就业还有很多工作要做。由于经费投入不够，就业公共服务体系不完善，尚未建立针对失业职工的就业信息宣传平台，失业职工获取就业信息困难，得不到充分的值得信任的就业信息，安置分流相关政策宣传不够，失业职工难以充分利用各种优惠政策维护自身的合法权益。

（二）创业扶持力度不够

再就业及自主创业技能培训对失业职工再就业具有重要的促进作用，政府向钢铁、煤炭行业失业职工提供再就业及创业技能培训的力度不足，导致失业职工再就业缺乏竞争力，创业困难。但是由于受年龄、文化程度、技能等因素的影响，产能过剩失业职工自主创业难度大，缺乏企业管理及创业能力，不能较好把握创业风险，创业意愿较低。政府再就业信息提供不充分，提供充分的就业信息指导与创业政策咨询尚未形成常态化机制，缺少必要的再就业政策引导措施，失业职工未能较好把握再就业方向。在自主创业过程中，缺乏充分的创业培训、专门的创业指导和合适的创业项目。

四　去产能失业职工自主创业存在困难

（1）创业意愿不高。调查问卷数据显示，有创业意愿的下岗职工仅占11%。创业行动迟缓，准备不充分，创业成功率低。部分失业人员仍然思想传统陈旧，抹不开面子，依旧偏爱国有企业的稳定岗位，即便他们发现了创业机会并且也拥有足够的资金可用于创业，仍然会由于缺少勇气而错失良好创业机遇。还有一部分失业人员由于没有合适的创业项目、缺乏创业技能和创业信息，没有勇气申请贷款用于创业，或者申请到了创业贷款，也因为缺乏一定的专业知识和创业技能及管理经验，不能很好地把握市场行情，导致创业失败。

（2）没有稳定的还款能力，不愿向银行贷款。下岗人员经济基础较差，知识技能老化，不能很好地把握市场行情走势，创业成功率自然也就较低，因此银行对这部分人群的创业贷款也不积极，银行为了规避风险，通常会倾向于提高贷款门槛，导致这部分人群缺乏创业资金。

（3）信用体系尚不完善，贷款风险不易控制。由于个人信用体系尚不完善，失业人员申请贷款大部分要求一定的担保抵押物，这对于经济基础较差的下岗人员来说存在一定困难，并且通过第三方担保获得贷款的方式也不能避免存在道德风险，此外小额贷款的利率属于优惠利率，由国家规定，商业银行不能通过提高贷款利率的方式在这种风险较高的情况下要求更高的收益，也导致金融机构提供小额贷款业务的积极性不高。创业指导工作较为复杂，而且见效慢，以至于这项工作容易被忽视，难度主要在于以下两个方面。一方面，创业指导工作的进展缓慢且不平衡。就云南省当前情况来看，开展创业指导的机构很少，并且指导的过程通常太粗略，还有一些只涉及创业观念和创业基础知识的咨询指导，一些项目即使拟定了创业计划意向书，但仍然缺少具体的适当的实施手段，还有一些项目在创业运行中无法寻求后续的指导帮助，后期很难取得效益。另一方面，创业指导集中在部分比较热门的产业、行业（如第三产业、社区服务业），在城镇居民较为集中的地区（如市、区政府所在地）扶持力度较大，效率较高，进展较快，而在市场经济不太活跃的地区（如城郊、乡镇），就不太被人重视，容易造成不平衡的状态。钢铁、煤炭等企业地处偏远，很难分享到创业扶持的政策红利。

五 发挥失业保险金作用不够

社会保障制度对促进失业人员再就业发挥着重要的作用，特别是失业保险为失业职工基本生活及再就业提供了重要保障，失业保险金作用发挥不够是制约产能过剩下岗职工再就业的重要因素。目前我国社会保险基金总量减少，失业保险基金大量闲置（王艳霞和刑明强，2015）。云南也存在社保基金收支不平衡和失业保险基金闲置的问题。社会保障体系不完善，给失业职工再就业和生产生活带来很大困难。很大一部分下岗人员认为，原来的劳动关系解除了以后，即便是能在各种私营企业找到合适的工作，或自主创业，但没有原来健全的社会保障，从而会产生不踏实的感觉。失业保险职工参保率低，失业职工缺少基本生活保障。2017 年，全省参加失业保险人数为 259.81 万人，仅占城镇就业人数的 17.63%，很大部分钢铁、煤炭等行业失业职工因为没有参加失业保险而享受不到失业救济。现行失业保险制度对失业保险金用途的管理太死，只注重对失业职工的生活救济，而忽视它在援企稳岗、下岗职工培训、就业援助岗位开发等方面的功能，失业保险金预防失业的作用发挥不出来。

第四节　妥善安置去产能职工的典型案例

近年来，云南省按照国家化解过剩产能职工安置的部署要求，充分发挥产能过剩企业的主体作用，采取多种措施妥善分流安置去产能下岗职工，涌现出一批失业职工安置走在前列、安置效果较好、职工比较满意的产能过剩企业，它们的做法经验值得借鉴。

一　后所煤矿多渠道分流安置失业职工

（一）企业基本情况

后所煤矿建于 1970 年 5 月，隶属云南煤化工集团东源煤电股份有限公司，是云南煤炭骨干企业及焦煤主要生产基地。去产能后下属单位有：兴云矿井，核定生产能力每年 115 万吨；兴云洗煤厂：重介选煤设计能力 60 万吨/年；机厂、物资公司、销运公司、职工医院、后勤管理部、救护中队等单位。此外，还有代云南东源公司管理的新兴煤矿，核定生产能力每年 9 万吨。化解过剩产能前（2016 年 10 月 31 日），在册职工 3954 人。其中，在岗职工 3803 人，保留劳动关系 84 人，工伤 1~4 级退出劳动岗位 67 人；男职工 3190 人，女职工 764 人；35 岁以下 734 人，35~40 岁 1176 人，41~45 岁 978 人，46~50 岁 583 人，51~55 岁 337 人，55 岁以上 146 人；距法定退休年龄（含特殊工种退休）不足五年的职工 603 人。欠缴社保基金 9260 万元，人均欠缴额达到 23419 元。

（二） 化解过剩产能职工分流安置情况

2016 年 8 月 13 日，后所煤矿积极响应国家和省化解过剩产能相关政策，开始启动化解煤炭过剩产能矿井关闭退出工作。至 2016 年 10 月底，关闭了后所煤厂的两个主力生产矿井（打磨沟二号矿井和在庆二号矿井），去产能 105 万吨/年。

2016 年底，后所煤矿根据政策规定，按照《化解过剩产能职工分流安置方案》，以"退休""内部退养""企业内部转岗安置""解除或终止劳动关系""进入再就业中心管理""协议保留社保关系"六种方式安置职工，由职工本人填写《分流安置个人申请表》，自愿选择适合的安置方式，报经矿务会议审批后执行。截至 2017 年 1 月，对 3954 名职工分流安置情况为：退休 85 人，内部退养 538 人，企业内部转岗安置 2037 人，解除、终止劳动关系 865 人，进入再就业中心管理 410 人，协议保留社保关系 19 人。

截至 2017 年 12 月 7 日，在册职工人数 2599 人，其中在岗职工 1670 人、内部退养 504 人、再就业服务中心 342 人、协议保留社保关系 16 人、1~4 级伤残退出劳动岗位 67 人。至 2017 年 9 月，随着企业经营情况好转，后所煤矿补缴清了欠缴社保基金。

（三） 职工分流安置的主要措施

（1）制定职工分流安置方案。在认真学习、宣传、解读国家化解过剩产能系列政策文件的基础上，广泛征求基层职工的意见，结合企业实际，反复研究讨论，制定了《后所煤矿化解过剩产能职工分流安置方案》，2016 年 10 月 25 日经矿务会议讨论同意，于 2016 年 10 月 26 日提交后所煤矿九届五次职工代表大会审议通过，并于 2016 年 11 月 1 日起施行。

（2）简减机构及人员。矿机关由原 13 个部室、管理人员 163

名，精简为 7 个部室 89 名职工，减少 74 人。将党委工作部、行政办公室、纪委办公室、审计室合并为党政办公室；生产技术部、总调度室、规划发展部、环保办公室合并为生产技术部；矿工会、团委合署办公；保留资产财务部、人力资源部、保卫部。

（3）成立再就业服务中心。再就业服务中心靠挂人力资源部，工作人员由人力资源部选派兼职。主要负责化解过剩产能下岗职工和内部退养人员的管理，下岗人员共有 410 人，内部退养人员538 人。

（4）开发新的就业岗位。一是积极寻求对外合作项目。2016 年10 月 29 日，与富源县补木煤矿达成合作协议，对补木煤矿实施安全生产托管，期限五年，成立后所煤矿补木项目部，妥善安置职工 210人。二是开展培训转岗就业。经深入调研和实地考察与广东惠州亚博电子科技公司合作加工电子磁环，与江西于都亚星电子科技有限公司合作加工电子变压器配件，2017 年 8 月 30 日成立云南庆胜电子科技有限公司，建成两条电子加工产品生产线，从再就业中心人员中转岗培训、安置 145 名职工再就业。三是开展劳务输出合作。与广东惠新公司签订劳务派遣协议，输送了 44 名再就业中心人员到广东江门中国集装箱集团务工。与昆明铁路局曲靖车务段达成协议，由后所煤矿承担云南泽鑫铝业公司的铝粉卸载，为再就业中心人员提供了 51 个就业岗位。

（5）移交地方管理。利用国家剥离企业办社会职能的有利政策，主动与富源县人民政府沟通协调，将所属幼儿园和职工医院移交地方管理。2017 年 12 月 6 日，后所煤矿职工医院移交富源县管理，挂牌成立富源县胜境社区卫生服务中心，分流职工 116 名。2016 年 10月 24 日，将后所煤矿幼儿园移交到富源县管理，分流职工 24 名。

通过多措并举分流安置下岗职工，目前，在再就业中心的下岗待业职工从 410 人减少到 186 人。

（四）企业经营状况明显好转

自 2016 年 9 月煤炭价格上涨以来，后所煤矿的经营状况明显好转。2015 年 5 月，煤炭价格最低时，跌到 545 元/吨。从 2016 年初开始，煤炭价格最高时，涨到 1830 元/吨，2017 年 9 月煤炭价格为 1540 元/吨，而后所煤矿的开采成本为 900 元/吨。煤炭价格上涨，给后所煤矿的经营带来了利润空间，实现了扭亏为盈。截至 2017 年 10 月，后所煤矿主要经营指标如下。

自产原煤：年计划 67 万吨，1～10 月实际完成 58.97 万吨，11～12 月预计完成 9.35 万吨，全年预计完成 68.32 万吨，完成年计划的 101.97%。

商品煤生产总量：年计划 42 万吨，1～10 月累计完成 38.52 万吨，完成年计划的 91.71%，11～12 月预计完成 6.44 万吨，全年预计完成 44.96 万吨。

销售收入：年计划 26674 万元，1～10 月完成 42810 万元，完成年计划的 160.49%，11～12 月预计完成 5000 万元，全年预计完成 47810 万元。

利润总额：年计划盈利 7600 万元，1～10 月累计盈利 10033 万元，完成年计划的 132.01%，全年预计实现盈利总额 12000 万元。

安控指标：截至 2017 年 10 月底，百万吨死亡率为 0，杜绝了重伤和重大设备事故，轻伤 29 人。

（五）面临的主要问题和困难

（1）下岗职工再就业和转岗压力大。企业当前没有其他多种经营实体，对已在再就业中心的人员和即将失业职工没有其他安置渠道，不稳定的潜在因素增多。由于行业跨度大，部分职工年龄偏大，转岗培训时间长，导致所需培训资金支出大幅增加。

（2）稳定工作面临巨大压力。企业内外部各种矛盾复杂，尤其是矿村矛盾协调难度较大。整合地方煤矿资金不到位、矿区周边地质灾害治理需要大笔资金和企业内部老工伤处理、职工参保欠费等问题难以妥善解决，已严重制约着企业正常的生产经营。

（3）年龄偏大下岗职工安置困难。化解过剩产能后，部分职工年龄偏大，转岗分流困难重重，对于企业内部清岗腾位的职工，超过45岁的用人单位不愿接纳，建议执行《国务院关于在若干城市试行国有企业破产有关问题的通知》（国发〔1994〕59号）的规定，即：距法定退休年龄5岁以内的职工不论是否从事过特殊工种，经本人申请，可以办理退休。

（4）执行退休政策前后不统一。在20世纪80～90年代由于各种原因开除矿籍，后按新招工人使用的人员，在1984年《国营企业厂长经理负责》实施后，后所煤矿招录用这类人员，由于没有二次招用时劳动部门招工审批手续，现办理退休手续，参工时间只从1994年《劳动法》实施时起算，但相同情况的人员前几年办退休手续时，工龄又以企业二次使用时认定。相同人员不同的处理结果，企业无法向职工解释，职工也无法理解，建议按公安部、劳动人事部、农牧渔业部、教育部、商业部《关于犯人刑满释放后落户和安置的联合通知》（〔83〕公发劳47号）的规定，从企业第二次录用之时计算工龄。

在《国务院关于发布改革劳动制度四个规定的通知》（国发〔1986〕77号）出台后，企业招用的农民临时工，由于招工时没有当地劳动行政部门的招工审批手续，现达到退休年龄申请办理退休手续时，省社保局对1994年《劳动法》实施前的工龄不予认可，虽然企业和个人均有补缴养老保险的意愿，但省社保局不同意补缴。若要补缴，需由本人向当地法院起诉企业，但地方法院答复，此类情况不属受理范围。而此类情况的人员前几年又允许补缴临时期间的养老保险，政策前后不一，职工无法接受。

（5）企业社会负担重。积极开展企业办社会和"三供一业"的移交工作，学校、幼儿园已相继移交地方管理，医院移交地方管理已进入实质性阶段。但在"三供一业"移交过程中，还存在与地方衔接有困难、政策不明确、资金不到位等问题，需要得到上级的政策和资金支持，切实帮助企业解决燃眉之急，渡过难关。

二 土官工业片区钢结构产业转型发展保就业

2015 年 3 月以来，为化解钢铁行业过剩产能，推进产业调整升级、稳增长、保就业，云南省人社厅牵头，联合楚雄州、禄丰县人社局，充分发挥人社部门的职能作用，在土官工业片区采取培训储备技能人才、惠企政策助推发展、扶强扶大龙头带动等一系列有力措施，打造扶持钢结构产业作为"双创"示范，推动了钢铁行业转型升级，培育了钢铁去库存新的消费增长点，成为扶持产能过剩企业转型发展的成功案例。

（一）土官工业片区钢结构产业发展现状

土官工业片区隶属禄丰工业园区，位于禄丰县土官镇，地处禄丰、安宁、易门三县（市）交界地，区位优势明显。自 2009 年经省工信委批准设立以来，片区在基础设施、产业规划、配套政策等方面取得显著成效，已经发展成为省级工业园区的特色样板。占地 6787 亩的昆钢产业园，作为片区"园中园"，现有云南昆钢钢结构股份有限公司等 7 户钢结构生产加工企业入驻，每年可生产加工建筑用钢结构、铁路和桥梁钢结构、人防设施等特种钢结构构件 25.75 万吨。目前，片区钢结构产品已广泛应用于全省基础设施建设，部分延伸至东南亚国家。其中，钢结构校安工程项目遍及全省 16 个州市，建筑面积达 30 万平方米；抗震钢结构安居房已在昭通、楚雄、大理、文山等地推广应用，在鲁甸县、会泽县等地震灾区，已经建成使用钢结构民居 450 多套。预计到 2020 年，落户片区的钢结构企业将达到 20 余家，可实现工业产值 12 亿元以上。

（二）扶持土官工业片区钢结构产业发展的主要做法

1. 以人才储备为抓手，帮扶产业助发展

钢结构民居建设，标准化、模块化、专业化程度高，需要大量模块组装、机械设备操作等技术工人。针对土官工业片区钢结构产业发展技术"工匠"匮乏的实际，以人才储备为抓手，破解"招工难、用工难、员工稳定就业难"问题，助力企业发展壮大。一是多渠道引进储备人才。通过转型转产、主辅分离、辅业改制、培训转岗，采取"校企合作，输送一批""搭建平台，招录一批"的办法，开展精准化就业服务，共为企业招录、输送熟练技术工人 1100 人，切实帮助企业解决用工难问题。二是高标准培训培养人才。根据云南昆钢钢结构股份有限公司培训订单，支持兼并重组后的钢结构建筑业更多吸纳原企业职工，开展职业培训促进职工转岗安置。2017年人社部门经过广泛动员，精心组织，举办了焊工等工种职业技能培训 4 期，共培训 210 人，给予培训补贴 21 万元，为企业提供了有力的人力资源储备支持。三是高质量搭建培训平台。根据钢结构公司技能人才需求，立足于支持企业开展"双创"，面向周边省份、东南亚市场产能合作和装备"走出去"，发展新产品、新业态、新产业，在优化升级和拓展国内外市场中创造新的就业空间。指导成立了"云南省钢结构人才培训中心"，批准建立了"禄丰县力信钢构职业技能培训学校"和"赵洪宾云岭技能大师工作室"，探索开展"师带徒"新型培训模式，为钢结构产业高技能人才培养搭建了良好平台。

2. 以政策惠企为重点，助推企业渡难关

在钢结构企业生产经营困难的情况下，人社部门强化大局意识，

把扶持企业发展、服务园区建设、稳定就业岗位作为工作的重点，严格落实"人社工作服务企业发展20条""失业保险援企稳岗""社会保险费缓缴降费"等一系列惠企政策，与企业共渡难关。一是严格落实社保补贴，切实减轻企业负担。通过开展政策进园区、服务企业发展活动和人社干部直接联系企业制度，多次深入云南昆钢钢结构股份有限公司调研协调，上门服务，现场办公，优先落实社保补贴各项政策。2015年共计发放援企稳岗补贴85万元。二是创建园区服务窗口，解决服务群众的"最后一公里"问题。在前期深入园区实地调研勘察的基础上，在土官工业片区建立了人社工作园区服务窗口，将省、市、县人社部门分级负责的各项业务整合至园区服务窗口，就地为企业和劳动者办理各项人社业务，实现人社政策直接落地，杜绝了各项政策措施落实中出现"肠梗阻"问题。三是强化创业扶持，打造钢结构完整产业链。运用市场办法，因地制宜，分类有序，在禄丰县扶持建立了创业园，引入钢结构产业链相关企业5家，对钢结构企业优先给予创业担保贷款、"两个10万元"政策扶持，向禄丰县倾斜劳动密集型小企业贷款帮扶名额，通过强化钢结构产业链创业帮扶，引导建立钢结构产业集群。2015年以来，共向钢结构产业链相关企业发放创业贷款70万元，扶持创业7户。

3. 以典型引领为目标，标准建设强示范

以助力标准化、集群化、规范化的工业片区建设为目标，开拓创新，主动作为，将土官工业片区打造为钢结构产业示范基地，探索钢结构产业推广应用。一是先行先试，逐步推广。积极协调禄丰县委、县政府，按照示范带动力强、科技含量高的原则，在禄丰县选择了妥安乡移民搬迁保障房建设项目先行先试，共建设钢结构民居14栋，示范带动钢结构推广应用及产业创新发展。二是龙头带动，集群发展。将昆钢钢结构股份有限公司定位为土官工业片区钢结构产业发展的龙头企业，积极协调省级相关部门给予支持，建立了马克俭院士工作站，批准成立了"绿色标准化钢结构房屋建筑工程技术中试基地"，"钢框架现浇砼楼板自用模板支承系统工法"获批为云南省省级工法，钢结构房屋体系关键技术和产业化应用项目获云南省科技进步一等奖、中国钢结构协会科学技术一等奖，承建的玉龙一中校舍荣获"大陆地区钢结构经典工程"称号，初步形成产业集群发展向心力，带动钢结构产业标准化、集群化。三是升级转型，消化产能。在整体钢铁行业不景气的情况下，2015年，云南昆钢钢结构股份有限公司实现年产钢构件能力20万吨，工业产值30000万元，利润200万元，承接昆钢集团转岗职工300人，有效安置分流钢铁行业职工。示范园区有效强化了对钢结构建筑技能人才的培养，维护了职工和企业双方的合法权益，促进失业人员平衡转岗就业，加快形成新型钢结构科技产品和技能人才的集散地。

（三）扶持土官工业片区钢结构产业发展的成效经验

目前，钢铁产业结构调整正处在爬坡过坎的关键阶段。三年来的帮扶取得了明显成效，土官工业片区钢结构产业健康快速发展，实现了"六个一批"的目标，积累了一定的成功经验。

1. 扶持了一批钢结构民居建筑安装企业

针对钢结构建筑安装企业经营困难、规模不大的问题，加大扶持力度。一是帮助建立推广和安装网络。建立一县一钢结构建筑施工队，3年内覆盖了129个县（市、区），可随时深入乡镇、农村施工；建立健全采购、仓储等物流配套设施，形成推广和安装网络，打造完整产业链；建立人社服务工作站，提供人员招聘、技能培训、社会保险等服务。二是积极争取化解过剩产能专项经费支持。在中央1000亿元专项奖补资金分配时，按照云南经济占全国经济总量的比例，争取不少于2%的专项资金，主要用于扶持钢结构企业用人结构性改革，承接全省化解钢铁过剩产能过程中的职工转岗培训和就业安置。三是积极开展援企稳岗。扩大失业保险基金支出范围，建立专项奖补资金。加大对钢结构企业在化解钢铁过剩产能和承接转岗职工中的奖补力度，引导钢结构企业主动服务化解钢铁过剩产能工作。

2. 形成了一批钢结构生产集群企业

深入推进"双创"示范基地建设，积极融入全省创新驱动发展规划，融合技能人才与经济增长，带动创新创业发展，提升国内外的影响力，建设成为面向东南亚的区域示范中心。通过引导全省钢铁企业转型入驻、招商引资等途径，以点带面，推动钢结构生产企业集群发展，促进园区内部经济发展和人才培养。完善产业链条，进一步加大"双创"支持力度，以试点工程、技术集成、产业联盟为纽带，推动钢结构、相关配件及部品等具备民族民居实用性的工业化产业链条建设，实现钢结构建筑从主钢材到螺丝钉的产品生产相配套。

3. 培养了一批钢结构生产及建设技术人才

弘扬工匠精神，加强技术技能人才培养。一是加快构建更加科学的人才管理体制，强化专业技术和管理人才培养，使开发、设计、部品生产、施工、监理、检测等专业人员与建筑产业现代化发展相适应。二是激发科技人才创新活力，扶持生产与建筑产业现代化科技产品施工职业化队伍发展。着力培育规模化、专业化的建筑产业工人，为全面推进生产及建筑安装产业现代化提供人力资源保障。三是推动科技成果转化为现实生产力，大力发展钢结构产业相关工种学科。协调动员企业、科研院所、技工院校、职业院校、职业培训机构和实训基地等机构加大科技人才培养投入，推动和建立企业主导的钢结构选材、设计、研发、制作、安装、围护、物流、检测、维护、回收等各个环节的人才储备体制机制，实现上下游技能人才对接与产业链的联动发展。

4. 带动了一批百姓脱贫致富

促进钢结构产业发展与脱贫攻坚深度融合，为农村劳动力转移就业提供了平台。一是制定和落实鼓励企业引进技能人才的各项创新政策，扎实开展技能扶贫专项行动。加大钢结构产业相关职业技能培训力度，统筹使用人社、农业、教育、扶贫、科技等部门培训资源，坚持以就业创业为导向，提高补贴标准，创新补贴方式，让技能人才带动有培训意愿的劳动者熟悉钢结构建筑安装特点，熟练掌握施工技能，通过扶持钢结构企业发展、推广钢结构建筑，促进贫困人口实现就业创业。二是把服务创新创业作为人社部门工作的重中之重，大力推广订单式培训。根据企业用工需求，引导技工院校、培训机构针对贫困劳动者开展订单定向技能培训，为企业输送合格产业技术"工匠"，实现"培训一人、就业一人、脱贫一户"。三是着力在开放中扶持自主创新创业。通过引导钢结构企业集群发展，带动附属小微企业发展，通过"贷免扶补"等创新创业扶持政策，消化农村剩余劳动力，大力扶持贫困人口自主创业，促进脱贫致富。

5. 助推了一批民房改造工程

调查数据显示，全省现有农村传统生土房屋农户948万余户。在2017年底，录入全国农村住房信息系统中的农村危房农户约为500万户，占全省农户的比例为52.6%，危房改造规模很大，钢结构产业市场前景广阔。一是大力宣传钢结构民居。依托基层组织，开展钢结构民居宣传，把钢结构民居的优势，宣传到每户有建房需求的村民，逐步让广大群众认可。二是广泛开展钢结构自建房技能培训。针对农村危旧房改造、移民开发、集中安置项目，集中广泛开展农村劳动力自建钢结构住房技能培训，形成越来越广泛的群众基础，推动农村建筑向"抗震安全、绿色健康、环保节能"的方向升级发展。三是努力降低建设成本。优化设计方案，满足群众个性化、特色化需求。通过规模效益，进一步降低钢结构民居建设的时间成本和资金成本，让广大农民建得起、住得好。

6. 消化了一批库存过剩产品

当前，全省钢铁行业产能 3000 万吨，2015 年产能利用率仅为46.5%，亏损 40 多亿元，整体发展不平衡、不协调、不可持续的问题已经成为制约全省钢铁产业发展的最大短板。挖掘钢铁消费新的增长点，化解部分钢铁过剩产能，有效承接了一批钢铁企业转岗安置职工。如果全省每年实施农村危房改造和抗震安居工程 50 万户，约需用钢材 300 万吨，这将形成一个巨大的钢铁新消费市场。一方面，带动消化相关钢铁产业库存过剩产品。大力扶持钢结构企业发展，推广产业化、装配化的钢结构建筑，带动中厚板、热轧卷板、H型钢等钢材消费，逐步消化了一批库存过剩产品。另一方面，承接钢铁、煤炭企业转岗职工。通过推广钢结构建筑，扶持钢结构生产企业发展壮大，增加企业用工需求，促进钢铁企业内部职工岗位调整，吸纳了一批化解钢铁、煤炭过剩产能过程中的熟练工人转岗就业，最大限度地减小了钢铁、煤炭企业工人的失业风险。

三 给化解过剩产能职工安置的启示

妥善分流安置去产能失业职工，必须加强职业技能培训，减少结构性失业。产能过剩企业失业职工职业技能单一是影响他们再就业和自主创业的主要因素，加强失业职工的职业技能培训是妥善分流安置去产能失业职工的必然选择。需要政府部门、企业、职工和培训机构共同努力，制订培训计划，精选培训内容，加大资金投入，完善培训管理，切实让失业职工掌握 1~2 门实用技能，促进失业职工从产能过剩行业向新兴产业合理流动，缓解就业的结构性矛盾，改变劳动力市场"就业难、招工难"的局面。

妥善分流安置去产能失业职工，必须充分发挥产能过剩企业的主体作用。产能过剩企业是下岗职工分流安置的责任主体，负有妥善安置下岗职工的主体责任，任何不负责任地把下岗职工推向社会、推给政府的做法都是行不通的。产能过剩企业要千方百计地为下岗职工创造就业机会，按时提供生活补助，依法解除劳动合同，帮助办理社保存续转接手续，妥善解决历史遗留问题，确保下岗职工稳定可控。

妥善分流安置去产能失业职工，人社部门必须改革创新，主动作为。人社部门是化解过剩产能失业职工分流安置的主管部门，应当充分发挥职能作用，在援企稳岗、制定安置方案、培训下岗职工、提供就业信息、安排奖补资金、出台扶持政策、完善社保政策、开发公益性岗位等方面主动作为，帮助产能过剩企业渡过经营难关，协助企业安置好下岗职工，使他们业有所就、劳有所得。

第五节　完善去产能失业职工再就业的政策措施

解决好产能过剩行业失业职工分流安置问题，涉及失业职工、产能过剩企业、政府相关部门等多个主体，需要制定统筹全省化解过剩产能失业职工安置的方案，调动各方面的积极性，打好"组合拳"，切实拿出行之有效的办法，稳增长、保就业，保障和改善民生。

一　加强技能培训，提升失业职工再就业能力

（一）制订失业职工培训计划

针对产能过剩行业失业职工年龄偏大、文化水平低、技能缺失的实际，对全省的去产能失业职工进行普惠性的技能培训。首先，摸清底数。掌握目前去产能失业职工的规模数量，了解他们的培训意愿。其次，确定培训机构。选择师资力量较强、培训管理规范的技工院校、社会培训机构承担培训任务。最后，安排培训进度。按

照就地就近的原则，明确培训班次和时间进度，争取在 1 年内完成对全省有培训意愿的去产能失业职工的技能培训。

（二）保障失业职工培训资金

开展去产能失业职工技能培训的资金主要有三个方面的来源：一是政府就业管理部门从每年中央的就业资金中安排一部分经费；二是发挥失业保险基金预防失业的作用，扩大失业保险金的支出范围，从失业保险基金里安排一部分经费；三是与经营状况明显好转的企业协商，根据它们参加技能培训失业职工的人数，让它们承担相应的一部分培训经费。

（三）提高失业职工培训质量

在培训内容上，结合当地重点产业发展情况，设置有利于失业职工再就业的培训课程，适应互联网、大数据与新兴产业融合的需求，增加互联网、电子商务等培训内容，还要开设就业形势分析、劳动力市场供求关系变化等方面的课程，促使失业职工正确认识再就业的竞争环境，帮助他们摈弃"眼高手低""等靠要"等陈旧的就业观念。在培训管理上，对培训机构取得培训经费设置一定的指标限制，既按参训人数发放一定标准的培训经费，又按培训取得职业资格证书的情况追加一定标准的培训经费。对经过培训实现再就业的失业职工，还可以给予一定的培训补助。评价培训质量高不高的最终标准，就是看职工是否掌握了培训所教授的职业技能，是否实现了再就业。

二 加强职工安置管理，发挥企业的主体作用

（一）制定职工安置方案

化解过剩产能企业制定下岗职工分流方案，要设置必要的程序。

第一步，广泛征求职工的意见，拿出实施方案草案。第二步，提交企业党政联席会议研究决定。第三步，再提交职工代表大会表决通过。实施方案在下岗补偿标准、人事档案关系、社保关系、生活补助等方面，既要符合相关政策，又要结合企业的实际情况，切实维护职工的合法权益。

（二）挖掘内部转岗潜力

化解部分过剩产能继续从事生产经营活动的企业，要注重挖掘内部潜力，根据市场情况的变化和经营情况的好转，为下岗职工提供再就业的岗位。可以规定：除企业需要的急需紧缺人才以外，普岗人员只能从下岗职工中录用，不得从社会上招聘。

（三）开发新的就业岗位

化解部分过剩产能企业要千方百计地为下岗职工提供再就业机会。充分利用既有的资源、技术、厂房设备、劳动力等优势，与其他企业开展来料加工、生产服务等合作，开发新的就业岗位。保留下岗职工的劳动关系，与其他企业签订劳务输出合同，成建制地派遣下岗职工到省内外企业务工。

三　落实再就业政策，强化政府引导作用

（一）落实安置奖补资金

在中央、省级化解过剩产能职工分流安置奖补资金已经到位的情况下，要抓紧落实州市一级的奖补资金。严禁挪用奖补资金，确保专款专用。

（二）完善社会保障制度

目前，化解过剩产能企业欠缴社保基金数额较大，难以一次性

缴清欠缴金额。社保管理部门应当允许并指导化解过剩产能企业制订一个可行的补缴欠费计划，即企业按月缴纳当期社保基金，在一定时间内分期补缴以前欠缴的社保基金。补缴欠费计划一经社保部门和企业协商确认，立即开通该企业职工的社保系统，让他们享受社保待遇特别是医疗保险待遇，以解燃眉之急。

（三）加大创业扶持力度

实施以创业促就业政策，对自主创业职工提供多渠道的资金支持，营造良好创业环境，发挥创业对再就业的带动作用。首先，落实各项创业扶持政策。通过降低工商注册标准、提供小额担保贷款、减免税费等方式，加大对创业的资金支持，鼓励和扶持失业职工自主创业。其次，发挥创业载体平台的作用。鼓励失业职工利用创业园区、孵化器等平台进行自主创业，降低入驻门槛。最后，加强自主创业的指导。开展创业培训，提升创业能力，提供创业项目指导，开展项目跟踪服务。

（四）发挥失业保险金作用

针对失业保险基金大量闲置、支出渠道较窄、防失业与促就业功能未得到充分发挥等问题，用好用活失业保障基金，从闲置的失业保险基金中划出一部分列为再就业专项扶持资金，有效缓解去产能失业职工再就业的资金需求。首先，持续开展援企稳岗。继续执行社保基金免缴费、缓缴费、降费率政策，适当降低失业保险金缴费率，帮助化解过剩产能企业渡过难关。其次，利用失业保险金开展技能培训。从失业保险金支出一定比例的资金用于去产能企业失业职工的职业技能培训，提升他们的再就业能力。最后，利用失业保险金扶持创业。从失业保险金支出一定比例的资金用于去产能企业失业职工的自主创业，缓解他们创业资金不足的压力。

（五）开发公益性岗位兜底

对零就业家庭实行托底政策，加大开发公益性岗位的力度，实行公益性岗位就业向化解过剩产能零就业家庭倾斜，对零就业家庭失业职工进行跟踪服务、托底安置，确保零就业家庭至少1人实现就业。

（六）提供就业公共服务

为去产能失业职工提供岗位信息、就业指导、职业介绍和政策咨询等再就业公共服务。定期举办化解过剩产能失业职工专场招聘会，对聘用化解过剩产能失业职工的企业给予税收和社保补贴方面的优惠政策。充分发挥电视、广播、报刊等媒介的宣传优势，开展灵活多样、生动活泼的再就业宣传，扩大再就业影响力，帮助下岗职工及时了解再就业及自主创业的相关扶持政策，动员社会各界力量关心和帮助下岗人员，为他们再就业创造宽松的社会环境。

第十章　云南边境劳务外国人的就业管理

　　经济全球化是当代世界经济的重要特征，也是世界经济发展的重要趋势，区域一体化是经济全球化的具体表现形式。我国适应经济全球化和区域一体化发展大势，着力构建人类命运共同体，落实"一带一路"倡议，加强与周边国家的经济合作和文化交流，推进了互联互通，带动了经济发展，促进了人员流动。

　　云南充分发挥区位优势，主动服务和融入国家"一带一路"，推进面向南亚、东南亚的辐射中心建设，从对外开放的末梢变为前沿。在云南边境地区，大量境外边民入境务工，一方面降低了企业的用工成本，缓解了劳动力短缺的压力，另一方面也对就业造成巨大冲击，给社会治理带来诸多问题。加强边境劳务外国人的就业管理成为适应经济全球化、推进"一带一路"倡议必须妥善解决的重大课题。

第一节　云南边境劳务外国人就业
管理的实践探索

　　边境季节性劳务外国人管理问题是伴随着我国改革开放的发展而产生的，实行沿边开发开放，打开边境国门，边境贸易和经济合作快速发展，人员跨境流动也显著增加。近年来，边境地区的就业结构性矛盾突出，招工难、招工贵等问题成为制约企业发展的重要因素，大量青壮年劳动力到内地务工，致使招商引资用工困难，严重制约着经济的发展。为解决企业用工难问题，降低企业用工成本，边境地区招用了大量的劳务外国人。加强边境劳务外国人的就业管理，已经成为云南就业工作不可或缺的重要组成部分。

一　边境季节性劳务外国人的就业情况

边境劳务外国人就业作为一种经济现象，既促进了边境地区经济繁荣，带来许多商机，也给边境地区的就业和社会治理带来挑战。云南边境地区劳务外国人的身份背景、职业技能、就业形态等情况复杂，人员良莠不齐，管理措施办法也存在较大差异。因此，必须选取具有代表性的边境地区，从规模数量、就业分布、薪酬待遇等方面考察边境季节性劳务外国人的就业情况。

（一）边境季节性劳务外国人规模数量

从规模数量看，云南省瑞丽市、河口县边境季节性劳务外国人较多，其他边境地区季节性劳务外国人相对较少。选取云南瑞丽、文山、红河等沿边开放地区进行分析，可以基本掌握边境季节性劳务外国人的规模数量。

2010 年瑞丽国家沿边开发开放试验区建立后，吸引了大量境内外商人和缅籍务工人员。2017 年，瑞丽市口岸共有 1500 万人次出入境客流量，居全国首位，有 379 万辆次交通工具出入。繁忙的边贸吸引了大量商贾和缅籍务工人员云集瑞丽，目前瑞丽市常住总人口约为 20 万人，其中，有瑞丽市户籍的有 16.53 万人，有近 3 万名缅籍华侨、缅族人、缅籍巴基斯坦人、缅籍印度人、缅籍尼泊尔人等常住瑞丽。此外，每天还有近 3 万名缅籍边民出入口岸，早上到中国瑞丽工作，晚上返回缅甸家中住宿。

近年来，越南边民入境云南边境地区务工人数不断增加，规模
有继续扩大的趋势。仅 2017 年，红河、文山两个自治州边境 4 县越南
边民入境务工人数就达到 21687 人次，具体人数分布参见表 10 - 1。

表 10 - 1　2017 年越南边民入境务工人数情况

单位：人次

地区	季节性用工	固定用工	小计
富宁	1511	489	2000
麻栗坡	2885	115	3000
金平	10399	88	10487
河口	4159	2041	6200
合计	18954	2733	21687

数据来源：据调研数据得到。

（二）边境季节性劳务外国人就业形态

边境季节性劳务外国人的就业形态主要可以分为固定用工、自
营就业、季节性用工 3 种形式。

固定用工是指在企业连续务工半年以上的劳务外国人。瑞丽市
作为国家沿边开发开放试验区，近年来已经成为面向南亚、东南亚
开放的桥头堡，区位优势、资本优势、技术优势使其寻求资本、技
术、自然资源禀赋和人力资源效益的最大化组合。国内有大量的资
本和一定的初级产品加工技术，缅甸有大量的珍贵木材和珠宝矿产，
吸引大量云南、福建、浙江和广东等地的商家在瑞丽创办红木家具、
珠宝加工厂以及相关产业，商人云集也使瑞丽的服务业相当发达，
那些能吃苦耐劳，对工资待遇要求低于云南本地工人的缅籍青壮年
充当着瑞丽劳动力市场的生力军，成为招商引资的一大优势。据不
完全统计，至少有 3 万名的缅籍务工人员在红木加工、仓储物流搬
运、建筑、洗车、洗头按摩等行业就业。

自营就业是指在边境地区自主经营的劳务外国人。例如,在河口县,自营就业的人群中,有一部分人拥有固定铺面,并到工商部门办理了营业登记手续;大部分人则是早上从越南出发,带着经允许携带的越南特产品过境,到定点存货处办理领取商品的相关手续后,肩挑手提、走街串巷向游客兜售。在县城开辟了越南商城,有大小商家 300 户以上,主要从事越南工艺品和土特产的销售,从业人员超过 1000 人。

季节性性用工是指务工时间短、从事农业生产的劳务外国人。务工时间一般为 1~20 天,主要从事农业劳动,不办入境手续,薪水以日工资计算。比如,金平县橡胶、香蕉、甘蔗、商品林、中药材种植等农业生产,每年聘用人数在 10000 人次以上。2017 年,金平县就聘用了从事农业劳动的临时性用工 10399 人次,麻栗坡县聘用了2885 人次,河口县聘用了 4159 人次。

(三) 边境季节性劳务外国人薪酬待遇

边境劳务外国人的薪酬待遇是由边境地区的工资水平和接壤国家的收入水平共同决定的。调研发现,边境劳务外国人的工资水平一般为当地务工人员的 60% 左右。同时,边境劳务外国人都不享受社会保险,比较招用本地农民工和边境劳务外国人的薪酬待遇支出,可以测算二者的用工成本差异。例如,招用本地农民工工资为 2500元/月,办理养老保险需支出工资的 28%,医疗保险、工伤保险、生育保险和住房公积金支出在 12% 左右,"五险一金"小计支出为工资的 40% 左右,本地农民工的用工成本达到 3500 元/月,边境劳务外国人只需支出工资 1500 元,不到本地农民工用工成本的 50%。用工成本较低成为边境地区企业招用跨境劳务外国人的主要原因。

金平县的境外务工人员主要居住于雇主家或亲戚家,该类人员仅持有《出入境通行证》或《边民通行证》,未办理相关境外边民入境务工手续。入境务工人员以哈尼族、苗族、瑶族等民族为主，经核实，目前还没有外籍人员在金平县企业、个体经济组织、民办非企业单位、国家机关、事业单位、社会团体就业，也无外籍务工人员办理个体公司营业执照，境外务工人员的工作随机性较大，薪酬待遇与用工季节及市场环境等因素相关，平均日薪在 80～100 元不等。

繁忙的边贸使瑞丽成为云南最富有的县级市之一。2017 年，瑞丽市地区生产总值达到 106.2 亿元，城镇居民人均可支配收入 32180 元，农民人均纯收入 10940 元，与尚属于极不发达地的缅北相比，瑞丽对于缅北边民而言是一个改善家庭生活状况、发财致富的地方。目前，瑞丽缅甸籍劳务人员的基本工资水平保持在 800～1500 元，已经远高于缅甸国家劳工最低工资标准制定委员会于 2015 年 9 月 30 日通过的"成年工人每日最低工资 3600 缅元（3.2 美元），每月最低工资约为 70 美元"的水平，且对于缅甸籍劳务人员来说，入境中国瑞丽的就业岗位预期和劳务的职业安全感、工资收入都能得到更充分的保障。

由于河口县的境外务工人员分为自营就业和受雇就业，因此这类务工人员的薪酬不固定。自营就业人员的收入是根据他们每天销售或兜售的商品来衡量的；受雇就业人员的受教育程度偏低、语言沟通存在障碍以及劳动技能水平不高。大多数境外务工人员只能从事技术含量低或以体力劳动为主的工种，因此薪酬待遇整体不高，每月的薪酬在 1200～2000 元，从事技术、管理、翻译等工作的境外务工人员的待遇要略高一些。从整体情况看，普遍缺乏一技之长是制约境外务工人员工资收入水平的重要因素。

二　边境季节性劳务外国人就业管理的做法经验

相对而言，与云南接壤的国外边境地区经济发展比较滞后，生活水平和工资水平比较低，就业机会较少，导致大量劳动力向边境地区流动。边境地区人社、公安等相关职能部门结合本地实际，对加强边境劳务外国人管理进行了许多实践探索，积累了一定的管理经验。

（一）就业管理

（1）建立工作协调机制。云南积极稳妥推进中越跨境劳务合作试点工作，明确政府职能部门和用工单位的责任，保障越南入境务工人员的务工权益，加强事中事后监管，保证边境地区社会稳定。文山州富宁、麻栗坡和红河州河口、金平等4个边境县成立了以分管副县长或人社局长任组长，由人社、公安、边防、外事、卫生、工信、商务等部门人员组成的跨境务工协调工作领导小组，办公室设在县人社局，初步明确了部门职责，细化了工作任务，建立了工作协调机制。

（2）创新管理服务方式。定期举行劳务输入双边会谈。2016年，富宁、麻栗坡、河口3个边境县分别与越方举行境外边民跨境务工管理工作会谈，就劳务输入范围、双方管理职责、管理工作流程、劳动合同、工资薪酬、劳动保障、纠纷处理等事项达成协议，签订会谈纪要，促进了管理的制度化、规范化。打击非法用工。2015年下半年以来，针对非法入境务工人员数量较多的情况，富宁、河口等县采取部门联合执法的方式，加大对非法用工和非法入境的打击力度，先后查处200余名证件不齐跨境务工人员，对他们进行遣返或责成劳务派遣公司补办相关手续。建立管理服务中心。2016年4月，云南省人社厅安排100万元信息化建设资金在河口县成立外籍务工人员服务管理中心，在办证、登记、检验检疫、商业保险、纠纷处理等方面为境外边民入境务工、经商提供"一站式"服务。培育劳务公司。2016年，富宁县和麻栗坡县各有两家劳务派遣公司，负责跨境务工管理市场化运作，向用工单位收取 300 元/人费用，改变了企业聘用边境劳务外国人无专门机构负责的状况。

（3）出台管理办法。近几年，边境地区根据《中华人民共和国劳动法》，陆续出台了境外边民务工管理办法，管理办法简明扼要，弥补了以往对境外务工人员管理无法可依的不足。2015 年 6 月，文山州政府办公室印发了《跨境务工管理实施方案（试行）》。2015 年 3 月，红河州人社局印发了《境外边民入境务工管理办法》。随后，富宁县发布了《关于加强跨境务工管理工作的通告》，金平县也出台了《境外边民入境务工管理办法》。这些政策文件按照"先纳入后管理、先管理后完善、先完善后规范"，实行"谁用人、谁管理、谁负责"的管理原则，明确规定用人单位需按协议约定按时足额支付劳动报酬，应当对所聘用的境外边民进行法律法规、生产安全、技能技术的培训；当出现劳动争议时，参照中华人民共和国相关法律法规处理。境外边民办理了工商执照，取得经营主体资格后，可以申请加入个体私营经济协会，享有会员权利，可以自主招聘员工，享受与本地其他工商经营主体同样的税费政策；对于未办理用工登记手续而用工的经济组织和个人或者长期拖欠工资、不签订劳动协议等违法和严重侵犯境外边民合法权益的，则可以对其处以暂扣或吊销《用工登记证》的行政处罚，限制或不允许该用人单位再进行招工和用工。合理处理劳资关系，既保护边境劳务外国人的合法权益，又明确用人主体的权利和责任，为加强对境外边民入境务工管理起到了重要作用。

（二）社会保障

《中华人民共和国社会保险法》和《在中国境内就业的外国人参加社会保险暂行办法》等相关政策法规规定，2016 年 12 月 31 日前将符合条件的外国人纳入社会保险覆盖范围，督促用人单位和外国人按照现行法律法规参保并按时足额缴纳社会保险费。但是，边境季节性劳务外国人基本上还没有被纳入社会保险范围。2015 年 6 月文山州政府办出台的《跨境务工管理实施方案（试行）》规定，应当为所聘用的境外边民购买意外伤害和工伤商业保险，没有购买以上保险的，由用人单位（经济组织和个人）自行承担意外伤害和工伤赔付责任。2016 年，富宁县和麻栗坡县由用人单位支付费用，劳务派遣公司代为统一办理了固定用工的边境劳务外国人意外伤害商业保险，人均保额 20 万元，保费每人 632 元/年，这种做法值得借鉴。

（三）社会治理

大量劳务外国人进入边境地区务工，给社会治理带来诸多挑战。边疆民族社会稳定的瓶颈主要是由民族国家构建、结构性不均衡、分配性不均衡、社会分化造成的各种社会矛盾所引起的（谷家荣，2011）。加强边境劳务外国人管理对社会治理体系和治理能力现代化提出了新的要求。边境劳务外国人管理给社会治理方面带来的突出问题主要表现在以下方面。一是社会治安。边境地区一些劳务外国人入境手续不全，也不办理就业登记，来去随意性很大，给治安管理带来很大的困难。二是毒品问题。云南边境地区靠近毒品产源地"金三角"，打赢"防毒防艾人民战争"任务艰巨。边境贸易与人员往来频繁，出入境人流、物流也急剧增加，毒品防范及传染病随人员、货物及交通工具传播的风险进一步加大。三是跨国婚姻。在中越、中缅、中老边境地区，大量本地农民工进入内地打工，其中大部分未婚女性农民工不再返回原地，造成边境地区青年男女比例失衡，一部分大龄男子找不到配偶，而面对大量边境劳务外国人的流入，找不到配偶的大龄男子就把目标投向了这类人群，形成跨国婚姻。但我国现行政策并不支持这类婚姻，导致女方不能落户，也就不能享受社会保险和低保待遇。近年来，政策有所松动，跨境婚姻所生小孩可以落户，但嫁过来的女子仍是没有户口的"黑人"。四是敌对势力渗透。外籍人员的无序流入存在危及国家安全的隐患。外籍人员民族和宗教信仰复杂。涉恐人员，特别是境外各种敌对势力、间谍情报机关利用多民族、多宗教的特点，不断改变策略进行窃密策反和变换手法进行渗透破坏活动，危及国家安全的隐患不同程度地存在。

三 边境季节性劳务外国人管理的政策法规

我国目前有不少涵盖边境季节性劳务外国人管理的政策法规，并且有关规定初见成效。从层级上划分，既有全国性的起指导作用的法律法规，也有边境地方性的行政规定；从人群上划分，既有外国人工作管理规定，也有其他一般性外国劳务人员管理办法；从功能上划分，既有涉及外国就业人员出入境管理的政策法规，也有涉及外国就业人员境内工作生活管理的政策法规。梳理现行政策法规，分析主要内容和实施成效，对制定务实管用的边境劳务外国人管理办法具有参考价值。

（一）现行政策法规比较梳理

关于劳务外国人管理方面的政策法规，我国基本形成以全国性法律法规为指导、以地方性行政规定为补充的政策法规体系。全国性法律法规方面，我国自 1964 年首次颁布《外国人入境出境过境居留旅行管理条例》以来，陆续颁布了《外国文教专家工作试行条例》（1980 年）、《中华人民共和国外国人入境出境管理法》（1985 年）、《外国经济专家来华就业管理办法》（1995 年）、《外国人在中国就业管理规定》（1996 年）、《营业性演出管理条例》（1997 年）、《营业性演出管理条例实施细则》（2009 年）等。其中《中华人民共和国外国人入境出境管理法》（后改为《中华人民共和国出境入境管理法》）和《外国人在中国就业管理规定》是我国劳务外国人管理的主要依据。全国性法律法规为边境季节性劳务外国人管理提供了总的指导方针，各边境地区针对自身季节性劳务外国人就业特点，在遵循全国性法律法规的基础上，制定了符合地区特色的外国人就业管理办法。

中越边境线上的金平县与越南 2 省 5 县接壤，边境线长 502 公里，居全国与越南接壤边境县第一位，存在大量外籍劳动者入境务工。金平县的越南劳务人员多直接受聘于我国农户从事砌筑、香蕉管理、甘蔗收割等农活，这些劳务行为并非由政府组织和领导，边民多为上午入境，下午出境。因此金平县的越南务工人员随机性高、流动性大、监管难度也大，对此金平县的政策措施有四：一是成立金平县境外边民入境务工管理领导小组，并在劳动就业管理中心下设办公室，负责处理境外边民入境务工日常管理工作；二是县政府结合实际，制定《金平县境外边民入境务工管理办法》，对境外边民入境务工管理工作开展规范管理；三是由用工者向所属村民小组组长报告用工人数、姓名、性别及用工时间等基本情况，并加以统计；四是通过劳动保障监察大队和劳动人事争议仲裁院开展执法审查和巡查，强化监管措施。

2014 年 1 月，德宏州出台《境外边民入境务工管理暂行办法》，站在主动服务和融入国家战略、维护边境安全稳定、促进睦邻安邦友好的高度，把加强境外边民务工服务管理工作纳入全州经济社会发展的重要议事日程，积极创新推行各种新措施，按照"分类、分层次、分对象"和"以服务为主，以管理为辅，变堵为疏，寓管理于服务"的原则，探索一条加强境外边民务工服务管理工作的新道路。该暂行办法的出台，取得了较好的管理效果。一是为各职能部门依规服务管理境外边民提供了政策依据，改变了以往按照国家层面的政策法规管控不了，地方政策法规缺失没有办法管的局面；二是充分调动了各职能部门的积极性，逐步形成了整体联动配合的工作机制，改变了以往职责不顺、底子不清、情况不明的局面；三是大部分境外边民入境务工被视为合法，他们的合法权益得到了保障，极大地调动了入境务工边民的积极性，为扩大对外开放和发展边境贸易创造了有利条件。

（二）现行政策法规内容评述

针对外国劳务人员的政策法规，在内容上可以分为关于外国劳务人员出境入境管理的政策法规、关于外国劳务人员入境后获准就业与经营的政策法规、关于外国劳务人员遵守义务与享受权利的政策法规等三类。第一类政策法规以《中华人民共和国出境入境管理法》为主导，以各边境地区的地方性边界通行政策法规为补充；第二类政策法规以《外国人在中国就业管理规定》为主导，以各边境地区的就业登记政策法规为补充；第三类政策法规以《中华人民共和国劳动法》为主导，以《外国人在中国就业管理规定》及各边境地区的人力资源与社会保障相关政策法规为补充。

2013 年 7 月 1 日起实施的《中华人民共和国出境入境管理法》面对当时的新形势、新情况、新问题做了具有针对性的规定，其中涉及入境务工人员的规定主要有以下几个方面的内容。一是增加了"人才引进"签证，《出境入境管理法》中规定签证可以分为礼遇签证、外交签证、普通签证、公务签证。在普通签证中增加规定"人才引进"类别，从而吸引更多海外优秀人才。二是《出境入境管理法》废止了《中华人民共和国外国人入境出境管理法》（1985 年）关于非法就业的相关规定。现有规定不再以是否获取劳动报酬为前提，只要未按规定取得工作和生活许可而在我国境内工作与生活的，或者务工人员的活动范围超过规定工作范围的均属于非法就业。三是规范了外国人在中国就业的管理工作。规定外国人在中国境内工作，按照规定可以取得工作许可和工作居留类证件。工作居留类证件的有效期最短为 90 天，但有非法居留、非法就业情形的外国务工人员将被遣送出境。

2010 年 11 月修正的《外国人在中国就业管理规定》是当前外国人在中国就业许可管理的主要法律政策依据，对外国人在中国的就业许可申请和批准要求及程序、用人单位聘用外国人的申请与审批工作、外国人在中国的相关就业政策做出了具体性的规定。并分别对用工方和外国务工人员的行为进行相应规范。指出用人单位需填写《聘用外国人就业申请表》，并持相关有效文件为聘请的外国人申请《中华人民共和国外国人就业许可证书》，未获取《就业许可证》擅自聘用外国人的用人单位将被处以罚款并承担该外国人的遣返费用。此外，该就业管理规定对外国劳务人员入华工作也进行了明确的规定：要求就业人员必须年满 18 周岁，身体健康，具有相应的专业技能和工作经历，无犯罪记录并且有明确的聘用单位，此外还要求持有有效护照或者代替护照的证件。同时要求外国就业人员不得擅自变更用人单位、不得擅自更换职业、不得擅自延长就业期限，否则将面临被收回就业证、取消居留资格的处罚。作为《外国人在中国就业管理规定》的补充，人力资源和社会保障部、外交部、公安部和文化部联合颁布《外国人入境完成短期工作任务的相关办理程序（试行）》，该程序对短期工作做出界定，并对相关程序做出说明。

1995 年 1 月 1 日起实施、2009 年修改的《中华人民共和国劳动法》规定，在中华人民共和国境内的企业、个体经济组织和与之形成劳动关系的劳动者，适用本法，其中也包含对外国就业者的权益的保障。《中华人民共和国劳动法》指出劳动者享有平等就业和选择职业的权利、取得劳动报酬的权利、休息休假的权利、获得劳动安全卫生保护的权利、接收职业技能培训的权利、享受社会保险和福利的权利、提请劳动争议处理的权利以及法律规定的其他劳动权利。《外国人在中国就业管理规定》也体现了《劳动法》的相关内容：（1）用人单位支付所聘用外国人的工资不得低于当地最低工资标准；（2）在中国就业的外国人的工作时间、休息、休假、劳动安全卫生以及社会保险按国家相关规定执行；（3）用人单位与被聘用的外国人发生劳动争议，应按照《中华人民共和国劳动法》和《中华人民共和国劳动争议调解仲裁法》处理。

摸清边境季节性劳务外国人的就业情况，分析服务管理的基本现状，对加强边境劳务外国人管理具有参考价值。边境地区外国劳务人员跨境就业也呈现规模不断扩大的态势。

2015年12月，国务院审改办同意"两证合一"，把"外国人入境就业许可"和"外国专家来华工作许可"，整合为"外国人来华工作许可"，明确国家外专局负责具体实施"外国人来华工作许可"。2017年4月，我国全面实施外国人来华工作许可制度，对来华工作的外国人分为A、B、C三类。其中，C类人员就包含边境季节性劳务人员。

（三）现行政策法规管理成效分析

全球化使中国成为全球劳动力市场的一部分。北上广等经济发展快速的地区和中国边境地带，集中了大量的境外"三非"务工人员，"三非"人员是指非法入境、非法居留、非法就业人员。边境地区境外务工人员有别于内地外国就业人员的情况，其管理难度更加困难，主要原因有三：一是全球化背景下，边境劳动力市场发展迅速，同时边境口岸开放吸引了大量境内外商人和边民务工人员；二是用人单位急需用人与审批手续烦琐的矛盾，造成用工单位擅自接纳"三非人员"；三是边境两侧民众往往民族相同，语言相通，习俗相近，交往密切，增加了跨境劳务人员管理的难度。比如中缅之间绵绵不断的"胞波情"，源远流长，边民日常交往频繁，未经办理相关手续，跨境务工已经习以为常。

部分边境地区在对边境季节性外国人管理的政策法规上存在下位法与上位法冲突情况，以云南德宏州为例，瑞丽市务工的缅籍人士绝大部分为非正规进入者，理由如下：《中华人民共和国外国人入境出境管理法》是管理境外人士的上位法，瑞丽的缅籍人士由于大多不持有缅甸护照而达不到该法的要求，而《德宏州境外边民入境务工管理暂行办法》作为一个地方性法规，属于下位法，却略去对缅籍边民护照的要求，这显然在法理上存在矛盾。但是，德宏州的政策法规使缅籍人士进入瑞丽务工更加方便，缅甸边民只需要持有缅甸移民局的《边界通行证》，便可登记进入瑞丽，之后到瑞丽市外籍人员服务管理中心，经过证件翻译、健康体检后，申请受理《国际旅行健康检查证明书》《境外边民务工登记证》等 5 个证件后，就可以务工或经商。客观上较全国其他边境地区，德宏州外籍劳务人员就业手续办理的时限明显要短，这推动更多缅籍务工者愿意配合中方管理部门取得合法身份，同时这也符合中缅边民同根同族、血脉相连、文化相同、风俗相近的特点，体现了人道主义精神，规范了劳动力市场。

边境季节性劳务外国人管理的政策法规在实施过程中还存在一些共性问题。一是现行立法规定较为模糊，缺乏可操作性，针对外国人的就业管理规定，缺少明确的资格条件、行为准入要求，相关资格分类较少，分类不细致。二是各部门交叉管理，缺乏协调机制，例如外国专家管理部门和普通外国就业管理部门分部治理，职能存在重复交叉，发证原则不清晰，标准不一致，相互缺乏横向协调和信息沟通，造成行政资源浪费。三是就业许可发放缺乏统筹规划，对满足条件的外国就业人员无条件发放就业许可，在当前各行各业人才短缺尚不清晰，难以对外国人就业补缺做出科学决策的情况下，针对外国就业者的发证标准降低违背本国劳动者就业优先的政策，不利于本国后备人才队伍建设，同时会增加对外国就业者的后续管理成本。

第二节　边境劳务外国人就业管理存在的短板

边境地区对季节性劳务外国人的供需两旺，并呈快速增长趋势，管好管活边境季节性劳务外国人有利于更好地利用外国劳动力的优势，促进边境地区经济和社会发展，扩大边境地区招商引资、承接产业转移规模。但随着我国边境地区引进国外劳务人员规模不断扩大，在人口红利逐渐消失、企业用工成本增加、边疆治理现代化滞后等因素的影响下，对边境季节性劳务外国人管理存在管理主体不明确、政策法规不完善、工作机制不健全、信息化建设滞后等突出问题，导致边境季节性劳务外国人非法就业问题比较突出。

一　管理主体不明确

由于跨境劳务涉及面广、政策性强，我国仍未出台边境劳务外国人管理的法律法规，边境地区管理劳务人员仅依靠政府规章、内部政策以及我国与邻国签署的条约、协定、协议等开展工作，部门间协调难度大，不可避免地出现边境管理部门职责不清的状况，难以满足新时期边境劳务外国人员管理新要求。

（一）未建立省级正式管理政府机构

省级层面尚未建立管理边境劳务外国人的管理机构，使边境地区对外国劳务人员管理陷入"群龙无首，各自为政"的状况。边境劳务外国人管理目前主要由边境公安机关负责，公安机关能采取的管理措施就是执行补办身份证明、罚款和拘留等处罚，管理措施单一。边境劳务外国人管理涉及出入境监管、务工监管、安全管理、医疗保险、劳动就业保障等多个领域，公安、边检、出入境、劳动保障、安全等相关部门配合不够，互相支持、齐抓共管的工作局面尚未形成。

（二）边境地区管理部门分工不明确

边防检查站、边防派出所、公安检查站、边境检查站等单位因互不隶属，工作中只关注自身的管理职责。政府部门主要负责审批、备案、办理证件等前期引进工作，后期管理工作则主要由用人企业负责，相关部门组织、指导、协调、监督检查力度不够，对季节性劳务外国人日常管理、流动管理、合同管理等方面分工不明确，履行职责存在缺失。多头管理导致企业摸底、建立台账、了解需求、动态更新等各项工作进展受阻，对来滇边境地区就业劳务外国人员的情况掌握，底数不清、信息不准。

（三）语言不通，存在交流障碍

边境地区劳务外国人相关管理职能部门的工作人员不熟悉接壤国语言，导致在处理部分劳工非法入境、非法居留时，与外国交涉或核实边境劳工身份时间长、效率低的状况。同时，由于语言障碍而不能及时关注边境劳务外国人进入云南工作的一些实际困难，从而不能给予他们必要的关爱和帮助。

解决管理主体不明确的问题，应由政府牵头，尽快明确边境劳务外国人管理的主体部门，赋予它必要的决策权，制定出台相关政策和管理办法，积极探索边境劳务外国人管理方式，建立政府集中管理、多部门联动执法、区域一体化管理的边境劳务外国人管理模式。

二 政策法规不完善

我国现行对外国劳务人员管理所依据的法规主要有《中华人民共和国出境入境管理法》《中华人民共和国外国人入境出境管理条例》《中华人民人和国境内外国人宗教活动管理规定》《中华人民共和国境内外国人宗教活动管理规定实施细则》《外国人在中国就业管理规定》和《公安派出所外国人住宿登记管理办法（试行）》。随着开放合作的深入，边境外国劳务人员流动越发频繁，来华就业情况不断增多，政策法规不完善问题越发突出。

一是我国相关法律条文的效力和效果难以实现管理的目标。这些法律条例因为制定时间距今已 20 多年，有关外国人就业管理规定的内容已难以适应和涵盖当前出现的各种复杂情况和管理实际，因此政策法规的实施效果并不明显。例如，《云南省中缅边境地区境外边民入境出境管理规定》对于未经公安机关批准擅自留宿境外边民的旅店负责人和责任人，给予警告或 30 元以上 100 元以下罚款；非法居留或违反居留管理规定的境外边民，可处以 100 元以上 500 元以下罚款，或一日以上三日以下拘留。罚款金额过低、惩罚措施不足以起到良好的管理效果。同时，有关医疗、工伤、保险、应急、内部管理等管理制度和办法亟待完善。

二是国家政策相对滞后，缺乏边境劳务外国人员管理的针对性法律法规。例如，在《外国人在中国就业管理规定》中，尚缺少明确的资格条件、行业准入和数量限制规定等。《外国人在中国就业管理规定》第六条规定："用人单位聘用外国人从事的岗位应是有特殊需要、国内暂缺适当人选，且不违反国家有关规定的岗位。"因此，除少数具备特殊技能的外国专家，普通外国人很难来华就业。但是，目前大量来华边境务工的外国人一般从事体力劳动，文化程度较低，不是我国紧缺的技术工种人员或经营管理人员，因此不符合外国人进入我国就业的条件。

三是边境地方政府立法能力欠缺。一方面，由于地方立法缺乏必要的立法理论和实践经验，目前有关边境劳务外国人管理的规范性文件大多是通知和文件，地方政府没有充分利用国家宪法、地方组织法赋予的立法权；另一方面，边境地方政府制定的外国劳务外国人管理法规政策文件等不尽合理。例如，境外边民持外国人出入境证到境内务工一次只能停留 30 天，长期务工需逐月办证。同时，由于没有法律授权边境县市管理和审批权限，边境县市无法根据实际情况因地制宜进行管理。因此，加快启动边境地区人员入境出境管理的地方立法工作，优化政策环境，为跨境劳务合作提供法律保障，将跨境劳务外国人管理纳入法制化的渠道。

三　工作机制不健全

边境劳务外国人管理工作机制尚未建立健全，相关部门对国外劳工尚未实施有效管理，仍存在管控成本高、身份识别难、手续烦琐等突出问题。一是与接壤国尚未建立边境劳务合作沟通协调长效机制。在国家合作层面，双方的劳务合作还停留在警务合作阶段，在边境治安管理、劳务工非法出入境、接受遣返工作等方面形成基本合作关系，但在边境劳务合作模式、政策和管理事务方面尚未签订跨境劳务合作有关文件，边境劳务合作尚处于探索和试点阶段，还未形成双边互动性、有组织、有规模的跨境劳务流动，对劳工的管控和遣返机制有待进一步完善和磋商。在两国边境省市合作层面，虽然跨境劳务合作试点取得一定成效，在国家批准的边境经济合作区、跨境经济合作区、重点开发开放试验区等小范围试点开始制定了一些合作框架，但涉及的边境省市级地方政府没有签订大范围的跨境劳务合作协议，共同监管、共同协商解决跨境劳务合作问题的能力不足。

二是边境劳务外国人出入境审批工作机制有待进一步优化。按现行的出入境管理政策，引进外籍务工人员，需要中国边境地方政府商务局、人社局、公安局联合审核、备案，审核通过并得到上级地方政府主管领导的批复同意后，才能继续推进办理护照、签证、工作证、居住证等证件。审批流程涉及部门多，各部门之间的审批权责不清、重复叠加的标准增加了企业申报难度。同时，牵头部门与相关配合部门往往没有联合审批的场所，因此出现审批不协调、不顺畅的情况，导致审批流程烦琐、办理时间长，严重影响用工企业正常生产经营进程。另外，出入境审批运行的责任机制未明确，易导致各部门趋利避害采取消极策略或保守化审批的思路。

三是中外边境跨境劳务市场机制仍处于探索建立阶段。目前，我国在边境地区尚未建立企业和外国工人双向的、有组织、成规模的规范有序的跨境劳务市场。外国劳工求职面非常狭窄，用工企业主要依靠多年形成的口碑进行招聘，我国边境地区相关部门收集企业用工需求和外国劳工供给信息的能力不足、组织招聘对接的力度和规模不够、协助办理相关证件的效率较低、缺乏跨境劳务培训机构。同时，跨境劳务市场与公安、人社等部门信息还未实现联网互通，使得各部门对跨境劳动市场的监控不足，在劳动合同的签订与解除、劳动争议的调节与仲裁等问题的解决上还有一定缺陷。

四 信息化建设滞后

针对我国居民的社会保障公共服务体系已经基本实现了城乡一体、四级贯通、平台到村、服务到人。但是我国边境地区劳务外国人管理信息平台建设较为滞后，呈现不规范、不专业、信息化水平不高的特点。一是未建立边境劳务人员数据库。目前，大部分边境地区对季节性劳务外国人的基本情况、家庭背景、社会关系、电子照片、血型指纹、就业单位、联系方式等内容掌握不够精细。同时，未能及时扩充、更新边境劳务外国人的联系方式、工作单位信息和出入境情况。边境劳务外国人员信息库建设的缺失，导致外籍劳务人员的精细化、规范化和动态化管理滞后，并在边境劳务外国人的招聘、培训、派遣、管理、保障过程中造成不少障碍。

二是边境地区各管理部门信息资源未能实现共享。实现各部门信息共享，一方面是做好外籍人员服务管理工作以及违法犯罪案件侦破的前提和基础，是解决季节性流动劳务外国人口管理的突破口。另一方面是切实解决多头管理、信息不通、责权交叉以及外籍人员非法入境、非法居留、非法务工等问题的重要方法。目前，各执法部门之间尚未实现信息数据和管理资源共享，加上人社部门的劳动监察执法权限有限，客观地影响了劳动监察执法的工作效能，劳务外国人的合法权益难以得到充分保障，非法务工、非法用工的现象普遍发生。

三是动态信息管控平台和系统有待统一标准、扩大覆盖面。虽然各边境地区政府部门十分注重劳务外国人信息资源共享，着力构建覆盖边境劳务外国人员居住、经商、就学、出入境等各类信息交换共享的动态信息管控体系和平台，部分区域、领域也已经采集了边境地区暂住人口底数、出租房底数、租住人员动态情况、出租房治安状况等信息并录入，搭建了一些信息资源共享交换平台，但总体来看规模小、分布散、功能不完善，各主体、各地区、各平台之间标准不统一、接口不匹配、信息不互通的问题依然突出。

第三节　边境劳务外国人就业管理的特点与趋势

国际劳务合作是国际经济合作的重要组成部分，有着深刻的历史渊源和现实根源。边境季节性劳务输入作为国际劳务合作的重要组成部分，正呈现规模数量逐年扩大、就业领域逐步拓展和权益保护机制逐步完善等特点。随着全球化和我国沿边开发开放的不断深化，完善边境劳务外国人管理制度已势在必行，深入开展国际劳务合作已迫在眉睫。

一　边境季节性劳务外国人就业管理的特点

现代国家的边界产生于民族之后，一些同根同源的民族、族群或村寨被"边界"分隔开，于是就有了跨境民族、跨境家族或跨境村寨。他们大多同根同族，血脉相连，语言相通，文化风俗相近。同时随着经济全球化进程的加剧，各国纷纷实施了一系列富民固边和发展经济的战略，政策的差异和经济社会发展的不平衡导致"边界"两边的富余劳动力按照人力资源市场规律进行配置，产生了边境劳务合作。云南陆地边境线较长，边境地区第一、第二、第三产业的结构和发育程度各不相同，加之周边国家经济社会发展状况较为复杂，在一些第一产业较为发达的边境地区，国际劳务合作受季节、时令和气候的影响较大，呈现季节性特征，而在第二、第三产业占主导地位的边境地区，国际劳务合作受季节、时令的影响较小。边境劳务外国人就业管理由于受到来自历史和现实因素的双重影响，呈现出了一些鲜明的特征。

（一）历史渊远流长

在民族国家成为世界政治秩序的基本单位之后，传统国家向现代国家转变，主权成为国家关心的核心问题，同时传统国家的边疆也随之转变为边界——在不同主权国家接壤处划分你我。边界确立后，随之而来的就是一系列不同的国家制度设计，在维护主权的同时给人口的跨国界流动带来了障碍。原来并非互不往来的不同国家的边疆民众也就成为真正意义上的"边民"（范可，2012）。独特地缘优势为两个相互接壤国家的"边民"交往提供了基础条件。一是自然地理相近。两国边界两侧，从地缘角度来看，山水相连，气候相同，相邻相近的自然地理为两国交流提供了便利条件，有利于降低劳动力跨国流动的成本。二是人文环境相似。边境相邻地区具有历史、族群和文化相近的地缘关系，民族语言和文化传统相似，边界两侧居民能够依靠血缘、亲缘、族缘等社会关系开展跨境迁移。三是人员流动成本较低。按照地缘空间作用相关理论，空间距离远近与空间相互作用强度成反比，则"边界"两侧相互作用的强度非常大，有助于富余劳动力等生产要素的跨境流动。

在资本、市场等因素的驱动下，"边民"中的富余劳动力流动到边界的另外一侧就业并获取报酬就逐渐成为一种常态。由此跨境劳务往来具有弥久的历史渊源。以中缅"胞波"（同胞）关系及劳务往来为例。中国与缅甸的"胞波"情谊久远，是两国珍贵的历史遗产。中缅民族关系的一个突出特征就是族际通婚率高、华侨同化率高。清朝开始，汉族进入缅甸的人数就很多，他们多从事种植业或其他手工业，并与当地人通婚，"胞波"作为缅人对华侨的亲密称呼由此开始。1879 年，游历缅甸的黄懋材在仰光看到，"闽粤两省商于此者不下万人，滇人仅有十余家。然未见中土女士，皆纳缅妇为室也"（余定邦和黄重言，2002）。民国时期，就中缅通婚、"胞波"关系的论述有"华缅通婚达百余年，华侨土生相承历三四代者常见，四十年前抵缅之华侨，可谓尽纳土妇为妇矣。华侨与缅人姻亲相连，任何国侨民均无比之更亲密者"（苏子达，1943）和"以过去之历史言之，华侨之地位，在缅甸国内，极为优越。缘华侨之性情、状貌，以及宗教，皆与缅人相近"（赵伯南，1932）。新中国成立后尤其是改革开放和冷战结束以来，中缅"胞波"关系得到进一步发展，中缅边境劳务往来关系得以持续健康发展，缅甸来华务工人员人数持续增加，就业分布也逐渐从第一产业向第二、第三产业延伸。

古"丝绸之路"等经济交流活动进一步增进了云南与周边国家

的交融，促进了民间交往，加强了边境地区经济发展的相互依存关系和风土民俗的同化程度，为当代的边境地区国际劳务合作创造了重要条件。南方"丝绸之路"起于先秦，兴于汉唐，延至明清，是我国古代西南地区一条连接中原，纵贯川滇，连接缅、印，通往东南亚、西亚以及欧洲各国的古老国际通道。古"丝绸之路"是我国古代对外交通贸易和文化交流的主要通道，是当时经济社会发展的推动力量和文化交流传播的纽带，有力促进了云南与沿途地区的商品交流、文化交流和宗教交流，增进了各国民众的相互交流与了解，为之后的跨境劳务合作奠定了历史文化基础。

（二）现实根源深厚

边境地区国际劳务合作，既有历史渊源，也有现实根源。沿边开发开放、"一带一路"、孟中印缅经济走廊、大湄公河次区域合作、长江经济带、泛珠江三角洲区域合作等国家战略的深入实施，为边境地区的国际劳务合作带来了新的机遇。我国人口红利逐渐消失、企业用工成本增加，也是促进边境地区开展劳务合作的重要因素。

1. "一带一路"倡议带动跨境劳务合作

新一轮沿边开发开放政策带动边境国际劳务市场快速发展。自1992年实施沿边开放战略以来，我国沿边地区的经济取得较快发展，与相邻国家和地区的经贸合作也进一步加深。2015年底，国务院印发了《关于支持沿边重点地区开发开放若干政策措施的意见》，从深入推进兴边富民行动、改革体制机制、调整贸易结构、促进特色优势产业发展、提升旅游开放水平、加强基础设施建设、加大财税支持力度、鼓励金融创新与开放等8个方面提出了31条政策措施，为广大沿边地区带来了重大发展机遇。新一轮沿边开发开放政策以互利共赢为着力点，也就是把沿边地区同周边国家和地区的各自优势结合起来，实现产业链联动，将带动人才资本和人力资本的国际化配置，促进边境地区劳务外国人数量的增加。

自 2013 年习近平总书记提出"一带一路"以来，经济全球化进程加快，国际劳务合作已俨然成为区域经济合作的重要内容。"一带一路"在产业层面，重点推动钢铁、有色、建材、化工、轻工纺织等优势产能"走出去"，参与国际重大基础设施项目合作以带动中国电力、轨道交通、通信等行业的装备、技术、标准和服务对外输出，整合资源以推动工程机械、航空航天、船舶和海洋工程装备等优势装备走向国际市场，带动了我国中高级技术技能劳务输出的发展，吸引了边疆地区劳务向发达地区转移，造成边境地区劳务短缺，从而为边境地区劳务外国人的大量输入创造了条件。

跨境经济合作区为跨境劳务合作提供了新实践。长期以来，由于缺乏必要的制度保障和管理，大量境外边民非法入境、非法居留、非法就业和边境地区的企业非法用工等现象，成为影响边境地区安全稳定的重要隐患。随着边境用工需求和劳动力结构性短缺的矛盾突出，劳动力成本增长很快，严重影响了沿边地区产业的发展。加快推进跨境经济合作区建设，开展跨境劳务合作，分享邻国"人口红利"，已经成为沿边地区对外招商引资、发展边境加工贸易产业、承接东部劳动密集型产业转移的"杀手锏"。

2. 补充云南人口红利

与全国一样，云南已进入人口老龄化社会。第五次全国人口普查数据显示，2000 年，云南省总人口为 4236 万人，60 岁及以上人口为 388.7 万人，占总人口的 9.18%，65 岁及以上人口为 258.4 万人，占总人口的 6.10%，尚未进入老龄社会。第六次全国人口普查数据显示，2010 年，云南总人口为 4602 万人，60 岁及以上老龄人口为 508.7 万人，占 11.05%，65 岁及以上人口为 350.6 万人，占 7.62%。与 2000 年相比，60 岁及以上老龄人口净增加 120 万人，老龄人口比重上升了近 1.9 个百分点。根据云南 1% 人口抽样调查，

2015 年，云南总人口为 4736.8 万人，65 岁及以上的人口为 414.9 万人，占 8.76%。同 2010 年相比，65 岁及以上人口比重上升 1.14 个百分点。云南 2005 年 65 岁及以上的人口为 334.52 万人，占总人口的 7.53%，开始进入老龄化社会，在时点上横向观察，比全国的人口老龄化进程晚 5～6 年，程度相对较轻。但与本省总人口增长态势比较，2000～2010 年，云南总人口年均增长率为 0.7%，同期云南老龄人口年均增长率达 3.1%，表明云南老龄化来势急骤，老龄人口的比重和绝对量都呈快速增长的趋势。人口老龄化对云南就业产生深刻影响，边境地区农村转移就业人口大量向内地转移，造成企业用工短缺，大量境外边民涌入务工，满足了云南边境地区的用工需求。

但是，边境地区的企业仍以初级产品加工为主，产品附加值低，产业合作规模小，产业链发展不完善，纵向和横向产业链延伸不足。与此相对应，边境地区劳务外国人技能技术较低，相对滞后于我国劳务市场需求的变化，对外籍劳工的培训费用较高，劳动生产效率难以提升，导致边境季节性外国劳工只能从事简单的建筑、仓储、物流、餐饮、砍蔗、木材加工等高强度的中低端体力劳动。

3. 劳务外国人用工成本增加

我国内地廉价劳动力的竞争优势逐步消失，发达地区一些劳动密集型企业开始向边境地区转移，用工需求量大幅度增加。企业之间为招聘劳务外国人而竞相提高薪资水平，导致聘用边境季节性外国劳务人员的工资水平呈现逐步增长态势，处于一种无序的恶性竞争状态，边境当地企业用工成本相应增加。

同时，成本的增加还与以下因素有关。一是出入境费用与国际汇款费用。边境季节性劳务外国人持出入境证到边境务工一次只能停留 30 天，长期务工需逐月办证，手续烦琐且费用较高，劳务外国人获得劳务报酬后无论是通过银行国际汇款到母国或随身携带返回国内，均需承受一定的财务成本，无形中提高了企业员工流失率和管理成本。二是边境劳务外国人中介费用。按照目前的部分边境劳务外国人就业引进工作流程，企业不能直接招聘边境劳务外国人，必须向边境县市人社局、商务局、公安局提出申请，得到批准后由专业化的跨境劳务中介机构与国外有关政府部门签订合同，企业需要向跨境劳务中介机构付费，由跨境劳务中介机构负责统一办理劳务外国人入境务工手续。这对规范边境劳务外国人管理不可或缺，但必须减少费用、降低成本。三是政府要求企业提供生活福利保障。边境县市逐步完善管理，制定了一系列加强管理的规章制度，提高了引进外国劳务人员的准入门槛，要求工业园区和用工企业不仅要保障外国劳务工的人身安全、实行更加人性化的管理，试点企业还需要具备卫生、安全、便利的住宿和餐饮设施，具备良好的安全生产条件，并且为境外务工人员购买工伤保险等，变相增加了企业用工管理成本。

（三）边疆治理现代化滞后

边疆治理现代化是国家治理现代化的重要组成部分。随着边疆民族地区对外开放进程的加快，目前与边疆、跨境、国际因素等联系在一起的一些特殊公共问题，也呈现快速增长势头。传统治理体制已无法满足边疆复杂的、多元化的公共治理诉求。边疆治理现代化的理念、结构、体系、能力滞后表现在以下方面。

一是社会治理领域的分权或授权不足。传统边疆治理以处理民族关系事务、巩固地方政权、维护国家统一和主权为主导，忽视社会治理且社会治理过程中基本没有或很少有企业、社会与公民的参与。

二是现代化的边疆治理格局尚未形成。边疆治理中的社会参与依然存在权力来源的合法性不足、作用领域界定与责任划分模糊、主体关系不清与互动不畅等诸多问题。

三是地方党组织自身能力建设滞后。地方党组织存在政策制定与规划发展能力不强、吸纳和整合地方资源能力不强、党建工作和其他工作整合不足、党组织队伍建设和管理理念与模式跟不上形势发展等问题。

四是地方政府治理能力滞后。政府的角色定位、职能转换、结构与规模调整问题依然没有得到解决，权力寻租、贪腐现象仍然比较严重，公务员队伍素质整体偏低、依法行政能力不强、公共危机处理能力不足等问题依然普遍存在。

五是边疆地区公共危机治理体系不完善。危机治理侧重于对公共安全事件既发后的响应处置，存在预警预防机制建设相对不足、应急预案的针对性与可操作性不够强，相关预案与本地区特点结合度不高，应急管理与一般社会管理、公共服务的衔接不畅等诸多问题。

六是基层治理主体服务能力不强。基层联防机制建设不足导致基层治理主体对各类公共安全问题的监测、管理和控制权限小。因此，边疆地区需基于国家治理现代化方略与"一带一路"倡议，实现理念革新、结构重组、体系重构与能力重塑，加快边疆治理现代化转型。

二　边境季节性劳务外国人就业管理的发展趋势

云南边境劳务外国人数量规模日益扩大，对就业管理提出了新的要求，开展国际劳务合作、完善管理体制机制、加强规范管理已迫在眉睫。

（一）规模数量呈现扩大趋势

外籍劳务人员进入我国边境地区务工始于改革开放初期，但是当时人员数量不仅较少，而且大多属于零散的帮工行为。自20世

90 年代始，进入云南边境地区务工的外籍人员数量逐渐增加。尤其是随着沿边开发开放战略的深入推进和口岸通关的便利化不断提升，来自邻国边境欠发达地区的大量富余劳动力开始涌入边境县（市），从事经商、务工等活动。紧密的国际劳务合作关系，尤其是近年来劳务外国人输入数量的不断增加，体现了边境地区的地域优势和发展优势，促进了区域双边经济的健康快速增长。相关统计资料显示，自 2004 年以来，瑞丽的劳务外国人数量以平均每年 10% 以上的速度持续增长。[①]

（二）完善管理制度势在必行

由于上位法缺失，边境地区州市县制定边境劳务外国人就业管理办法缺乏法律依据，入境证件要求不统一，非法用工处罚不严，跨境劳务培训制度体系不健全，政策规定"碎片化"程度较重，完善管理制度已势在必行。

（1）国家还没有形成统一的制度体系，制度的"碎片化"较为严重，完善制度的顶层设计势在必行。如外籍人员入境证件没有统一的要求。云南省要求边境劳务外国人须持有《出入境通行证》《境外边民临时居留证》《健康证》《就业创业证》等证件方可入境就业。国家对企业使用"三非"人员的处罚缺乏明确规定，导致企业违法用工成本较低。

（2）完善跨境劳务培训制度体系势在必行。与云南劳动力相比，周边国家的劳动力存在质量和结构差异，越南、缅甸等国家劳动力的整体素质偏低，受教育程度不高、劳动技能普遍偏低，直接影响了他们自身劳动生产率的提高。加之周边国家劳务派遣机构对劳务人员选拔、培训、事后管理制度不完善，输出的劳务人员已经难以满足边境地区产业转型升级的需求，严重影响了边境地区劳务合作

---

① 数据由瑞丽市人社局提供。

的进一步发展。

（3）由于缺乏对涉外劳务中介资质认定与责任和义务、外籍人员职介办法、外籍人员责任和义务、用人单位责任和义务的统一规定，边境地区劳务外国人管理较为混乱，管理责任难以落到实处，完善边境地区外籍人员劳务中介服务管理制度、用人企业的管理制度已经提到重要的议事日程。

（三）加强规范管理迫在眉睫

加强边境地区劳务外国人的规范管理，杜绝"三非"人员，强化对宗教活动的管理，消减边境地区的社会治理隐患已迫在眉睫。

首先，加强边境地区"三非人员"的清理。边境地区"三非人员"较多，实施规范化管理较难，他们大多无固定居住场所、无合法有效证件、无固定收入，监管难度大，给边境地区的社会治理带来诸多风险与挑战。同时由于云南陆地边境线较长且大多没有天然屏障，遣返"三非"人员的难度较大。

其次，加强边境地区非传统安全事务管理，消除安全隐患。大量外籍劳务人员频繁地跨国界流动，使得边境地区的毒品、艾滋病、传染病等非传统安全隐患增多，禁毒防艾和疾病防控形势日益严峻。

再次，加强边境地区宗教事务的规范化管理。因其特殊的地理位置，边境地区既是全面小康社会建设的前沿阵地，也是境外敌对势力进行宗教渗透和分裂活动的重点区域，大量外籍人员进入边境地区务工，客观上加大了边境地区社会治理的难度。

最后，推进实施边境地区劳务外国人管理的标准化建设。目前，边境地区劳务外国人管理的差异性较大，在不同边疆县（市、区），劳务外国人检验检疫、就业登记、合同签订、岗位配额、权益保障等的规定各不相同，严重影响了管理服务信息的共享，降低了管理效率。

（四）劳务国际合作不可或缺

由于跨境人力资源市场不健全，边境地区产业支撑较弱，跨境劳务合作信息服务网络体系建设较为滞后，以及有效的跨境协调机制较为缺乏，开展国际劳务的深度合作已不可或缺。

首先，相比商品等其他生产要素流动，边境劳动力跨境流动涉及边防巩固、产业安全、传染病控制等问题，遇到的边界屏障效应较大，流动速度较为缓慢，劳动力要素跨国界通畅流动较为困难。相邻国家为确保边疆地区的领土主权完整，维护本国公民的利益，必然会对边境劳务外国人加强管制，甚至采取较为严格的限制措施。一方面人力资源市场机制失灵，另一方面边境政府又不能及时弥补市场失灵，导致国际劳务资源配置效率较为低下。由于各国的政治制度体系不同，人力资源和社会保障政策差异较大，国际劳务市场分割的问题较为突出。

其次，边境地区产业基础较为薄弱、产业结构较为单一，第二产业和第三产业发展较为滞后，以低端制造业为主，产业的区域合作不紧密，产业附加值较低，容易受国际生产要素成本上升和原材料短缺等因素制约，承接东部产业转移能力较低，制约了边境劳务合作规模的扩大。

再次，由于跨境劳务合作信息服务网络体系建设较为滞后，尚未建立跨境劳务合作信息管理平台，边境地区与周边国家都难以及时了解边境劳动力供求信息，对彼此劳动力市场政策和人力资源市场结构缺乏系统了解，同时对跨境劳务合作信息跟踪、监控不力，跨境劳务合作信息服务不到位。

最后，边境劳务合作牵涉相邻两国海关、劳动、商务、外交等多个部门，由于未建立起统一的跨境劳务合作管理协调机构，跨境劳务合作管理主体混乱、分工不明确；尚未形成完善的双边定期磋商协调机制，跨境劳务合作信息不通畅，跨境劳务纠纷不能及时得到解决；跨境劳务合作政策不完善，面对边境各地出台的跨境劳务合作规定，难以有效发挥协调管理职能，影响了跨境劳务合作的深入推进。

第四节　改进边境劳务外国人就业管理方式

加强边境季节性劳务外国人管理是推进"一带一路"倡议的客观要求，是扩大沿边开发开放的必然选择，是深化跨境经济合作交流的重要内容，必须总结借鉴现行的好做法、好经验，针对存在的突出问题，采取切实可行的对策措施，规范管理，优化服务，不断提高边境地区国际劳务合作工作水平。

一　健全工作机制

（一）建立边境劳务外国人管理联席会议制度

国家、省、州市、县成立相应的边境劳务外国人管理协调工作领导小组，由人社部门牵头，建立联席会议制度，进一步明确人社、公安、边防、外事、卫生、检验检疫等部门的管理职责，形成部门联动、分工协作的工作机制。管理协调工作领导小组办公室设在人社部门，定期召开联席会议，研究决定边境劳务外国人管理工作中的重大问题，重要情况要及时向当地党委、政府和上级管理协调工作领导小组报告。管理协调工作领导小组采取联合执法的方式，加强对聘用边境劳务外国人的监督检查，加大打击非法用工力度，对非法用工的用人单位和非法入境务工人员给予相应处罚。

（二）由外专局实行归口管理

以"两证合一"为契机，将边境劳务外国人管理职能划给外国专家局，由外国专家局实施管理。人社部门等相应部门要分工协作，积极配合，在劳动监察、劳动纠纷、社会保障等方面协助外国专家局的劳务外国人管理工作。

（三）明确用人主体管理职责

用人单位必须切实承担对边境劳务外国人的管理职责，加强对边境劳务外国人的法律法规教育、职业技能培训，引导边境劳务外国人遵纪守法、文明自律、积极劳动，保障他们的合法权益。本单位聘用边境劳务外国人发生贩毒吸毒、卫生疫情、跨境婚姻、治安事件、劳资纠纷等重要情况，要及时向当地边境劳务外国人管理协调工作领导小组办公室报告。

二　完善政策法规

（一）国家出台指导性政策

国家层面加强出台加强边境劳务外国人管理的指导性意见。国家层面的指导性政策既要考虑边境劳务外国人管理的特殊性，又要考虑与现有外国人来华工作许可相关政策的衔接，宜粗不宜细，突出原则性、指导性和前瞻性。

（二）省级层面出台实施细则

根据国家层面制定的指导性意见，云南省应结合边境劳务外国人管理的实际情况出台实施细则，因地制宜，强化指导，突出规范性和针对性。省级层面出台实施细则需报国家外专局征求意见并备案。

（三）边境地区制定管理办法

边境州（市）、市（县）出台管理办法。边境州（市）、市

（县）根据上位法，结合当地边境劳务外国人入境、就业、社会治理等方面的实际，制定具体的管理办法，突出程序性和可操作性。边境州（市）、（市）县出台管理办法需报省、（市）州外专局征求意见并备案。

三　规范劳务管理

（一）发展劳务中介

对从事跨境务工中介服务的劳务派遣公司实行资格审核认定，明确其管理职责，规定只有经过资格审核认定的劳务派遣公司，才能合法开展边境劳务外国人输入业务。劳务派遣公司要严格按照边境地区所制定管理办法规定的程序办理劳务外国人的入境手续，改变目前聘用边境劳务外国人无专门机构办理的状况。对经审核认定的劳务派遣公司给予享受扶持小微创业企业的有关优惠政策，以政府购买服务的方式，支持它们承接境外人社政策收集、劳动力供求信息发布、入职培训、证件翻译等业务。

（二）实行配额制管理

减轻边境劳务外国人对本地就业的冲击，对用工单位设置必要的门槛，规定聘用边境劳务外国人的数量原则上不超过本企业国内员工总数的50%。对沿边开发开放试验区、跨境经济合作区等园区企业采取特殊政策，经批准，聘用边境劳务外国人与本企业国内员工的比例可以达到1：1，但重要岗位和关键技术技能人员须由中方员工担任。

（三）探索积分制管理

探索积分制管理办法，对边境劳务外国人实行积分制管理。积分制考核主要包括遵纪守法、职业技能、工作业绩等方面的内容。

对累计积分达到规定的边境劳务外国人，纳入当地社会保险，并在办证、登记、检验检疫、商业保险、纠纷处理等方面提供便捷服务。

（四）实行"黑名单"制度

对非法入境被遣返和在务工期间违反我国法律法规的劳务外国人，记录在案，进入边境劳务外国人"黑名单"，拒绝此人再次入境务工。

四　完善权益保障机制

（一）建立工资协调机制

外国专家局建立边境劳务外国人工资协调机制，保障边境劳务外国人工资不低于本地最低工资标准，同时，防止恶性竞争，抑制工资过快增长，工作时间、加班费等按照我国劳动法规执行。

（二）探索建立社会保障制度

人社部门与外国专家局配合，将边境劳务外国人纳入本地拖欠农民工工资、劳动监察等管理机制。用人单位必须给边境劳务外国人购买意外伤害保险。对缅甸玉石雕刻、朝鲜软件开发以及其他持有资格证等的急需紧缺高技能人才，可以纳入当地社保系统，参照在华工作外国专家相关政策办理社会保险。

（三）开展职业鉴定国际合作

探索边境劳务外国人职业资格鉴定国际合作，建立职业资格证书双边认证机制，对在国外取得职业技能证书的边境劳务外国人，经认证予以认定，并享受社会保险方面的待遇；对边境劳务外国人在我国务工期间经考试取得职业资格证书的，其所在国经认证予以认定。

五　加强管理服务保障

（一）建立服务管理中心

在边境劳务外国人比较集中的地区，成立外籍劳务人员服务管理中心，在办证、登记、检验检疫、商业保险、纠纷处理等方面提供"一站式"服务。

（二）搭建信息化管理平台

建立边境劳务外国人信息化管理平台，开发边境劳务外国人管理软件系统，横向在边境劳务外国人管理协调工作领导小组成员单位，纵向在县、州市、省份和国家层面，实现信息共享、互联互通。对边民入境务农的人员，依托治安网格化管理平台，由用工者向村治保员报告情况，乡镇汇总后报管理协调工作领导小组办公室录入管理系统。

（三）提供经费保障

建议省外专局设立专项资金，省、州市、县市安排配套资金，提供必要的经费保障，主要用于服务管理中心建设、信息化建设和工作经费等开支。

（四）配备工作人员

针对州市、县市外国专家管理服务工作人员较少或缺乏的实际，由当地政府或人社部门在现有编制数内调剂配齐工作人员。

第十一章 结语

就业创业既是经济问题，又是社会问题，关系国计民生，影响千家万户的生活。本书分析了云南就业创业的多个主题、议题，至此即将结束，最后提出一些思路对策、未来展望和进一步研究方向等，作为全书的结语。

第一节 云南促进就业创业的思路与对策

理清云南促进就业创业的基本思路，制定务实管用的办法措施，实现更高质量、更充分的就业，统筹推进经济社会发展和就业创业，是云南推动高质量跨越式发展、保障和改善民生的重大任务。

一 云南促进就业创业的基本思路

紧紧围绕云南高质量跨越式发展目标，主动融入和服务"一带一路"和长江经济带建设等国家战略，坚持以人为本、就业优先，实施积极的就业创业政策，将就业创业作为经济社会发展的重要指标，努力实现经济增长与就业创业发展的良性互动。

（1）以经济结构调整为契机，大力发展现代农业，增加农业转移就业人口，减少农村隐性失业；着力发展新型工业，化解过剩产能，稳定就业岗位；加快发展现代服务业，拓展就业渠道，培育新的就业增长点。

（2）以"大众创业、万众创新"为关键，创新和完善创业扶持政策，培育新就业形态，发挥创业带动就业的倍增效应，增添就业增长的新动力。

（3）以大学毕业生和农民工两个群体就业为重点，千方百计扩大就业、促进创业，保持城镇新增就业人口稳定增长。

（4）以职业教育和技能培训为抓手，提升劳动人口的就业能力，推动人口红利向人才红利转变，优化就业结构，缓解就业的结构性矛盾。

（5）以完善就业公共服务体系为基础，改善就业环境，激发人力资源市场活力，引导就业人口合理流动，减少摩擦性失业。

（6）以援助就业困难群体为保障，开发公益性就业岗位，促进困难群体就业，发挥就业在民生改善中的保障作用。

二　云南促进就业创业的对策措施

（一）加快经济结构调整，夯实扩大就业的产业基础

经济发展是就业的基础，产业是就业的载体。扩大就业必须建立以产业带动就业、以就业促进产业的互动机制。坚持调优第一产业、调强第二产业、调快第三产业，加快产业结构调整升级，为转移农业劳动力、稳定工业企业就业、培育新的就业增长点提供产业支撑。

（1）发展高原特色现代农业，推动农业劳动力转移就业。云南是一个农业大省，农业就业人口比重大，但农业劳动生产率低下，农业隐性失业问题突出。发展现代农业，提高农业劳动生产率，是实现农村劳动力转移就业的前提条件。充分利用云南植物王国、动物王国的资源优势和"天然空调""青山绿水"的环境优势，大力发展咖啡、坚果、核桃、石斛、蔬菜、花卉、蚕桑、橡胶、茶叶等高原

特色农业。发展壮大现代农业经营主体，培育新型职业农民，规范
农民专业合作社，做大做强农业龙头企业，打造现代农业示范区和
庄园经济，完善"企业＋合作社＋基地＋农户"的经营模式。以农
村土地流转制度为突破口，加快农村综合改革，构建流通服务、科
技服务、金融服务等现代农业的社会化服务体系，延伸农业产业链，
推动农业向集约化、专业化、组织化、社会化方向发展，扩大规模
效益，进一步巩固农业的基础产业地位，带动第二、第三产业的发
展。结合云南实际，抓好抓实"人力资源综合开发示范区"建设和
"技能扶贫专项行动"两项重点工作，发挥农业劳动力的挤出效益，
以高原特色现代农业的发展，延长人口机遇窗口期，释放人口红利，
为非农产业提供更多的剩余劳动力。

（2）走新型工业化道路，保持就业形势总体稳定。主动融入和
服务"一带一路"和长江经济带建设等国家发展战略，利用面向南
亚、东南亚的区位优势和电力、矿产和水等资源丰富的优势，积极
承接东中部产业转移，推进壮大特色优势产业与培育新型产业的有
机结合，促进信息化与工业化的融合，把自主创新作为调整产业结
构的中心环节，坚持走科技含量高、经济效益好、资源消耗低、环
境污染少、安全有保障、人力资源优势得到充分发挥的新型工业化
道路。

有效化解过剩产能，广泛应用高技术和先进适用技术改造提升
传统产业，引导形成更多的拥有自主知识产权和知名品牌的优势企
业，实现"腾笼换鸟"，促进工业结构升级。注重培育具有高增长潜
力的新材料、光电子及信息、装备制造等产业，以优势产业为基础，
以项目为依托，加快园区基础设施建设，引导关联度高的产业向工
业园区集中，达到共享基础设施和提高规模效益的目的，壮大园区
经济。把扩大就业作为政府重大投资和重点项目实施的评估指标，
为吸纳就业能力强的劳动密集型产业提供岗前培训、订单培训、定

向培训等职业培训和招贤纳才、办理社保等就业服务；继续采取失业保险金稳岗位，降低失业保险金、生育保险金等缴费率、缓缴社会保险金等有力措施，开展人社工作服务百家企业专项活动，帮助产能过剩企业解决实际困难，稳定就业岗位。

（3）加快发展现代服务业，培育新的就业增长点。经济结构战略性调整需要培育新的经济增长点，扩大就业也需要培育新的就业增长点，服务业具有就业弹性系数高、拉动就业能力强的特点，扩大就业亟须发展现代服务业。

首先，发展旅游业。充分发挥云南边疆、生态、民族等旅游资源优势，把绮丽的自然景观和丰富多彩的民族风情结合起来，打造旅游、观光、休闲、度假、娱乐等多功能复合型的区域旅游目的地，全方位、高水平、高效益开发一批特色旅游景区，不断提高旅游业发展能力和水平，加快旅游业优化升级，为农村剩余劳动力提供就地就业机会。

其次，发展现代物流业。适应区域发展需要，制定鼓励支持政策，大力发展现代物流业，建设区域性物流中心。推广现代物流管理技术，注重物联网技术应用，完善物流公共信息平台和现代物流体系，充分发挥现代物流中心的集聚辐射带动作用。

再次，发展文化产业。促进人与自然和谐发展，加强对自然遗产、文化遗产的保护和开发，充分挖掘独特的民族民间文化资源，把物质形态的、非物质形态的、原生态的文化资源盘活提升，打造既有浓郁民族特点又有一定文化内涵，具有影响力的文化品牌。深化文化体制改革，整合文化资源，加强文化阵地建设，继承和弘扬优秀民族文化传统，不断满足人民群众日益增长的精神文化需求。

最后，发展边贸经济。抓住"一带一路"建设重大机遇，搞好互联互通，多渠道、多方式投融资，鼓励和吸引民间资本参与基础设施和公用设施建设。扶持发展个体、民营经济，繁荣城乡工商业，

加强边贸交易、扩大经贸往来，促进生产要素跨境流动。充分发挥
服务业的生产功能、消费功能和公共服务功能，提高现代服务业增
加值占 GDP 的比重，形成新的经济和就业增长点。

（二）大力推进创新创业，增添扩大就业的新动力

在发展动力转换的背景下，国家对创新创业发展战略重视程度
之高、推动力度之大前所未有，我国已经进入"大众创业、万众创
新"的创时代。创新创业推动经济转型升级、释放社会活力，成为
经济发展的新引擎和扩大就业的倍增器。

（1）创新融资模式。探索大众创业、万众创新的投融资模式，
成立省创业投资基金。采取政府投入一部分、企业投资一部分、社
会筹资一部分的方式成立云南省创业投资基金，进行市场化运作，
拓宽创业融资渠道，降低创业者的风险，发挥政府资金的杠杆作用，
吸收利用民间资本投资创新创业，破解创新创业融资难的问题。

（2）加强创业培训。依托创业教育好、有办学条件、有合作意
愿的高校，开展创业示范培训。办学模式采取政府、高校、社会三
位一体的办法，成立学院理事会，加强对学院的管理。培训对象为
大学毕业生、返乡农民工、下岗失业人员、部队退转复员军人等创
业人员；培训师资为管理创新创业的政府官员、创业导师、创业成
功人士等；培训内容实行"常量＋变量"的模块化管理，常量部分
包括创业政策解读、宏观经济形势、企业家精神等课程，变量部分
根据培训对象、创业方向等不同进行差异化设计。通过培训，提升
创业者的创业技能，提高创业企业的成功率。同时，优化社会环境，
形成尊重知识，尊重技术，尊重人才，尊重创造，尊商、爱商、重
商的氛围。

（3）转变政府职能。适应大众创业、万众创新的新要求，厘清
政府和市场的关系，政府要简政放权，列出"权力清单""责任清

单"和"负面清单",实现职权法定、行为法定、程序法定、责任法定,推进政府治理逐渐从传统的"行政管理"迈向"公共管理"。进一步简政放权,减少行政审批,深化商事改革,用政府权力的"减法",换取市场活力的"乘法",真正还权于市场,充分激活各类市场主体的活力。

(4)推动科技创新。"大众创业"与"万众创新"之间是相互支撑和相互促动的关系。一方面,只有"大众"勇敢地创业才能激发、带动和促进"万众"关注创新、思考创新和实践创新,也只有"大众"创业的市场主体才能创造更多的创新欲求、创新投入和创新探索。另一方面,只有在"万众"创新的基础上才可能有"大众"愿意创业、能够创业、创得成业。在云南既有创业小微企业中,创新型企业还很少,问卷调查数据显示,只有7.8%的创业企业属于高新技术行业。必须减少对创新转化的限制,加强创新转化的对接,增强创新转化的活力,促进"万众"的创新用于"大众"的创业。

(三)加强职业技能培训,提高劳动者素质和能力

在就业形势总体保持稳定的情况下,就业的结构性矛盾进一步凸显,表现在"就业难"与"招工难"并存。加快职业技能培训,提升劳动者的就业技能,是缓解就业结构性矛盾的有效途径。

(1)整合职业培训资源。用好农民工培训资源,发挥农民工就业工作领导小组的职能作用,给人社、农业、扶贫、总工会、共青团、妇联等相关部门的农民工培训制定统一补助标准。加快职业培训改革,发挥市场在职业培训资源配置中的决定性作用,鼓励和扶持民间资本投资职业培训,形成以技工学校为主体、以区县职业技术学校为依托、以社会力量办学为补充的职业培训网络,构建政府、企业、社会共同参与、面向市场、服务就业的职业培训体系。

(2)加快技工院校发展。加大对技工院校的投入,改善办学条

件，发挥技工院校在职业技能培训中的主渠道作用。打破部门利益固化的藩篱，做好教育部门职业教育与人社部门技工教育的协调与对接，统筹安排年度招生计划，改善技工院校的生存环境，增强技工院校在招生中的吸引力。优化师资队伍，改进教学方式方法，增强教育培训的针对性和实效性，把技工院校建设成培养技能大师的摇篮。

（3）激发企业培训活力。针对企业重使用、轻培训的问题，大力开展在职职工培训，指导企业紧密结合生产实际，巩固加强职工的岗位技能，提高培训的技术含量，增强企业的竞争力。扶持结构调整的企业加强对分流人员的转岗转业培训，使职工掌握新的生产技能，尽快适应新岗位的需求，减轻企业的就业压力。支持和督促企业建立与培训、鉴定、职业资格、持证上岗相衔接的内部竞争上岗制度，打通各类技能型人才的成长通道，形成与职业技能挂钩的激励机制，激发企业和员工开展技能培训的积极性。

（4）规范职业技能鉴定。推动职业技能鉴定机制的改革创新，捋顺政府与市场的关系。建立职业技能鉴定专家制度，规范对鉴定专家的监督和管理职能，消除"以考代评"的职业技能鉴定机制弊端；发挥行业协会在职业鉴定中的作用，完善职业鉴定标准，规范职业鉴定程序，使职业鉴定更好地服务劳动技能提升和经济社会发展。

（四）完善公共服务体系，提升就业服务的质量与效益

（1）健全就业服务市场体系。提高政府的公共服务能力，大力发展就业中介组织，努力推进人力资源信息化建设，积极开展多种形式的信息发布、人才交流、人事代理，推动人才和用人单位两个市场主体见面，为加快人力资源在城乡之间和行业之间自由流动办实事、解难事，提高就业服务的质量和效益。

（2）加强国际交流与合作。利用"一带一路"重要支点的区位优势，依托网络新媒体，借助互联互通，发布各类人才招聘就业信息，打造立足云南、面向南亚和东南亚、放眼全球的人力资源产业园区和国际人力资源市场，努力使云南成为海内外人才流动的枢纽。

（3）加快发展人力资源市场服务业。建立由政府部门宏观调控、市场主体公平竞争、中介组织提供服务、人才自主择业的人才流动配置机制，完善市场服务功能，把人力资源服务业作为重点发展产业。整合就业与人才和人力资源服务机构，组建云南省人力资源开发集团公司，建设覆盖全省的人力资源大市场。

第二节　云南就业与创业的未来展望

一　全面小康要求高质量更充分的就业

云南贫困面广、贫困程度深，是全国脱贫攻坚的主战场之一，这使云南脱贫攻坚面临前所未有的严峻挑战。截至 2017 年底，全省还有 350 多万贫困人口、88 个贫困县，贫困人口数量居全国第 2 位，贫困县数量居全国首位。今后三年，云南每年减贫人数必须达到 100 万人以上，全面脱贫、全面小康任务十分艰巨。

"授人以鱼，不如授人以渔"。云南的贫困大部分是素质型贫困，为增强贫困地区劳动者的职业技能，人社部门推出技能扶贫和农村劳动力培训转移就业两个专项行动，着力实现扶贫开发从"输血"到"造血"的转变。

2015 年 3 月，省人社厅首先在独龙江乡启动了"人力资源综合开发"试点。独龙江乡位于云南省西北部，北与西藏接壤、西南与缅甸毗邻，是我国人口较少少数民族——独龙族唯一的聚集地，下辖 6 个村委会，总人口 4418 人，劳动力 2345 人。很长时间以来，这里的独龙族群众一直过着刀耕火种、打猎捕鱼的生活，由于高山阻隔，一年中有半年以上时间大雪封山，独龙族人近乎与世隔绝。2009年底，独龙江乡被列为云南省整乡推进、整族帮扶的试点乡镇。近年来，政府投入了大量的扶贫开发资金，独龙江乡的基础设施、公共服务设施和住房条件发生了根本改变。但由于缺乏致富技能，独龙族群众收入仍很低，还生活在贫困之中。

扶贫先扶智。人社部门根据当地群众木雕、石雕、玉雕、厨艺、刺绣、美发等技能培训需求，采取"走出去"与"请进来"相结合的方式，分6批组织独龙族青年接受各种技能培训，共培训了1800余人，全乡所有家庭均有1人参加了技能培训，实现了"培训一人、就业一人、脱贫一户"。比如，木雕工艺培训使独龙江乡"变柴为宝"，带动100余户农户雕刻、销售木雕工艺品。再比如，通过"金勺子"工程，结束了独龙族1000多户家庭饮食"一锅炖"的时代。不仅挖掘了独龙江美食，而且使群众从事旅游服务增加收入。普光荣是孔当村的村民，参加"金勺子"工程培训，学到了烹饪技术，利用安居工程分到的房子开办了农家乐，接待来自外地的游客，增加了收入，实现了脱贫致富。

2015年8月，云南迅速将独龙江乡技能扶贫经验扩大到镇雄、会泽两个人力资源大县进行试点，实施大规模技能培训。两年来，两县共举办技能培训班951期，培训9.93万人，转移输出农村劳动力70余万人次。推进农村劳动力培训转移工作，实现了借地生财，使贫困群众走上了勤劳致富之路。

就业助脱贫。2016年2月，省委、省政府决定在全省推广技能扶贫的经验，实施农村劳动力培训转移就业扶贫行动计划，确定到2020年，全省完成农村劳动力转移就业1500万人。举全省人社系统之力，建立农村劳动力就业信息平台，开展订单式定向定岗培训，促进劳动力供需对接，层层压实责任，严格目标考核，顺利完成了年度目标任务。2017年，全省实现新增培训农村劳动力352.62万人次，累计转移农村劳动力 1036.3 万人次。

云南就业扶贫的这些做法经验给人们带来深刻的启示，与其他扶贫项目相比，农村劳动力培训转移就业是一个潜力巨大的朝阳产业，对全面脱贫、全面小康有巨大的促进作用。首先，优化就业结构。目前，云南就业人口在三次产业的分布结构不合理，超过50%的劳动力滞留在农业部门，劳动生产率较低。在非农部门则出现了"招工难、就业难"的现象，就业的结构性矛盾凸显。开展技能扶贫和农村劳动力转移就业扶贫，进一步释放了人口红利，促进了就业结构的优化。其次，脱贫见效快。贫困家庭劳动力经过 1~3 个月技能培训后，很快就能够实现转移就业，取得劳动报酬，实现脱贫。最后，提升贫困人口素质。贫困群众走出大山打工就业，到外边见世面、学技能、长见识、练本事，素质能力得到提升，有的还返乡创业，能够有效阻断贫困的代际传递。

二 化解日益凸显的就业结构性矛盾

就业的结构性矛盾主要表现在三次产业之间就业人口分布不合理、"就业难"与"招工难"并存和劳动者能力素质较低三个方面。

（一）优化就业人口产业分布

云南三次产业产值占比与就业人口占比严重偏离，呈现畸形分布的状态。2017 年，第一产业产值为 2310.73 亿元，而劳动人口为 1518.72 万人，占全省总就业人数的 50.75%，比全国高出 23.75 个百分点；第二产业产值为 6387.53 亿元，劳动人口为 402.33 万人，占就业总人口的 13.44%，比全国低近 15 个百分点；第三产业产值为 7833.08 亿元，劳动人口为 1071.60 万人，占就业总人口的 35.81%，比全国低 9.09 个百分点。这些数据表明，云南就业人口一半以上集中在第一产业，第二产业吸纳就业能力不足，第三产业吸纳就业能力仍有待增强。必须看到，由于云南缺乏第二产业的有力支撑，金融、物流、信息、交通运输等生产性服务业发展滞后，第三产业的就业人员大多数集中在餐饮、住宿等低端服务业，吸纳就业后劲不足。加大农村劳动转移就业工作力度，优化劳动力在三次产业中的就业分布，势在必行。

（二）破解"就业难"与"招工难"并存问题

云南劳动力市场"一些工作没人做，一些工作不会做"的现象比较突出，"就业难"与"招工难"并存。出现这种情况，究其原因，主要在于：一是创新驱动战略和产业转型升级，对劳动力的职业技能提出了更高要求；二是各种惠农政策叠加，使农村劳动力就业期望值高企，"在城里找不到好工作还不如在农村待着"的观念普遍存在；三劳动力教育培训与市场需求脱节，尚未建立与经济社会发展相适应的高校、职业院校专业设置动态调整机制。加强职业技能培训，提升劳动力的就业能力，成为破解"就业难"与"招工难"问题的关键。

（三）着力提升劳动者能力素质

云南拥有近3000万劳动人口，但劳动者能力素质较低。从受教育程度看，据2010年第六次人口普查数据，云南省具有大学（指大专以上）文化程度的劳动力比重比全国低3.1个百分点；具有高中（含中专）文化程度的劳动力比重比全国低5.6个百分点；具有初中文化程度的劳动力比重比全国低11.3个百分点；具有小学文化程度的劳动力比重却比全国高16.6个百分点。云南省大学（含大专）、高中（含中专）、初中三类文化程度人口比重均低于全国平均水平，只有小学文化程度人口比重大幅度高于全国平均水平，劳动力文化程度较低是不争的事实。从获取职业资格情况看，2014～2017年，全国分别有 1554.28 万人、1539 万人、1446 万人和 1199 万人取得各类职业资格证书，分别占当年总就业人口的 2.01%、1.99%、1.86% 和 1.54%，而其间云南分别有 46.3391 万人、53.0568 万人、48.7537 万人和 56.1234 万人取得各类职业资格证书，分别占当年总就业人口的 1.56%、1.8%、1.63% 和 1.87%，当年取得职业资格证书比例与全国平均水平相差不大。[①] 但值得注意的是，由于近年来全国取消职业资格 272 项，4 年间取得职业资格证书的人数呈下降趋势，而云南每年取得职业资格证书的人数则有较大增长。总之，在未来，大力发展高等教育、职业教育和技能培训，是提升劳动者能力素质的重要途径。

三 推动人口红利向人才红利的转变

云南人口老龄化趋势日益明显，劳动年龄人口逐步减少，劳动力成本不断增加，推动经济快速增长的人口红利正在消失，发展方式转变、发展动力转换要求推动人口红利向人才红利转变，充分释放人才红利对新经济新产业的推动作用。

一是保持总就业人口数量稳中有升。通过考察近年来云南总就业人口数量的变化情况，可以看出，云南人口红利期比全国长一些。

云南省总就业人口数量，2013 年为 2912.36 万人，占总人口的比例为 62.1%，2014 年为 2962.25 万人，占总人口的比例为 62.8%，2015 年为 2942.25 万人，占总人口的比例为 62.1%，2016 年为 2998.89 万人，占总人口的比例为 62.8%，2017 年为 2992.65 万人，占总人口的比例为 62.3%。数据表明，2013～2017 年，云南省总就业人口数量稳定在 2950 万人左右，占总人口的比例稳定在 62% 左右，并没有出现明显的下降趋势。

---

① 数据来源：《云南省人力资源和社会保障事业发展统计公报》《全国人力资源和社会保障事业发展统计公报》。

二是促进城镇化率稳定增长。2013～2017 年，云南城镇化率分别为 40.48%、41.73%、43.33%、45.03%、46.69%，年均增长 1.55 个百分点，表明每年有将近 70 万个农村人口变成城镇人口。云南城镇化正处于加速期，要实现 2020 年城镇化率达到 50% 的目标，还需要让将近 160 万个农村人口转变为城镇人口，数量庞大，而农村人口转变为城镇人口，主要是农村劳动力转移到城镇实现非农就业，现在断言云南人口红利已经消失，不利于加快推进城镇化进程。

三是发挥老年人口抚养比低于全国平均水平的优势。2015 年 1% 人口抽样调查数据显示，云南省常住人口中，0～14 岁的人口为 842.7 万人，占 17.79%；15～64 岁的人口为 3479.2 万人，占 73.45%；65 岁及以上的人口为 414.9 万人，占 8.76%。全国 0～14 岁人口为 22696 万人，占 16.52%；15～64 岁人口为 100279 万人，占 73.01%；65 岁及以上人口为 14374 万人，占 10.47%。云南老年人口抚养比为 11.9%，全国为 14.3%，云南比全国低 2.4 个百分点，人口老龄化程度明显低于全国平均水平。

综合总就业人口变化、城镇化率、老年人口抚养比三个方面的情况，可以得出结论：云南的人口机会窗口期尚未关闭，人口红利尚未消失，仍然存在人口红利优势，通过抢抓人口红利机遇期，促进人口红利向人才红利逐步转变，成为云南省就业创业事业发展的重要选择。

四　探索云南释放人才红利的新路径

（一）坚持优化人才队伍结构

首先，树立"大人才观"。充分认识到"三百六十行，行行出状元"，除了党政人才、企业管理人才和专业技术人才外，技术工人也是人才。当下的情况是，云南在"初级劳动力"领域具有人口红利优势，但以技师、技工为代表的"中级劳动力"数量越来越不足，大学本科生以上的"高级劳动力"数量倒是在增加，质量却不容乐观。其次，促进人才资源流动。充分发挥市场在人才资源配置中的决定性作用，打破地方、行业、部门或单位之间的体制壁垒，突破户籍管理制度、人事管理制度、社会保险等涉及身份管理制度体系的约束，鼓励人才从机关事业单位向企业流动。最后，优化人才地域分布。从职称评定、工资福利、提拔使用等方面制定政策，鼓励支持人才从中心城市向边远地区、民族地区、贫困地区和基层一线流动。

（二）做大做强人才资本存量

抓好技能培训，整合各类培训资源，落实好每年 50 万人的农民工培训计划，推动农村初级劳动力向技能型中级劳动力转变。大力发展职业教育，打破教育、人社部门利益固化的藩篱，统筹谋划职业教育发展。特别是要优化技工院校的生存环境，更好地发挥技工院校在培训技能型人才中的独特作用。着力发展高等教育，以市场需求为导向，调整专业设置，培养适应经济社会发展需要的高层次人才。加大人才培养引进力度，继续实施高层次人才引进计划，努力做好省人才培养引进工程与国家"千人计划""万人计划"的对接，争取获得国家对云南高层次人才的大力支持。

（三）以创新驱动倒逼人才红利

吸引人才创新创业，充分利用区位优势、资源优势、气候优势和环境优势，制定切实可行的项目和优惠条件，吸引各路商家和各类优秀人才来云南创新创业。搭建创新创业平台，加快推进高新技术创业园区建设，依托滇中产业新区、瑞丽国家重点开发开放试验区等推进人才特区建设；积极争取国家重大科研项目、支持国家和省重点实验室建设，加快推进院士专家工作站、省委联系专家服务团、博士工作站、专家基层科研工作站等平台建设。促进科研成果转化，加快建立以企业为主体、以市场为导向、产学研用紧密结合的技术创新体系，推动科技成果向市场化、产业化方向转化；加强知识产权的保护，建立以科学家为主体、金融家和企业家深度合作的成果转化机制。

（四）进一步完善人才公共服务体系

健全人才服务市场体系，整合就业与人才和人力资源服务机构，大力发展人才中介组织，努力推进人才资源信息化建设，积极开展多种形式的信息发布、人才交流、人事代理，推动人才和用人单位两个市场主体见面。提高政府的公共服务能力，为人才办实事，切实改善人才的工作和生活条件。加强国际交流与合作，利用"一带一路"重要支点的区位优势，打造立足云南、面向南亚和东南亚、放眼全球的人力资源产业园区和国际人力资源市场，努力使云南成为海内外人才流动的枢纽。加快发展人力资源市场服务业，建立由政府部门宏观调控、市场主体公平竞争、中介组织提供服务、人才自主择业的人才流动配置机制，完善市场服务功能，把人力资源服务业作为重点发展产业。

第三节　进一步研究的方向

一　互联网大数据催生新的就业形态

随着互联网、大数据、云计算等信息技术的广泛运用，新经济、新技术、新产业、新业态迅猛发展，出现了各类不同于标准雇佣模式以及传统非正规就业模式的新就业形态，一大批创业式就业者、自由职业者、多重职业者、他雇型灵活就业者应运而生。

（一）新就业形态的理论研究

我国拥有世界上最庞大的互联网用户和众多阿里巴巴那样的共享经济平台，新就业形态发展居世界前列。专家学者对新就业形态理论和政策进行了有益的探索，相关的理论研究也处于国际前沿。

（1）新就业形态的概念内涵、特点及影响。张成刚（2016）认为，新就业形态可以从生产力和生产关系两个角度加以概括，目前生产关系角度的新就业形态已经有了长足的发展，在我国表现为创业式就业者、自由职业者、多重职业者以及其他新业态下的就业模式。作为全新的劳动力资源分配方式，新就业形态对现有经济社会运行以及经济主体行为产生了巨大的影响。

（2）新就业形态发展的扶持政策。2017年4月国务院印发《关于做好当前和今后一段时期就业创业工作的意见》后，专家学者对支持新就业形态发展进行了政策解读。刘燕斌认为，随着经济结构转型升级，就业出现了许多新情况和新问题，新就业形态发展面临的问题便是众多新情况之一。郑东亮认为，上述文件明确了支持新就业形态发展的政策方向，有利于充分挖掘就业潜力，也可以解决就业灵活性和劳动权益保障的平衡问题。[①]

（3）新就业形态的公共就业服务。郝建彬（2017）认为，我国经济正从工业经济向数字经济转型，伴随新就业形态不断涌现，我国需做好数字经济下新就业形态顶层设计，重新界定"新就业"的范畴，并进一步完善统计标准体系，加强数据化人才培养，探索建立大数据下的信用贷款体系、人社服务体系。郭荣丽（2017）则根据新就业形态从业者参加社会保险热情不高、政府缺乏对新就业形态的诚信管理及监管等问题，提出调整社保制度、政府加大对新业态企业的监管力度、搭建新业态就业岗位信息发布平台等对策建议。

---

① 就业政策升级，新业态不孤单［N］.人民日报海外版，2017-04-21.

（二）经济新业态催生新就业形态

电子商务、共享经济、平台经济等经济新业态，在就业观念、就业领域、技术手段、组织方式等方面给就业创业带来许多新变化、新特征，呈现就业形式多元化、全职就业兼职化、零工就业全时化、用工管理去雇主化等特点。用工单位与劳动者之间的劳动关系难以界定，维护劳动权益难度加大，传统的劳动关系、社会保障制度已经很难适应新就业形态的发展需要。支持和鼓励创业带动就业，实现更高质量更充分的就业，迫切需要政策创新，为新业态就业者提供全方位的公共就业服务。

新就业形态从业者的劳动关系和社保关系是一个问题的两个方面，二者是紧密联系的。劳动关系得到确认，社保关系就可以办理。但在实际操作中，新就业形态从业者存在不愿参保或重复参保的问题。整合大数据、互联网等信息化平台资源，完善公共就业服务体系，从劳动用工和社保制度方面支持新经济业态发展，培育新的就业增长点，成为促进就业与创业的必然选择。

（三）云南新就业形态发展状况

近年来，云南实施创新驱动战略，推进"放管服"改革，推动大众创业、万众创新，有效激发了市场活力和创新动力，新产业、新业态快速发展，创造了一批新职业、新岗位，培育了新就业形态，成为新的就业增长点。

（1）新就业形态的行业分布。云南新就业形态主要分布在电子商务、快递、网约车等行业。首先，电子商务蓬勃发展。互联网、大数据等新技术催生电子商务市场主体如雨后春笋般发展起来。以保山市为例，保山市推进县、乡、村三级电商服务中心站点建设，有效推进电商人才培训，有序推进商务大数据和农村产品溯源工作。

2018 年上半年，完成改造市级电商服务中心 1 个、县级电商服务中心 2 个、乡级电商服务中心 32 个、村级电商服务中心 225 个，建成乡、村级物流中转站 93 个。开展农村电商人才培训 17669 人次。扶持开展溯源工作的企业 55 户，产品 134 个。电商基础设施和平台的建设，极大地促进了电子商务的发展。保山市电商企业达到 754 户，2018 年上半年，新增 103 户；网店 10788 个，2018 年上半年，新增 1338 个；电商从业人员累计达到 20520 人。仅 2018 年上半年，就完成电商交易 32.2 亿元，同比增长 48%。

其次，快递业发展态势良好。适应广大居民个性化、多样化消费需求，与电子商务密切相关的快递业呈现良好的发展态势。以楚雄州为例，楚雄州推动时尚消费、品质消费，商品流通规模不断扩大。2018 年上半年，楚雄州快递业务收入 0.36 亿元，同比增长 22.3%，快递投递量完成 945.69 万件，同比增长 36.8%。全州共有快递品牌 15 个，快递企业 327 家。其中，持证快件企业 51 家，分支机构 276 家，快递企业主要分布在各县市城区，逐步向周边甚至山区乡镇拓展。有 71 个乡镇设立快递网点，快递网点乡镇覆盖率为 68.93%，另有与超市、商店等合作的快递末端网点约 100 个。快递业从业人员约 1000 人，旺季储备人员约 300 人。

最后，网约车等其他新业态加快发展。其他新业态包括网约车、共享单车、外卖送餐等行业，从业人员分布较广。以大理州为例，大理州仅共享单车一项，就建立了 50 个站点，投放自行车 1500 辆，有效解决了"市民出行最后一公里的问题"。网约车市场运营 1000 余辆，从业人员达 2000 余人。外卖送餐每天累计 20000 多人次，从业人员 1000 余人。

（2）新就业形态的用工制度。云南新就业形态既有"互联网＋"的传统灵活就业，也有高知识、高回报的新型自由职业和多重职业。从调研情况看，新就业形态呈现机会互联网化、任务碎片化、工作弹性化、身份个人化的特征。新就业形态正在成为包括大学生在内的很多人群的新就业方式，主要体现在"四个新"。一是领域新。包括网商、电商、分享经济、社群经济等。二是方式新。创客与雇主之间的联系不是通过传统的"单位制"，而是互联网平台。三是手段新。创客通过互联网创业，不再依靠传统的招聘会、人力资源市场，而是依托大数据和互联网实现就业。四是观念新。灵活就业、多重身份兼职成为就业的新观念，不再追求"铁饭碗"。

（3）新就业形态的社保制度。目前，在养老保险方面，新就业形态从业人员可以自由选择参加城镇职工养老保险或城乡居民养老保险。参加城镇职工养老保险的新就业形态从业人员，缴费基数和待遇水平与城镇职工同等对待；参加城乡居民养老保险的新就业形态从业人员，缴费基数和待遇水平与城乡居民同等对待。在医疗保险方面，新就业形态从业人员可以自由选择参加城镇职工医疗保险或城乡居民医疗保险。参加城镇职工医疗保险的新就业形态从业人员，缴费基数和待遇水平与城镇职工同等对待；参加城乡居民医疗保险的新就业形态从业人员，缴费基数和待遇水平与城乡居民同等对待。新就业形态从业人员还没有被纳入失业保险参保范围；工伤保险和生育保险都是单位参保，新就业形态从业人员也没有被纳入参保范围。

（四）云南新就业形态需要深入研究的问题

综合国内对新就业形态的研究现状和云南新就业形态的发展现状，深入研究新就业形态应当聚焦于以下几个方面。

1. 劳动关系如何界定

各类共享平台与个体劳动者之间不是传统雇佣关系，现行法律政策与司法实践对此种劳务关系界定不清晰。新就业形态从业人员身份复杂，多重身份界定有困难。比如滴滴车司机，有的是行政事业单位工作人员，利用休息时间接单，类似这类人员是否可以在工作时间外从事新就业形态工作没有明确规定。同时，平台企业对个体劳动者不承担社会保障责任，他们在劳动中遭遇伤害时没有合理的救助渠道，容易引发平台企业与从业者之间的劳动纠纷。可以探讨加快修订《劳动法》，改变《劳动法》对传统"单位制"用工主体的界定，明确为新业态提供劳动服务并取得劳动报酬的从业人员，就与雇主形成实质的劳动关系。

2. 从业人员怎样纳入社会保障制度

从从业人员看，新就业形态从业人员对社会保险认识不足，劳动报酬不高，每月平均 3000 元左右，对社会保险政策不了解，认识不到位，参保意愿不强。从就业主管部门看，市场监管不到位，对新业态市场主体服务、监管不够。比如，共享单车、滴滴打车等主营公司在大城市，用户只在手机或网络注册即可使用，小城市监管手段少，监管机制不健全。同时，统计口径不一，新业态从业人员及劳动报酬等统计不精准。可以探讨将新形态从业人员纳入失业保险、工伤保险、生育保险范围。明确新形态从业人员参加养老保险、医疗保险的办法，核定合理的缴费基数和领取待遇水平，激发他们参保的积极性。做好社保制度的衔接工作，完善城镇职工养老保险、医疗保险与城乡居民养老保险、医疗保险的转接存续，方便新形态从业人员的合理流动。参照城镇职工保险制度，将新形态从业人员纳入失业保险、工伤保险、生育保险范围。

3. 怎样补齐劳动权益保障短板

新就业形态从业人员劳动权益保障制度不健全，劳动权益保障存在盲点。可以探讨加大劳动保障监察执法力度，将新业态市场主体纳入劳动保障监察范围，保障新就业形态从业人员的合法权益。一是确定合理的劳动时间。根据各类新业态的特点，指导新业态用人主体与从业人员协商合理的劳动时间，保障从业人员的休息权益。

二是严格执行最低工资标准。无论是实行计时工资、计件工资，还是绩效工资，新业态从业人员的工资水平都不能低于本地区最低工资标准。三是防止拖欠工资。探索运用互联网平台等新技术手段及时给付工资，解决传统行业中存在的拖欠工资问题。

二　人工智能对劳动力市场的影响

2016 年 3 月，由谷歌公司研发的人工智能系统 AlphaGo 挑战世界围棋冠军李世石，结果这场人机大战 AlphaGo 以 4：1 取胜。人们惊呼：以人工智能（简称 AI）为标志的第四次工业革命已经到来，人工智能将对人类的生产方式和生活方式产生广泛而深刻的影响。那么，人工智能对未来劳动力市场又将产生怎样的影响呢？这引起包括学术界在内的社会各界的广泛关注。

（一）人工智能对劳动力市场影响的研究

对于人工智能对未来劳动力市场的影响，我国学术界主要围绕人工智能的替代效应、人工智创造新就业岗位以及应对之策进行研讨。

（1）人工智能的就业替代效应。有一种观点认为，人工智能将替代人力劳动，对就业的挤出风险不容忽视。2016 年 6 月 13 日，李开复在清华大学等单位举办的"人工智能时代，引爆人机共生新生态"高峰论坛上表示，也许在未来 10 年内，人类面临最大的问题是大量人群的失业，重复性工作会被快速取代。未来 10～15 年之后，也许 50% 的人类可能要面临工作部分或全部被取代，从这个角度来看，是一个巨大的商机。[1] 何云峰（2017）认为，人类创造人工智能的目的就是要代替人类去完成某些人类自己无法完成的事情，或者是减轻人的劳动负担，抑或是提高劳动效率。这样的替代挑战了人

---

[1]　《人工智能的未来，是裂变还是融合》（http://. news. ifeng. com）。

们的劳动权利，但带来的是人的劳动解放和自由全面发展的机会，并推动人类劳动向自由劳动复归。

（2）人工智的就业创造效应。另一种观点认为，人们对人工智能的替代效应不必过分担忧，人工智能的使用将创造新的就业岗位。岳昌君（2018）认为，一国的就业结构与该国的经济发展阶段和科学技术水平相关，每一次技术革命在消灭一些工作岗位的同时，都会创造出更多的就业机会。鲍春雷（2017）认为，人工智能发展对就业具有较强的创造效应。一是人工智能快速发展会促进经济发展，继而创造出更多的就业岗位；二是人工智能产业发展对其他产业具有关联带动效应，就像智能手机的出现，看似代替了一些岗位，但同样衍生出更为广阔的新市场，产生了新的就业机会；三是人工智能发展带来工作效率的提升，继而降低成本、增加需求。

（3）人工智能对劳动力市场影响的应对之策。专家学者从缓解替代效应、放大创造效应、加强人才培养引进、完善扶持政策等方面，提出了应对人工智能对劳动力市场影响的对策建议。王君（2017）等认为，应当积极发展新兴产业和新型业态，放大人工智能和机器人对就业的创造效应；重视培养和引进中高端人才，提高人工智能和机器人产业的就业吸纳能力；加强职业技能培训，缓解人工智能和机器人的就业替代效应；完善社会保障制度和失业人员扶持政策，避免就业动荡带来的社会风险。2017 年 12 月 23 日，北京师范大学劳动力市场研究中心主办了"人工智能、教育与劳动力市场：机遇与挑战"研讨会，同时发布了《全球教育机器人产业发展报告（2017）》《人工智能与劳动力市场变革：机遇与挑战》两个报告，认为受到国家政策和教育策略的双重催化，加上市场的刚性需求和技术的发展支撑，教育机器人行业必将面临巨大的机遇和市场挖掘潜力，成为新蓝海。与此同时，以人工智能、数字化为核心的技术进步将持续推动中国劳动力市场向着技术偏好型方向转变，一些原本需要人力的任务变成了自动化任务。以教师教育、教育科学为主要特色的著名学府将目光投向教育机器人，给进一步研究人工智能对劳动就业影响的对应之策带来有益的启示。

（二）我国人工智能发展状况

2017 年 7 月，国务院印发《新一代人工智能发展规划》，分析了当今世界人工智能发展的战略态势，明确了我国人工智能发展的总体要求、总体部署和重点任务。确定我国人工智能发展分三步走的战略目标，即到 2020 年人工智能总体技术和应用与世界先进水平同步，人工智能产业成为新的重要经济增长点；到 2025 年人工智能基础理论实现重大突破，部分技术与应用达到世界领先水平；到 2030 年人工智能理论、技术与应用总体达到世界领先水平，成为世界主要人工智能创新中心。

2018 年 9 月 17 日，在世界人工智能大会上，清华大学中国科技政策研究中心发布了《中国人工智能发展报告（2018）》，从技术发展、市场应用等方面揭示了中国人工智能的发展状况。在科研上，近 20 年来中国人工智能论文数量和被引数量均排在世界第一；在人才投入上，中国人工智能人才拥有量世界第二，但杰出人才占比低于其他领先国家；在产业上，中国人工智能企业数量位列全球第二，近四成来自北京；在投融资上，2017 年中国人工智能领域融资额占到全球的 60%，堪称最"吸金"国家。当前，在我国人工智能被广泛应用于计算机科学、金融贸易、教育、医药、医疗诊断、重工业、运输、远程通信、在线和电话服务、法律、科学发现、玩具和游戏、音乐等诸多行业。

（三）云南人工智能发展相对滞后

2018 年 4 月，华经视点发布《2018～2022 年云南省人工智能技术应用调查及行业发展趋势预测报告》，分析了云南省人工智能技术行业的竞争现状、需求状况、增长态势、运营状况以及人工智能技术应用产业链市场投资机会和潜力，预测了人工智能技术市场的走向和发展趋势。对研究人工智能给云南劳动力市场带来的影响很有参考价值。

云南最先将人工智能应用于企业生产活动的是烟草、电力等特色优势行业。以红塔和红云两家企业为代表，云南烟草企业早在 20 世纪 90 年代就全套引进德国的生产线，实现了生产自动化，随着人工智能在生产领域的应用，红塔、红云集团大量引进机器人，基本实现了从生产自动化向智能化的转变。由于烟草产量受国家专控，2014～2017 年，云南烟草制品业增加值分别为 1207.57 亿元、1300.17 亿元、1183.5 亿元、1220.48 亿元，产值较为稳定，人工智能的替代效应和创造效应都不明显，就业人数基本稳定，吸纳新增就业能力不强。云南有漫湾、小湾、景洪、糯扎渡等知名的水电企业，装机容量突破 5000 万千瓦，成为西电东送的清洁能源输出大省。2014～2017 年，云南电力热力生产和供应业增加值分别为 509.68 亿元、535.76 亿元、615.9 亿元、661.39 亿元，年均增长 9.07%，保持良好的增长势头。但是，电力开发和供应属于资本密集型产业，生产自动化、智能化程度高，吸纳就业能力不强，人工智能的替代效应和创造效应也不明显。

云南人工智能开发和应用滞后，并不意味着无所作为，像云南烟草、电力、制药等现代企业，生产的智能化程度不断提高，对技术工人操作、维护人工智能设备的技能要求也越来越高。笔者所在团队在调研中发现，大型生产企业设备操作维护技能人才普遍短缺，供不应求，这归结于人工智能的创造效应呢？同时，近年来云南开始在教育、医疗、安防等领域应用人工智能，对未来劳动力市场的供求关系必将产生一定冲击。人工智能新技术革命对劳动力的职业技能提出新的要求，问题再次聚焦到职业教育和技能培训上，对高等院校、职业学校、技工院校的专业设置、教学内容、教学方式等必将产生深刻影响，这些问题值得深入研讨。

三 中美贸易摩擦对就业创业的冲击

当前，逆全球化、贸易保护主义有所抬头，中美贸易摩擦升级，给我国经济发展带来负面影响，稳增长、保就业的外部不确定性因素增加。中美贸易摩擦表面上看是贸易逆差问题，实质上是发展权问题，美方极力阻止中方制造业向中高端迈进，主要针对的是"中国制造2025"。在事关国运、事关发展权的重大问题上，中国没有退路，已多次表明"对于贸易战，中国不想打，但也不怕打""中国有信心、有能力应对任何挑战"的严正立场。贸易摩擦等外部不确定性对就业的影响往往具有滞后性，中美之间的贸易摩擦对我国的就业创业必将产生巨大冲击。我们应当充分认识到中美贸易摩擦的长期性和复杂性，未雨绸缪，做好自己的事情，做到中美贸易摩擦对我国就业的负面影响总体可控。

（一）贸易摩擦对就业影响的研究

（1）贸易摩擦背后的"就业冲突"。李长安（2018）认为，中美贸易摩擦表面上是商品和服务贸易摩擦，其实背后隐藏的是一场"就业冲突"。在极端情况下，将使我国就业岗位减少350万~580万个。梅新育（2018）则从涉案出口企业、贸易禁运与高新技术产品进口替代、对国家经济发展战略的潜在影响等三个层面，分析了中美贸易摩擦对我国劳动市场的影响。

（2）贸易摩擦影响的主要行业。张明、薛威等认为，从目前美国对中国商品提高关税的出口品类看，主要是《中国制造2025》所涉及的高技术产业。中美进出口贸易顺差规模较大的行业依次为电子、电气设备（含家电）、纺织服装、机械、家具、鞋及皮革品、钢铁、有色金属制品、塑料橡胶、非金属矿制品、化学制品、印刷品和木制品等。分行业规模看，电气设备、手机电话、机械、电脑、服装、家具、玩具、鞋子、塑料、汽车、钢铁、光学产品、化工、有色金属制品、皮革制品、橡胶、木制品、工具、贵金属制品、纸制品等按规模依次减少，以上行业出口总额里中国增加值都可以占到50%以上。[1] 这些行业既有劳动密集型产业，也有技术密集型产业，就业结构优，就业质量高，是美国贸易摩擦针对的主要领域，对我国就业的影响比较大。

（3）应对贸易摩擦就业影响的政策建议。对于如何应对贸易摩擦对我国就业的影响，专家学者提出了相应的对策建议。张明、薛威等认为，应当顺应全球化发展潮流，合理维护现有多边国际贸易体制，抵制贸易保护主义；加大人力资本投入，提升我国劳动力的素质，应对新时代的就业挑战；实现制造业就业升级与服务业就业扩大相结合。[2] 李长安（2018）认为，谈判协商是解决贸易争端的最佳策略，也是保护国内就业岗位的必要之举；尽快建立应对贸易冲突的就业应急机制；进一步落实"一带一路"倡议，扩大贸易渠道，降低对少数国家的外贸依存度；加快创新驱动战略的推进步伐，改变劳动密集型出口贸易的结构。因此，提出的对策建议主要集中在三个方面：一是应用WTO等现有国际贸易规则保护我国的合法权益；二是推进"一带一路"倡议、区域一体化进程，扩大对外贸易；三是推进创新驱动战略，提升我国劳动力职业技能，加快产业升级。

---

[1] 《中美贸易战情景分析：美国会拿哪些行业开刀？中国如何反制防范并举？》（搜狐网，2018年3月13日）。

[2] 《中美贸易战情景分析：美国会拿哪些行业开刀？中国如何反制防范并举？》（搜狐网，2018年3月13日）。

（二）我国从容应对贸易摩擦的就业影响

（1）我国保持应有的自信和定力。面对美方失去理性、出台清单，肆意扩大贸易摩擦规模和范围，加征关税规模从 500 亿美元，上升到 1000 亿美元，再上升到 2000 亿美元，悍然发动了堪称"史诗级"的贸易摩擦，中方不得不采取数量型和质量型相结合的综合措施，做出强有力的反制。几个回合较量下来，我国维护国际多边贸易体制、反对贸易保护主义的形象更加清晰，体现了战略思维、历史思维、辩证思维、创新思维、底线思维，保持了负责任大国的战略定力，赢得了世界的尊重和信任。

（2）我国对外贸易保持增长。面对来势汹汹的贸易摩擦，关键是办好自己的事情。我国坚定不移地推动改革开放，建设更高水平、更高质量的市场经济和开放体制，取得明显实效。据国家统计局发布的数据，2018 年前三季度，货物进出口总额达 222839 亿元，同比增长 9.9%，增速比上半年加快 2.1 个百分点。其中，出口 118585 亿元，增长 6.5%，加快 1.8 个百分点；进口 104254 亿元，增长 14.1%，加快 2.5 个百分点。进出口相抵，顺差 14331 亿元，比上年同期收窄 28.3%。我国与主要贸易伙伴进出口均实现增长，对欧盟、美国和东盟进出口分别增长 7.3%、6.5% 和 12.6%。与部分"一带一路"沿线国家进出口增势较好，对俄罗斯、波兰和哈萨克斯坦进出口分别增长 19.4%、11.9% 和 11.8%。9 月，进出口总额达 28852 亿元，同比增长 17.2%。其中，出口 15492 亿元，增长 17.0%；进口 13360 亿元，增长 17.4%。前三季度，规模以上工业企业实现出口交货值 89729 亿元，同比增长 8.1%。9 月，规模以上工业企业实现出口交货值 11839 亿元，增长 11.7%。[①]

---

① 《国家统计局：前三季度出口增速加快，进口显著增加》（http://zhonghongwang.com/show－254－11）。

（3）我国就业总体保持稳定。在贸易摩擦背景下，我国就业也交出一份亮丽的成绩单。主要表现为就业稳和失业率稳。2018年前三季度，我国城镇新增就业超过1100万人，提前一个季度完成了全年的目标任务，就业质量稳步提升，就业结构不断优化，高校毕业生就业率平稳上升，就业形势持续稳中向好。我国失业率也处于历史较低水平。9月，全国城镇调查失业率和31个大城市城镇调查失业率分别为4.9%和4.7%，环比分别下降0.1个百分点和0.2个百分点，同比均下降0.1个百分点。[①]我国就业工作取得这样的成绩来之不易，基于经济增长对就业影响的滞后性，要充分认识到中美贸易摩擦对我国就业影响的严峻性、长期性和复杂性，必须紧盯就业形势的变化，采取有效的应对之策。

（三）贸易摩擦对云南就业的影响

贸易摩擦对云南的就业创业必然产生了广泛而深刻的影响。2018年前三季度，云南省GDP和外贸增速全国排名第一。外贸进出口总额完成1419.11亿元，同比增长36.2%，增速较上年同期提高14.7个百分点，排在全国第1位。其中，出口完成572.03亿元，增长8.9%；进口完成847.08亿元，增长64.0%。[②]在贸易摩擦背景下，云南高质量跨越式发展取得新进展，令人鼓舞。但贸易摩擦到底会给云南未来的就业创业带来哪些影响呢？以下几个问题值得密切关注。

（1）贸易摩擦对云南劳务输出的影响。云南作为一个西部地区人力资源大省，每年都向沿海发达地区务输出大量的农村劳动力。2017年，全省农民工总量为791.4万人。其中，本地农民工283.9万

---

① 数据来源：《前三季度我国宏观经济运行：格局更"稳"、态势有"进"》（中国经济网，2018年11月1日）。

② 数据来源：《云南GDP增长速度全国排名第一》（南方财富网，2018年11月1日）。

人，比上年增加 10.5 万人，增长 3.8%；外出农民工 507.5 万人，比上年增加 30.8 万人，增长 6.5%。[①] 2018 年 1～9 月，云南全省向上海输出约 9.4 万人（其中贫困劳动力 1.6 万人），向广东输出近 37.65 万人（其中贫困劳动力 7.5 万人）。[②] 在贸易摩擦的背景下，云南向外省输出农民工的规模数量、待遇水平、就业稳定性等必然会发生变化，需要进行跟踪调查和分析研究。

（2）贸易摩擦对劳动力职业技能提出更高要求。贸易摩擦倒逼我国加快产业转型升级的步伐，推动制造业向中高级迈进。适应产业转型升级的需要，对劳动力的职业技能要求会越来越高，这将对职业院校、技工院校和各类培训机构的专业设置、教学内容、培训方式等产生深刻影响，需要开展研究，改进职业技能教育培训。

（3）云南区位优势更加凸显。在贸易摩擦背景下，"一带一路"倡议、孟中印缅经济走廊、中国—东盟区域一体化等进程加快，云南作为我国面向西南开放的前沿，区位优势更加凸显。加快建设面向南亚、东南亚的辐射中心，对包括跨境劳务合作、人力资源开发、人才交流合作在内的就业市场必将产生深刻影响。如何发挥优势，紧抓机遇、顺势而为，推动云南就业创业健康发展，成为需要进一步研究的重大课题。

---

① 　数据来源：《2017 年云南省国民经济和社会发展统计公报》。

② 　数据来源：《云南人社部门晒前三季度成绩单　各方面成效显著》（http：//yn. sina. cn/news）。

参考文献

［1］ 鲍春雷. 积极应对人工智能对就业的影响 ［N］. 中国劳动保障报，2017 - 12 - 8.

［2］ 鲍桂莲等. 对国内高校创新创业教育状况的分析与思考 ［J］. 中国电力教育，2012（3）.

［3］ 卞纪兰，赵桂燕，林忠. 中国就业与经济增长关系分析 ［J］. 生产力研究，2011（7）.

［4］ 蔡昉. 人口转变、人口红利与经济增长可持续性——兼论充分就业如何促进经济增长人口研究 ［J］. 人口研究，2004（3）.

［5］ 蔡昉. 中国人口红利拐点已现 ［N］. 人民日报，2013 - 1 - 28.

［6］ 曹立主编. 中国经济新常态 ［M］. 新华出版社，2014.

［7］ 陈安平，李勋来. 就业与经济增长的经验研究 ［J］. 经济科学，2004（1）.

［8］ 陈晓珊，袁申国. 广东经济增长对就业水平的影响分析 ［J］. 广东外语外贸大学学报，2013（5）.

［9］ 陈桢. 产业结构与就业结构关系失衡的实证分析 ［J］. 山西财经大学学报，2007（10）.

［10］ 仇智. 化解过剩产能须消除地方政府"GDP 至上主义" ［N］. 证券日报，2013 - 11 - 06.

［11］ 党蓁. 美国创业扶持政策体系对我国的启示 ［J］. 当代经济，

2012（1）.

[12] 范可. 移民与"离散"：迁徙的政治 [J]. 思想战线，2012（1）.

[13] 方行明，韩晓娜. 劳动力供求形势转折之下的就业结构与产业结构调整 [J]. 人口学刊，2013（2）.

[14] 冯煜. 浅析中国转型时期失业的主要影响因素 [J]. 生产力研究，2001（3）.

[15] 龚玉泉，袁志刚. 中国经济增长与就业增长的非一致性及其形成机理 [J]. 经济学动态，2002（10）.

[16] 谷家荣. 滇越边民跨国流动与社会稳定研究 [J]. 广西民族研究，2011（2）.

[17] 郭丽荣. 新就业形态视阈下对公共就业服务问题的思考 [J]. 商业经济，2017（12）.

[18] 韩树杰. 我国人力资源服务业的发展现状与趋势 [J]. 中国人力资源开发，2008（1）.

[19] 郝建彬. 数字经济下新就业形态顶层设计的思考 [J]. 人力资源开发，2017（12）.

[20] 何云峰. 机遇与挑战：人工智能对劳动的影响 [J]. 探索与争鸣，2017（10）.

[21] 黄婧等. 双重二元侵害视角下中国失业问题探析 [J]. 中央财经大学学报，2011（4）.

[22] 李波，汪戎. 产业结构、行业就业关联与就业——基于云南省的实证分析 [J]. 软科学，2011（8）.

[23] 李长安. 中美贸易摩擦对就业的影响及对策 [J]. 中国劳动关系学院学报，2018（3）.

[24] 李红松. 我国经济增长与就业弹性问题研究 [J]. 财经研究，2003（4）.

[25] 李丽莎. 云南省与全国产业结构的比较研究 [J]. 商业经济，2011（3）.

[26] 李晓曼，孟续铎. 化解产能过剩中的受影响职工：规模、现状

与安置对策 [J]. 中国人力资源开发，2017 (6).

[27] 李新华. 适应经济发展新常态急需启动创新创业引擎 [J]. 劳动保障世界，2015 (13).

[28] 李英娟. 2012 年云南省州市县人才资源发展报告 [D]. 云南财经大学硕士学位论文，2014.

[29] 李玉凤，高长元. 产业结构与就业结构的协整分析 [J]. 统计与决策，2008 (02).

[30] 厉以宁等. 读懂一带一路 [M]. 中信出版集团，2015.

[31] 林秀梅. 经济增长、经济结构与就业的关联性研究 [M]. 中国社会科学出版社，2012.

[32] 林毅夫等. 供给侧结构性改革 [M]. 民主与建设出版社，2016.

[33] 刘成海. 劳资关系与经济增长的实证研究 [J]. 技术经济与管理研究，2016 (10).

[34] 刘江. 中国三次产业就业人数的实证分析——基于 1952~2006 年数据 [J]. 河海大学学报，2009 (1).

[35] 刘曼. 河北省化解产能过剩职工就业安置对策分析 [J]. 经贸实践，2016 (1).

[36] 刘仁香. 完善黑龙江省就业公共服务体系研究 [D]. 哈尔滨商业大学，2013.

[37] 刘社建. 就业结构与产业升级协调互动探讨 [J]. 社会科学，2005 (6).

[38] 刘燕斌. 新常态下我国就业形势和思路对策 [J]. 人力资源开发，2016 (3).

[39] 刘耀森. 重庆市产业结构与就业结构变动关系的实证研究 [J]. 西北人口，2012 (3).

[40] 马建会，李萍. 广东产业结构和就业结构平衡性分析 [J]. 工业技术经济，2008 (7).

［41］梅新育．中美贸易战对我国劳动力市场的影响［J］．中国劳动关系学院学报，2018（3）．

［42］〔美〕威廉·鲍莫尔，郭梅军等译．创新——经济增长的奇迹［M］．中信出版集团，2016．

［43］苗高健，温佳奇．奥肯定律适用于中国吗？——关于中国就业情况与经济增长速率的研究［J］．统计与管理，2018（7）．

［44］莫佳，胜陈博，莫晓芳．云南省科技领军人才培育的探讨．

［45］莫荣，陈云．新常态下的就业形势［J］．中国劳动，2015（1）．

［46］宋晓梧，杨宜勇，王小鲁．共谋小微企业的春天［J］．中国就业，2012（6）．

［47］苏子达．战前缅甸侨情与土人动态［J］．新福建，1943（3）．

［48］谭远发，邱成绪．中国创业十年变迁及其政策研究——基于全球创业观察视野［J］．中国劳动，2013（10）．

［49］汪戎．"平稳"和"健康"是云南经济发展的新常态［J］．学术探索，2016，（2）：5－9．

［50］王春桥．钢铁产业产能过剩现状、原因及化解对策［J］．时代金融，2016（29）．

［51］王君萍．产业结构与就业问题的实证分析——基于陕西的个案研究［J］．经济经纬，2009（4）．

［52］王君．人工智能等技术进步影响就业的机理与对策［J］．宏观经济研究，2017（10）．

［53］王庆丰．中国产业结构与就业结构协调发展研究［D］．南京航空航天大学，2010．

［54］王艳霞，刑明强．河北省产能过剩行业失业人员再就业问题对策［J］．中国市场，2015（12）：137－138．

［55］吴敬琏，刘鹏等．走向"十三五"——中国经济新开局［M］．中信出版集团，2016．

［56］吴振方，杨青. 云南省经济增长对就业的影响分析［J］. 现代商贸工业，2012（01）.

［57］肖拥军，刘若霞. 利用"互联网＋"促进大众创业万众创新［N］. 中国高新技术产业导报，2015－7－6.

［58］谢军. 关于云南技工教育发展现状的思考［J］. 职业教育研究，2012（5）.

［59］杨爽，范秀荣. 产业结构升级中的人力资本适配性分析［J］. 生产力研究，2010（4）.

［60］杨维等. 天津经济发展与就业增长的关系研究［J］. 调研世界，2012（12）.

［61］余定邦，黄重言. 中国古籍中有关缅甸资料汇编［M］. 中华书局，2002.

［62］袁霓. 论当前中国的就业结构及其调整［J］. 技术经济与管理研究，2012（1）.

［63］岳昌君. 人工智能对教育和就业的影响［J］. 教育经济评论，2018（2）.

［64］张成岗. 就业发展的未来趋势，新就业形态的概念及影响分析［J］. 中国人力资源开发，2016（19）.

［65］张抗私，高东方. 辽宁省产业结构与就业结构协调关系研究［J］. 中国人口科学，2013（6）.

［66］张启良. 经济增长新常态下的就业问题探析——为何经济增速放缓就业依然稳定增长［J］. 金融与经济，2014（11）.

［67］张世贤. 社科院经济研究员：双引擎确保7%左右目标实现［N］. 中国经济周刊，2015－3－31.

［68］赵伯南. 缅甸华侨之将来［J］. 华侨半月刊，1932（11）.

［69］周天勇. 大力实施以创业带动就业战略［N］. 人民日报，2009－03－02.

后　记

在本书即将付梓之际，压在我身上的一副重担终于落地，有如释重负的喜悦，也有殚精竭虑的思考。学术研究、政策研究是一项痛并快乐着的工作，当一份文稿、一篇论文、一个报告、一部书籍出版发行、公之于众的时候，心里充满了成就感，而此前痛苦的创作过程随之烟消云散，不值一提。

就业与创业既是经济问题，又是民生问题，关系经济健康平稳发展，牵动千家万户的生活。近年来，我一直从事人力资源和社会保障政策的研究，主持过多个研究课题，组织过多次调研，参加过多个学术会议，撰写过多篇咨询报告、研究报告和学术论文，起草的相关政策文件、汇报材料、重要文稿等不胜枚举。本书汇集了云南就业创业领域多个课题的研究成果，由于获得中国劳动和社会保障科学研究院的资助，现在有机会公开出版，与学术同仁和读者朋友共享、共勉，我深感欣慰。

本书共分十一章，除了绪论和结语，主体内容按照就业增长→就业结构→就业与经济增长的互动关系→创业带动就业→创新创业的引领作用→发展人力资源服务业→加强技术工人队伍建设→去产能失业职工分流安置的框架结构，对云南就业与创业的多个方面进行了深入探讨。此外，还突出云南特色，对边境劳务外国人的就业管理予以特别关注。最后在前述基础上，提出云南就业与创业发展的思路和对策建议。全书具备完整的脉络体系，但主体内容的每一章作为一个分项研究也可独立成篇，内容上可能存在一定的交叉，主要是出于单篇论述的完整性考虑。

本书内容主要源自个人研究、课题阶段性成果、调研报告、研究报告、总结汇报等，成书过程得到课题组成员的很多帮助。在此，我要对云南大学罗淳教授、刘志坚博士、朱要龙博士、申小亮博士、杨迪硕士、田震硕士以及云南省行政管理研究所陈旭东博士等同志，郑重地表达诚挚的谢意。他们或给予指导意见，或参与课题调研，或进行资料整理，或进行文献收集，对本书的研究做出了重要贡献。

此外，本书相关章节内容涉及课题研究、调查访谈、数据资料、政策法规等较多，得到云南省人力资源和社会保障厅领导、相关部门和同事的大力支持，在此也表示衷心的感谢。特别需要感谢我的夫人谢楠女士，是她的精心照顾，让我在工作之余能够全身心地投入本书的研究之中。

最后，由于本人水平有限，本书错误和不妥之处在所难免，敬请学术同仁和广大读者谅解及批评指正。

潘启云

2018 年 11 月于昆明

图书在版编目（CIP）数据

　　就业与创业：以云南为例／潘启云著. —— 北京：
社会科学文献出版社，2019.8
　　（科思论丛）
　　ISBN 978 - 7 - 5201 - 4405 - 6

　　Ⅰ．①就… 　Ⅱ．①潘… 　Ⅲ．①就业问题 - 研究 - 云南
②创业 - 研究 - 云南 　Ⅳ．①D669.2②F279.277.4

　　中国版本图书馆 CIP 数据核字（2019）第 036622 号

科思论丛

就业与创业
——以 云 南 为 例

著　　　者／潘启云

出 版 人／谢寿光
组稿编辑／恽　薇　田　康
责任编辑／田　康

出　　　版／社会科学文献出版社·经济与管理分社（010）59367226
　　　　　　地址：北京市北三环中路甲 29 号院华龙大厦　邮编：100029
　　　　　　网址：www. ssap. com. cn
发　　　行／市场营销中心（010）59367081　59367083
印　　　装／三河市尚艺印装有限公司

规　　　格／开 本：787mm × 1092mm　1/16
　　　　　　印 张：23.5　字 数：302 千字
版　　　次／2019 年 8 月第 1 版　2019 年 8 月第 1 次印刷
书　　　号／ISBN 978 - 7 - 5201 - 4405 - 6
定　　　价／128.00 元

本书如有印装质量问题，请与读者服务中心（010 - 59367028）联系